Je crois me souvenir…

DU MÊME AUTEUR

Les Passions du dimanche, éditions de l'Entreprise moderne.
Carnets mondains, éditions de la Table Ronde (grand prix de l'Académie de l'humour, 1962).
Madame n'est pas servie, éditions de la Pensée moderne.
Petit Précis de sociologie parisienne, Grasset.
Lettre ouverte aux marchands du Temple, Albin Michel.
Comment devenir animateur de radio sans se fatiguer, éditions de la Pensée moderne.
Un oursin dans le caviar, Stock.
La Cuisse de Jupiter, roman, Stock.
Impair et passe, roman, Stock.
Du vinaigre sur les huiles, Plon.
Et si je disais tout…, Stock.
L'Huile sur le feu, Mengès.
En pièces détachées, Presse de la Cité.
Douze mois et moi, Stock.
Tous des hypocrites sauf vous et moi…, Albin Michel.
Un oursin chez les crabes, Stock.
Les Champions du loto, Presses de la Cité.
Les Grosses Têtes, Atelier Marcel Jullian.
Maximes au minimum, Robert Laffont.
Le Théâtre de Bouvard, Jean-Claude Lattès.
Le Petit Bouvard illustré, Presses de la Cité.
Je ne l'ai pas dit dans les journaux, Presses de la Cité.
Pas de quoi être fier, Robert Laffont.
Contribuables, mes frères, Robert Laffont.
Cent voitures et sans regrets, Jean-Claude Lattès.
Les Pensées, Le Cherche Midi.
Un homme libre, roman, Grasset.
La Grinchieuse, roman, Albin Michel.
Journal de Bouvard, Le Cherche Midi.
Une pâle ordure, roman, Albin Michel.
Joueurs, mes frères, Robert Laffont.
Journal de Bouvard 1997-2000, Le Cherche Midi.
La Belle Vie après 70 ans, Albin Michel.
Auto-psy d'un bon vivant, Journal, 2001-2003, Le Cherche Midi.
Des Femmes, Flammarion.
Mille et une pensées, Le Cherche Midi.
Tout sur le jeu, Flammarion.
Portraits pour la galerie, Albin Michel.
Je suis mort. Et alors ?…, Flammarion.
Ma vie d'avant, ma vie d'après, Flammarion.
Le Bourgeois théâtreux, Flammarion.

Philippe Bouvard

Je crois me souvenir…

Flammarion

ISBN : 978-2-0812-9413-4

Avant d'aller plus loin

J'ai été un jeune sacripant, mais pas flemmard, avant de devenir un vieux con, mais pas blasé.

Je ne suis fier de rien. Je suis seulement reconnaissant envers ce Dieu, auquel je déplore de ne pas croire, de m'avoir évité le pire avant l'inéluctable.

Ma plus grande satisfaction tient au fait de pouvoir encore travailler à 83 ans, qu'ici ou là, on ait toujours besoin de moi et d'avoir conservé ma mémoire alors que tant de braves gens l'ont perdue.

Soixante ans de journalisme. Soixante ans de bonheur. Vous voilà prévenus.

Ph. B.

ÇA COMMENÇAIT MAL

Je suis tombé de la branche assez pauvre d'une famille assez riche. Quand on ne possède pas de qualités humaines exceptionnelles, seule la fortune donne l'illusion de la réussite. Mon arbre généalogique est banal : des domestiques, des commerçants, des petits bourgeois. À défaut d'être un descendant, j'essaierai de devenir un ancêtre.

Cancre parmi les cancres, nul en presque tout et présentant un maigre destin, je m'intéresse très tôt aux affaires des autres dans l'espoir que ma curiosité me mènera au journalisme.

Si je ne fais pas partie des 52 % de Français satisfaits de leur physique, et des 83 % d'ados ayant décroché le bac, au moins ai-je le privilège de figurer parmi les 5 % bénéficiant d'une vocation dès le plus jeune âge. Une prise de conscience facilitée par une maîtrise précoce (selon les canons d'aujourd'hui) de la lecture et de l'écriture. En témoignent six petits feuillets dont le temps a terni la couleur rose et qui, à l'enseigne de *L'Épatant*, constituent mon premier journal. Au total, pas plus d'une douzaine de lignes destinées à un lectorat strictement familial mais assez enthousiaste de découvrir, imprimé tout vif – grâce à un vieil oncle opérant dans un atelier de « labeur » –, les vagissements professionnels d'un garçonnet – j'ai six ans – dont, à partir de ce moment-là, on affirma qu'il ferait carrière dans la presse.

Une presse dont les gros titres jalonnent ma mémoire comme ceux de chansons chez d'autres contemporains. Par exemple, ce jour d'octobre 1939 où la manchette de *Paris-Soir* claironne sur la table de la salle à manger : « Mobilisation générale ». Une nouvelle lourde de menaces que je n'appréhende pas encore mais qui me réjouit, car je devine qu'elle va me permettre enfin de découvrir mon père revêtu de l'uniforme fantaisie de maréchal des logis-chef du Train des Équipages que, tailleur pour homme dans le civil, il s'est lui-même coupé et que je n'ai entr'aperçu que dans une penderie, trop modeste pour être appelée dressing.

Par la suite, je récidiverais à chaque occasion. C'est d'abord à l'école communale qu'avec quelques cancres, frais émoulus de la maternelle, je rédigerais une mini-gazette proposée, cette fois, non plus à ma seule famille mais à la parentèle des élèves de toute une classe. Je ne me souviens guère des sujets que je traitais alors. Mais je n'ai pas oublié l'affreuse encre violette qui maculait nos doigts avant que nous remplissions les cahiers à l'aide d'une plume Sergent Major dont j'étais assuré qu'elle traçait les premières lignes d'un long CV.

Ce fut ensuite dans plusieurs lycées parisiens – car ils furent plus d'une demi-douzaine à se disputer l'infortune de m'accueillir – que j'exerçai une verve diversement appréciée par mes professeurs. Autant j'étais réfractaire à toutes les disciplines, autant je saisissais la moindre occasion de montrer mon amour pour ma langue maternelle.

Ainsi, sur un sujet aussi « bateau » que « Voyage autour de votre chambre » avais-je remis une rédaction – dont certains passages sacrifiaient à l'alexandrin – dont je n'étais pas peu fier qu'elle ait noirci soixante feuillets. C'est dire si j'attendais avec impatience le verdict du professeur et les commentaires dont, en fin de semaine, il assortissait chaque copie. Je perçus comme un présage favorable qu'il eut réservé ma composition pour la fin. Il s'éclaircit la voix et sans me regarder lança tout à trac :

— La copie de Bouvard doit constituer pour vous un exemple.

Je n'eus pas le temps de boire ce petit-lait qu'il enchaîna :

— Un exemple de ce qu'il ne faut pas faire. Car qu'adviendrait-il de la vie de famille et du sommeil de votre professeur si, comme lui, vous étiez incapables de traiter un sujet normalement, c'est-à-dire en un feuillet et demi.

Je me le tins pour dit et, pionnier avant l'heure de la lutte contre la déforestation, je ne remis plus que des copies presque blanches à l'épreuve de dissertation du Concours général où je représentais mon lycée. Non que je manquasse d'inspiration mais, étant parti pour la Sorbonne avec un encrier que je faisais tournoyer au bout d'une ficelle, la rencontre d'un mur que je n'avais pas vu m'oignit d'encre violette des pieds à la tête, me plongeant dans un ridicule qui paralysa tous mes moyens.

Après avoir raté trois fois le bac pour cause de zéro pointé éliminatoire en maths, en physique, en chimie et en géographie, je m'inscrivis aux cours du CFJ, le Centre de formation des journalistes, qui, venant d'être créé, n'était pas encore la grande école d'où sortirent tant de gloires de notre profession.

Hébergée à titre provisoire dans une école maternelle du XIXe arrondissement, elle offrait le plus inconfortable des asiles à des jeunes gens montés en graine. Grâce à la modestie de ma taille, j'étais ainsi le seul qui put loger ses genoux sous les pupitres qui, la journée, accueillaient des enfants de cinq ans.

J'aurais été sur un petit nuage si, à des cours et à des exercices pratiques dont je ne doutais pas qu'ils me rapprochassent de l'ambition que je m'étais fixée, ne s'étaient ajoutées – « pour faire le poids et plus sérieux », expliquait le directeur de l'école – d'autres disciplines, comme le droit romain et la géopolitique, dont je ne percevais pas l'utilité et qui me ramenaient à l'ennui de la terminale.

D'éminents journalistes, blanchis sous le harnais et à la boutonnière rougeoyante, constituaient le corps professoral. La radio étant balbutiante et la télévision pas encore en service, nous ne les connaissions que par la presse. Mais ils parlaient bien, étant tous des raconteurs-nés. Nous ne nous lassions pas du récit de leurs grands reportages et du portrait qu'ils brossaient des grands de ce monde qu'ils avaient approchés. Ils étaient pour nous les dignes successeurs de Théophraste Renaudot et d'Albert Londres. Beaucoup exerçaient la spécialité d'éditorialiste, d'autres avaient dirigé des quotidiens.

À la fin de chaque exposé, ils nous suggéraient un sujet que nous étions priés de transformer en article. Tâche qui me ravissait alors que certains de mes condisciples, venus de la grande bourgeoisie où le golf et l'équitation primaient la grammaire et le vocabulaire, restaient secs devant la page blanche. Ce fut, paradoxalement, en me portant au secours de certains d'entre eux que je ruinai ma scolarité. Car, vénal comme je devais l'être toute ma vie, je leur demandais avant de rédiger un devoir à leur place de m'allouer une petite partie de leur argent de poche. Cette innocente substitution aurait fonctionné longtemps si je n'avais pas accepté trop de « clients », jusqu'à en compter une demi-douzaine sur la vingtaine qui composait notre classe. Et, encore mal formé à cette diversité d'expression qui permet aujourd'hui à de talentueux confrères de traiter les mêmes faits d'actualité dans la presse, à la télévision et à la radio sans jamais paraître se répéter, je cédais à la coupable facilité d'utiliser dans chaque devoir les mêmes tournures de phrases. La découverte du pot aux roses me valut un avertissement avec menace d'exclusion. D'autant que ma mère, alertée, avait cru bon de préciser qu'en voyant tout l'argent dont je disposais, elle avait cru que le CFJ me rémunérait.

Pendant quelques jours, je me tins tranquille. Et puis, lors d'un exposé particulièrement ingrat sur une Société des Nations moribonde qui allait faire place à une Organisation des Nations Unies guère plus efficace, je ne pus m'empêcher de me livrer à l'une de ces blagues de potache dont, encore aujourd'hui, je dois souvent refréner l'envie. Et ce, au détriment du meilleur élément de notre petit cénacle.

Elle était fille d'un historien membre de l'Institut. Elle répondait au nom de Georgette Lacour-Gayet. Si j'avais su qu'elle deviendrait, elle aussi, une brillante historienne de la IIIe et la IVe République, et exercerait les fonctions de conseillère auprès de François Mitterrand, sans doute n'aurais-je pas franchi la frontière séparant la malice du mauvais goût. Georgette, qui n'était pas un prix de beauté, possédait une poitrine aussi volumineuse que sa culture, avantage mammaire donnant lieu à plus de quolibets que d'invitations à dîner. Or, avant le début de la conférence si ennuyeuse, j'avais trouvé dans la rue un sac de pommes de terre vide que j'avais disposé ensuite sur mon pupitre. Pourquoi a-t-il fallu que, ce soir-là, le professeur me demande à quoi servait ce grossier tressage ? Ma réponse fit hurler de rire les camarades et de fureur le professeur :

— Je crois que Georgette a perdu son soutien-gorge !

Le lendemain, j'étais renvoyé avec cette appréciation, séquelle de mon activité mercenaire : « N'est pas doué pour le journalisme mais réussira dans les professions commerciales. »

Mon parcours démarrait mal. Heureusement, le service militaire n'avait pas encore été supprimé, qui permettait aux garçons élevés dans les jupes de leur mère de découvrir d'autres sous-vêtements et aux cancres asociaux de tâter de la discipline et de la vie collective tandis que le port de l'uniforme retardait d'au moins un an la recherche d'un premier emploi.

J'avais demandé et obtenu de rejoindre les troupes françaises d'occupation stationnées en Allemagne afin de venger une famille décimée par les nazis. J'avais également opté pour le train, dont mon père avait été un brillant sous-officier supérieur avec l'arrière-pensée d'obtenir sans bourse délier tous les permis de conduire. La réalisation du premier objectif se réduisit à quelques idylles avec des Gretchen. Pour le second volet, mission accomplie : je réintégrai la vie civile avec un carton rouge m'autorisant à prendre le volant des voitures légères, des camions et des autocars. Seul l'usage de la motocyclette m'avait été refusé après que, placé sur le siège d'une Harley-Davidson d'une cylindrée de 750 (« un crapaud sur une boîte d'allumettes » rigolaient les autres conscrits), j'eus tourné pendant trois heures dans la cour de la caserne en attendant que le réservoir fût à sec faute d'avoir trouvé le frein.

Sur la fiche d'incorporation je n'avais pas hésité à indiquer « journaliste » sur la ligne correspondant à la profession. Sans me poser aucune question de légitimité. N'avais-je pas déjà collaboré à de multiples publications ? N'étais-je pas sorti – prématurément – de la meilleure école ? À l'adjudant qui, intrigué, me demandait en quoi consistaient mes activités, j'expliquai que partout où la vie et le hasard m'avaient posé, mon premier soin avait été de créer un journal. Et j'avais ajouté pour étayer ma vocation :

— Si un jour, je faisais naufrage et trouvais asile sur une île déserte, comme Robinson Crusoë, je commencerais par fonder, au seul usage des macaques et des tortues, un hebdomadaire que j'intitulerais *Vendredi.*

Le gradé n'avait pas, comme disait l'armurier, percuté complètement, puisque, nonobstant cette phrase que j'avais soigneusement préparée, je me retrouvai pendant deux mois à « faire mes classes ». Longue et douloureuse initiation couronnée par un parcours du combattant que j'effectuais traditionnellement en dernier afin de ménager à mes camarades un espace de rigolade.

Le soir, je pleurais dans mon « sac à viande », terrassé par l'ennui, la crainte des petits chefs et ma honte depuis que ma mère était venue spécialement de Paris demander au colonel de s'assurer que je portais bien le cache-nez qu'elle avait tricoté pour protéger ma gorge fragile.

La presse me sauva. Convaincu que je n'avais rien à attendre de l'armée et qu'elle-même serait payée de retour par mon incapacité à effectuer les tâches les plus humbles, je pris ma plus belle plume et proposai au chef de corps la création d'un journal.

L'idée fit florès.

Quinze jours plus tard, par anticipation et bien avant ceux qui avaient suivi, et mieux que moi, le peloton, je fus nommé, à titre exceptionnel, maréchal des logis et rédacteur en chef d'un mensuel que j'intitulai tout naturellement, en référence au nom de la caserne que nous occupions, *Kléber Digest*.

Dispensé de tous les impératifs militaires, bénéficiant d'un beau bureau, d'une chambre en ville et d'une jeep, je passai de l'enfer au paradis. Le travail était simple puisqu'il se limitait à l'écriture de reportages sur la vie de la caserne voire sur les manœuvres extérieures que je suivais désormais à la jumelle, sans me fatiguer, à côté des officiers. J'interviewais les gradés, je recueillais les témoignages de la base. Le deuxième numéro me valut une lettre de félicitations du général commandant la division qui fit le tour du GT 385 et m'accorda de surcroît la direction du mess où je laissais la bride sur le cou aux cuistots à condition qu'ils me préparassent de bons petits plats.

J'assurais également les fonctions promotionnelle et commerciale. Ainsi à chaque débarquement de nouvelles recrues m'installait-on dans une pièce jouxtant la grande salle où se déroulait la visite d'intégration. À peine les conscrits étaient-ils déclarés bons pour le service qu'on les priait de passer dans mon bureau où, encore tout nus, ils étaient abonnés d'office moyennant une petite somme retenue sur leur première solde. Après quoi, le *Kléber Digest* était distribué dans toutes les chambrées où, à l'époque, pas plus de trois jeunes sur dix savaient lire.

J'avais perfectionné mon dispositif en persuadant le commandant que notre gazette serait mieux imprimée à Paris qu'à Kaiserslautern. Il avait opiné. Ce qui me valait de petites permissions supplémentaires. Une fois par mois également, je présentais des galas destinés à la troupe et au cours desquels se produisaient des soldats comédiens, chanteurs ou musiciens.

Bref, j'étais si heureux que, lorsque le service s'acheva au bout de quinze mois (entre-temps le Parlement avait voté une petite rallonge), je me demandai sérieusement si je n'allais pas rempiler car jamais, je crois, je n'avais été autant délivré des soucis.

Plus tard, beaucoup plus tard, un jour qu'à la radio j'interviewais le Général Bigeard, à l'époque secrétaire d'État aux Armées, il m'avoua, en direct, qu'avant de répondre à mon invitation, il avait fait sortir mon dossier des archives du ministère et avait lu l'avis de mes supérieurs : « Élément exceptionnel mais à n'utiliser que dans les à-côtés du métier militaire. » Puis avant de s'éloigner, l'officier le plus décoré de France, qui devait devenir un de mes interlocuteurs récurrents, avait ajouté en baissant la voix :

— Comme on m'avait prévenu que vous pouviez donner dans l'anti-militarisme primaire, j'avais pris dans votre dossier une petite brochure que vous aviez commise sous le titre de « Comprendre l'armée ». Et je vous aurais rivé votre clou en vous traitant de fayot.

Nous revenions de loin tous les deux.

Le plus beau métier du monde

Il y a soixante-deux ans que je travaille dans les journaux et soixante et un seulement (si je peux dire) que je suis journaliste comme l'atteste la carte de Presse n° 13781 qui, depuis longtemps, me sert seulement de coupe-papier, et à laquelle aucun privilège fiscal n'est plus lié. Sans que cela ait pour autant diminué mon attachement à ce que je considère comme le sésame du plus beau métier du monde.

Je suppose que si le journalisme constitue, depuis plus d'un siècle, pour des jeunes en quête d'un métier, un miroir aux alouettes qui ne renvoie pas toujours la meilleure image à ceux qui s'y sont laissés prendre, c'est pour des raisons variées tenant aux ambitions particulières et au court passé des impétrants, bref, à l'idée qu'ils s'en font.

Pour les uns, il s'agit de rebondir après avoir raté Sciences-Po ou la licence en droit. D'autres, qui se croient doués pour l'écriture, sont persuadés qu'ils vont épanouir leurs dons littéraires. Seuls les détenteurs d'une véritable vocation ne cherchent pas plus loin que la fonction qui consiste à servir d'intermédiaire entre l'actualité et le consommateur d'informations. Pour le statut social, ils repasseront car il y a belle lurette que, même en province, les journalistes ont cessé d'être considérés comme des notables. Sur le plan littéraire, il leur faudra longuement patienter en tartinant en trois lignes des accidents de la route peu propices à l'étalage des sortilèges de plume, avant d'accéder – à l'ancienneté – à la chronique qui permet de ciseler ses phrases et de ne donner – luxe exorbitant – que son propre avis sur toute chose. Afin d'être juste et complet, il convient d'ajouter au faisceau des particularités requises une tendance quasi caractérielle à mettre son nez, sans y être toujours invité, dans les affaires des autres. C'est-à-dire à sublimer en curiosité professionnelle une curiosité personnelle pas toujours animée des plus nobles intentions.

Le marché médiatique actuel, qui voit de plus en plus de journalistes passer des supports traditionnels à la presse informatique, ne propose plus les satisfactions d'amour-propre que connaissent les desservants du culte lorsqu'on leur accorde le statut de grand prêtre. Non seulement ils doivent œuvrer le plus souvent dans l'anonymat mais encore on réclame d'eux la polyvalence puisqu'il leur faut assurer, outre le travail du journaliste, celui du technicien, du monteur, du chauffeur et de la secrétaire. Une situation normale pour les actuels débutants, inconcevable pour leurs aînés qui, ayant bénéficié des plus grands conforts, ne se sont, par exemple, jamais remis de la disparition des sténos de presse.

Sur la place dans la société, si l'on exclut les chroniqueuses politiques qui épousent les ministres dont elles ont remonté le moral les soirs de congrès, d'autres avantages en nature subsistent. Ainsi suis-je parfaitement conscient d'avoir eu droit à une existence et à des fréquentations auxquelles ne me prédestinaient pas mon intelligence, ni mon physique, ni mes diplômes, ni les relations familiales.

Bien sûr, au grand banquet de la vie, je me serai souvent retrouvé au bout de la table, mais avec une assiette généralement pleine devant moi et la possibilité de bavarder avec des gens mieux placés. Le multimédia et une puissance de travail supérieure à la moyenne nationale m'ont permis de réaliser mon vieux rêve : à savoir, vivre plus confortablement que ceux qui diraient du mal de moi.

Pris dans le tourbillon des fortunes, des pouvoirs et des ambitions, j'ai mené la vie à grandes guides. À partir du moment où j'ai compris que, pour accéder à la prospérité, il fallait la feindre, j'ai beaucoup frimé et je continue puisque la publication de ce livre donne à penser que j'ai eu une existence susceptible d'intéresser mes contemporains.

Oui, j'ai frimé avec l'alibi de susciter une reconnaissance sociale que la longue théorie de mes échecs scolaires ne m'avait pas apportée, et avec le désir d'être enfin admiré par ma famille.

Je dois avouer que, sur ce plan-là, ce fut totalement raté. Non seulement mes proches n'ont jamais paru s'intéresser à mon parcours professionnel mais encore mes parents eux-mêmes pensaient qu'il s'agissait d'une activité marginale et peut-être pas très honnête. Éprouvant dans l'exercice, qui de son artisanat, qui de son commerce, beaucoup de difficultés à gagner leur vie, ils ne parvenaient pas à imaginer qu'avec un stylo ou un micro on puisse s'offrir certains luxes.

Je me souviens du jour où j'avais été nommé responsable des pages parisiennes du *Figaro*. J'avais acheté à crédit – mais cela n'était pas marqué sur la façade – la villa du Vésinet dont j'étais précédemment sous-locataire. Nous étions au début de l'été. Devant le perron, le chauffeur, que venait de m'offrir le journal, briquait une belle américaine. Les travaux de la piscine avaient commencé. On avait dressé la table derrière la maison au bord d'une mini pièce d'eau au milieu de laquelle émergeait une île de deux mètres carrés. On y accédait par un petit pont de fer forgé rouillé conduisant à une vieille statue du même métal. Un maître d'hôtel en veste blanche assurait le service. Après le repas, je fis un tour de jardin avec mon père. Il était songeur. Puis il émit le constat que j'attendais :

— Ça a l'air de marcher pour toi...

J'opinai, je n'avais pas à me plaindre. Il se décida alors à formuler une interrogation que je n'oublierai pas même si je bats tous les records de longévité :

— J'espère que tu n'as pas fait de bêtises.

Oui, j'ai beaucoup frimé. Un détail semble attester que je ne me suis pas trompé.

Nous étions en 1968. Par provocation et aussi parce que le feuilleton qui faisait les beaux soirs à la télévision et qui s'intitulait « L'homme à la Rolls » montrait un policier (américain) effectuer ses enquêtes en cet équipage, j'avais fait emplette d'un véhicule de fabrication anglaise au capot beaucoup plus long que mon CV. Un mois ne s'était pas écoulé depuis cet achat déraisonnable et d'occasion que je tentais un premier jet de poudre aux yeux. Je garais le véhicule et sa statuette très ostensiblement dans la cour d'un périodique qui me proposait une collaboration. Avec pour ambition de prendre un maximum d'argent. Je fus comblé. Le directeur qui m'avait vu arriver avait rengainé ses tarifs syndicaux. On ne pouvait lésiner avec un client de la même marque prestigieuse que le principal actionnaire.

Ce jour-là, j'ai compris définitivement que, dans notre microcosme où le retour sur investissement constitue la plus belle des promenades, la valeur de l'individu est indexée sur le montant de ce qu'il parvient à se faire payer. Toutes considérations sordides devez-vous penser ? J'en conviens. Sauf que le bénévolat est réservé aux grandes âmes dont je ne prétends pas faire partie. Même si, à certains égards, le journalisme peut s'apparenter à un sacerdoce.

Sa pratique exige en effet beaucoup de courage et d'abnégation et, si l'on souhaite peindre notre société, elle impose à la fois de fréquenter les privilégiés de la fortune et les damnés de la terre. Un soir au Sahel et le lendemain chez L'Ami Louis, un restaurant pour gloutons pleins aux as. D'un côté, on assiste, comme Sancho Panza sur l'île de Barataria, à de somptueuses agapes dont tous les plats vous passent sous le nez sans jamais s'arrêter ; de l'autre, on décrit les difficiles conditions de vie des malheureux qui, eux, ont plus de faim que d'appétit. Délicat exercice, si l'on veut conserver son bel équilibre et sa joie de vivre sans jalouser les uns et sans trop s'apitoyer sur les autres.

Le chroniqueur mondain, que j'ai été pendant une dizaine d'années et dont un smoking plus brillant aux coudes qu'aux revers figurait le bleu de travail, empruntait chaque soir le fameux corridor de la tentation. Tout au long de ce singulier parcours, des boîtes de caviar s'ouvraient devant lui qu'il devait ignorer pour garder son indépendance et sa ligne, des bijoux étincelaient dont il savait qu'ils ne pareraient jamais les doigts et le cou de ses compagnes, des vins fins coulaient dans des verres de cristal qu'il devait seulement humer pour que son stylo continue à écrire droit. À l'entour, le personnel s'affairait, vêtu comme lui. Combien de fois, à l'entrée d'un gala et alors que ma juvénile apparence interdisait de penser que j'étais journaliste, ne m'a-t-on pas dirigé vers les cuisines afin que je rejoigne le bataillon des extra !

Le supplice durait toute la soirée car il fallait affronter le mépris de ceux qui ne parlaient qu'aux directeurs de journaux et le trop grand empressement des m'as-tu-vu désireux de faire parler d'eux, en participant, si possible, à ces conversations totalement dénuées d'intérêt où l'état des vieux châteaux et l'éducation des jeunes filles interviennent comme des leitmotivs.

Vers minuit, telle Cendrillon cherchant sa citrouille, j'essayais de trouver un taxi tandis que des chauffeurs stylés (portant encore casquette) ouvraient la porte des limousines à des créatures virtuelles à force d'être inaccessibles.

Heureusement, il y avait l'ambition. Une ambition effrénée allant de pair avec la certitude de tenir un jour également le haut du pavé. Et puis les notes de frais dans la fabrication desquelles je devais être passé maître puisque, lorsqu'un nouveau rédacteur demandait des conseils à ce sujet, les anciens lui disaient :

— Allez voir Bouvard : vous ne perdrez pas d'argent.

De fait, j'avais mis au point une méthode de calcul empruntant à l'art pointilliste.

Pour le moindre reportage, je n'omettais aucun poste de dépenses. Si par exemple on m'avait demandé d'aller interviewer dans mon immeuble le voisin du dessus, j'aurais mentionné un ressemelage de chaussures. Afin de mieux expliquer ma théorie, je l'avais concrétisée dans une note-type concernant la location d'un smoking. Rien ne manquait : ni les coups de fil qu'il avait fallu donner de mon domicile pour trouver une société *ad hoc*, ni le taxi que, à trois reprises – à cause d'essayages de retouches –, il avait fallu affréter pour se rendre à ladite entreprise. Ni le pourboire concédé à la retoucheuse, les consommations offertes au gérant et à ses associés. Ni le coût du pressing auquel j'avais été porter le vêtement afin qu'il fût bien repassé et débarrassé de certaines taches. Pour ce faire, j'avais recouru aux services d'un spécialiste officiant en grande banlieue. Trop occupé durant la journée, je devais effectuer le déplacement à la nuit tombée. Les taxis de nuit ne sont pas donnés, surtout lorsqu'ils débordent les limites de Paris intra-muros. Deux allers-retours avaient été nécessaires car l'artisan, débordé, avait dû différer la livraison de vingt-quatre heures sans m'en prévenir. Afin de bien montrer que je ne concevais nulle animosité de ce retard, je l'avais convié à dîner avec son équipe au grand complet dans un restaurant parisien. Au total cette location, assortie d'un dépôt de garantie que j'ajoutais (par mégarde, bien sûr) au coût des autres démarches, dépassait de beaucoup la valeur du smoking.

Dans un réflexe d'honnêteté tardive, j'avais proposé au journal de faire l'emplette définitive d'un smoking que j'aurais conservé chez moi et qui m'eut évité ensuite tout frais. Une solution raisonnable que l'administrateur avait refusée sous prétexte que si *Le Figaro* nourrissait ses collaborateurs chaque fois qu'ils étaient en service ou travaillaient tard le soir, sa vocation n'était pas de les habiller. J'avais contourné cet oukase en puisant dans ma tirelire de quoi acheter un vêtement dont pendant des années, grâce à de fausses factures fabriquées avec une imprimerie d'enfant, je comptais la location au journal qui n'avait pas souhaité l'acheter. Une des meilleures affaires textiles de l'après-guerre. Pour le reste, c'était tolérance absolue et zéro méfiance. Dès qu'on avait concocté une note de frais, on allait les toucher à la caisse.

Comme, d'autre part, nous étions payés dix-sept mois par an et que, lorsque l'un de nos articles avait plu à Pierre Brisson, nous trouvions le matin en arrivant au journal une prime substantielle dont le montant était calligraphié de sa main, nous étions très heureux même si nous ne le savions pas.

Et puis il y avait les indemnités. Comme le marché du travail était très demandeur de talents, certains confrères avaient choisi de faire des carrières en sauts de puce. Ils commençaient leur journée en calculant ce qu'ils toucheraient en changeant d'employeur. Deux schémas étaient possibles : le licenciement – mais c'était difficile compte tenu du laxisme général – qui nous permettait de partir nantis, selon l'ancienneté, de plusieurs années ouvrant droit à un pactole complètement défiscalisé ; ou bien, la démission, qui assurait de bénéficier dans son nouveau job d'une prime de transfert très confortable, elle aussi.

Pour peu que l'on ait pris quelques galons dans la hiérarchie, tous les luxes – à condition qu'ils fussent bien présentés – étaient pris en charge par le journal.

Je me rappelle qu'une année, où je publiais chaque jour un reportage sur les vacances des Français, j'avais persuadé Pierre Brisson de me faire louer un petit yacht sur lequel j'avais embarqué ma femme et mes deux filles. Un couple assurait la navigation et la cuisine et j'allais de port en port décrivant méticuleusement mon propre périple, inventant ce que je n'avais pas vu, avec pour seuls soucis de trouver à terre une place dans un palace et un téléphone pour dicter mon article.

C'est cette année-là que se produisit un étrange piratage. Un lecteur du *Figaro* mais aussi d'un quotidien de la Côte d'Azur écrivit à Pierre Brisson pour s'étonner que le papier publié chaque jour par le quotidien parisien parût le lendemain sous une autre signature dans un quotidien azuréen. Suspectant mon honnêteté, il demandait au directeur de sévir, voire de me licencier. Renseignements pris, il s'agissait d'un confrère paresseux qui « appréciant mon style » avait imaginé se l'approprier. Après une courte enquête, la lumière fut faite et le régional présenta ses excuses à ses lecteurs. J'eus plus tard des nouvelles du contrefacteur qui m'avait véhémentement reproché de l'avoir, en révélant le pot aux roses, fait mettre à la porte. Non seulement il avait retrouvé du travail mais il était devenu délégué syndical !

Si le journalisme d'aujourd'hui ressemble aussi peu à celui d'hier, c'est parce que sont nées, presque conjointement, les nouvelles technologies et la civilisation des loisirs.

La communication est passée du téléphone au fax et au mail. Dans le même temps, la valeur travail a disparu. La nouvelle génération a commencé à accorder plus d'importance à la vie privée qu'à la vie professionnelle. Les vacances se sont allongées et multipliées. Les ponts sont devenus des viaducs. Et puis, on a inventé les 35 heures et les RTT. À partir de ce moment, on a vu pour la première fois des reporters affectés au traitement d'un important fait divers regarder leur montre et quitter le terrain tandis que d'autres, qui ne connaissaient rien à l'affaire mais qui commençaient leur service, prenaient le relais.

Des poches de résistance existent çà et là mais il s'agit de barouds d'honneur organisés par des obstinés qui aiment davantage leur métier que la vie. Quant aux jeunes journalistes qui débarquent sur une Toile dont on prétend qu'elle supplantera un jour le papier, ils acceptent de travailler moins mais plus vite, d'oublier leur culture quand ils en ont une et de livrer anonymement des articles pourtant susceptibles de faire instantanément le tour du monde.

Alors, parfois, je me pose la question : et si c'était à refaire ? Une éventualité théorique, peu probable, et que je repousse de toutes mes forces car je ne suis pas certain que si je démarrais professionnellement en 2012 cela se passerait aussi bien qu'en 1952.

Sans doute y réfléchirais-je à deux fois. Et les employeurs potentiels hésiteraient-ils avant de m'engager sachant que je ne sais pas me servir d'un ordinateur et que j'affectionne les phrases très longues comme tous les cancres qui ont tâté du latin ? Peut-être passerait-on outre de part et d'autre. Et dégotterais-je dans un mensuel très spécialisé une petite rubrique sur le poker ou le chocolat, mes deux passions.

Cela dit, si vous avez un grand fils qui a raté sa médecine ou l'ENA (mais surtout pas le bac, devenu un ticket réclamé à l'entrée de toutes les salles de rédaction), ne le dissuadez pas de rejoindre la presse écrite où il pourra tenir une chronique médicale ou donner des éditoriaux politiques. Car la presse écrite ne mourra pas davantage que le livre. Certes, on ne vendra plus les mêmes quantités de papier mais au moins sera-t-on assuré d'une clientèle de grande qualité ayant envie de relire les articles qu'elle a aimés et considérant que, une fois la dernière page tournée, un livre doit être conservé comme un souvenir de famille.

Conclusion provisoire. N'ayant révisé aucun de mes jugements ni rompu avec aucune de mes habitudes, je persiste à considérer que les sept milliards de bipèdes qui peuplent aujourd'hui la planète se divisent en deux catégories : les journalistes et les autres. Et que, lorsque nous exerçons notre coupable industrie, nous sommes le poil à gratter d'une société que démange de plus en plus l'envie de faire parler d'elle. Quelle que soit l'idéologie de nos supports, nous prétendons révéler ce qui doit être caché. Quelle que soit la périodicité de nos prestations, nous nous réveillons chaque matin avec le désir de refaire le monde et l'ambition d'être considérés comme des justes, parfois un peu justes.

Je reconnais au passage que la presse a cessé d'être le cinquième pouvoir. Mais il ne faut surtout pas le dire si nous voulons qu'il y ait toujours – et principalement issus des milieux industriels – des investisseurs pour reprendre les journaux en difficulté. D'où la nécessité d'affirmer que la presse demeure un levier de pouvoir.

Ce qui n'est pas complètement faux puisque, grâce à elle, on fait ou l'on défait les réputations et les carrières, on pèse parfois sur les décisions de l'État, on lance des campagnes, on crée des polémiques. Il n'y a guère qu'en période électorale – mais il vaut mieux le cacher – qu'elle n'a guère d'influence. Pour la raison que les journaux d'opinion sont des bréviaires et leurs lecteurs des fidèles déjà convertis.

Ce qui manque peut-être le plus à la presse moderne ce sont les monstres sacrés. Les grands phares de la communication se sont éteints. Les journalistes de génie qui étaient de piètres gestionnaires ont cédé la place à des managers qui ne prétendent pas être journalistes. On ne reverra plus l'avionneur Marcel Dassault, qui s'était offert *Jour de France* comme on s'achète une nouvelle voiture, rédiger lui-même les légendes de photos de mode, se pencher sur la maquette d'un magazine comme si c'était celle d'un Rafale avant de réécrire certains passages des dialogues de *La Boum*, le film dont il était également le producteur. Ce surhomme frileux et égrotant qui avait bâti la première fortune de France au retour des camps de concentration n'avait qu'une faiblesse : il détestait les barbus. Au point d'interdire l'engagement de tout collaborateur qui ne fût glabre.

Pour Pierre Brisson, le patron du *Figaro,* la caractéristique rédhibitoire se situait plutôt sous le nez qu'au menton. Je me rappelle qu'ayant été réclamer une augmentation pour mon principal adjoint, j'avais énuméré tous ses mérites. La liste en était longue et le patron me semblait convaincu par ma litanie jusqu'au moment où d'une voix douce il mit un terme à mes espoirs :

— Je sais… Je sais… Il est très bien mais je ne peux rien faire pour lui.

Et comme je le regardais, interloqué, il ajouta le plus sérieusement du monde :

— Il a une moustache.

On ne verra sans doute plus un magnat du textile comme Jean Prouvost s'amouracher à 45 ans de la presse comme d'une femme et lui faire des journaux en guise d'enfants. Cher Jean Prouvost qui exigeait de ses plus fidèles lieutenants qu'ils vinssent le dimanche le rejoindre dans sa chasse solognote et qu'ils jouassent aux cartes avec lui. Avant le début de la partie, Élisabeth Danet, sa merveilleuse compagne, prévenait les invités :

— Surtout laissez-le gagner. Même en trichant un peu. Sinon il sera d'une humeur exécrable.

Jean Prouvost avait inventé la presse populaire sans avoir d'autre contact avec le peuple que ses bavardages avec Marcel, son chauffeur. Lançait-il une nouvelle formule ? Il sollicitait l'avis de Marcel. Une couverture de *Paris Match* faisait-elle débat ? C'était à Marcel de trancher. À telle enseigne que Marcel, conscient du rôle qu'il jouait auprès de celui que tout le monde – y compris les femmes – devait appeler « Patron », vint un jour solliciter une petite rallonge à un salaire qui n'avait guère bougé depuis vingt ans. Jean Prouvost, qui était sourd mais refusait de faire la dépense d'une prothèse auditive en expliquant qu'elle était inutile puisque ceux qui avaient quelque chose à lui demander parlaient plus fort, écouta son fidèle Phaéton. Puis il allégua les difficultés de trésorerie qu'entraînait la création de nombreux nouveaux titres. Afin de tempérer cette fin de non-recevoir, il posa sa main sur l'épaule du chauffeur qu'il gratifia de cette phrase désormais historique :

— Marcel, il y a des gens plus malheureux que nous.

Autre anecdote montrant combien Jean Prouvost fonctionnait à l'instinct et combien il ignorait certains rouages élémentaires de la vie quotidienne : peu après la Libération, sa limousine à gazogène était tombée en panne. Pour qu'il n'arrivât pas en retard à un rendez-vous important, Gaston Bonheur, son conseiller le plus proche, avait suggéré que, laissant Marcel s'affairer sous le capot, ils prissent tous deux le métro. Apparemment ce mot ne disait rien à Jean Prouvost mais il avait fait confiance à Bonheur. Et, en moins de temps qu'il n'en aurait fallu à la voiture de fonction, il s'était retrouvé à l'autre bout de la capitale. En remontant à l'air libre, Jean Prouvost ne tarissait pas d'éloges :

— C'est formidable ce truc-là… Dites, Gaston, il faudra faire faire un grand reportage dans *Paris Match* pour que le public connaisse cela…

Deux ou trois fois par semaine, Jean Prouvost m'appelait dans son bureau. Au début pour parler du *Figaro* qu'il venait de racheter. Ensuite pour évoquer la modernisation de RTL dont il venait également de faire emplette. Il évoquait d'une voix aussi sourde que lui le traitement de l'information, les devoirs du journaliste, les attentes du lecteur. Discourait-il au troisième degré ? L'admiration que je lui portais m'empêchait-elle de saisir ce qu'il attendait de moi ? En tout cas, quand je ressortais de son bureau, j'étais incapable de répéter ce qu'il m'avait dit. Et encore aujourd'hui, je suis tenté de donner cette définition du génie qui, selon moi, est établi lorsqu'au terme d'une longue conversation avec lui, on s'avise qu'on n'a rien compris.

En ce temps-là, les monstres sacrés s'accrochaient jusqu'au dernier jour. Ces gens-là n'existent plus. Je suppose que, si l'espèce a disparu, c'est parce que la société n'en a plus besoin.

Chez Pierrot-les-Bretelles

Il était mon idole. Je me soupçonne d'avoir arrêté très tôt ma croissance afin de mieux lui ressembler. Le mimétisme avait commencé – involontairement – dans l'immeuble du 45 de la rue de Maubeuge à Paris, où j'avais passé mon adolescence au cinquième étage sur la cour, bercé par les souvenirs égrenés par ma mère qui, trente ans plus tôt, enfant, avait joué avec les frères Roger et Pierre Lazareff alors installés au deuxième étage sur la rue avec ascenseur. Proximité qui explique qu'enfin convaincue que je ne changerais pas de vocation, ma mère m'avait conduit, un jour, dans le bureau de Pierre pour lui demander de m'engager à *France-Soir* ou dans l'une des publications satellites. L'accueil avait été cordial mais la requête repoussée. Après s'être enquis de mon désastreux CV – bac raté trois fois, exclusion du Centre de formation des journalistes pour avoir vendu des articles de ma façon à des condisciples aussi galetteux que paresseux –, Pierre s'était borné à ce conseil :

— Ce garçon est fait pour le commerce !

Mon entrée, quelques mois plus tard, au *Figaro* puis l'accession à un début de notoriété attesté par mon nom en caractères gras en première page du quotidien du matin ne lui avaient pas échappé. En conçut-il des regrets ? Voire un remords ? En tout cas, je n'avais pas atterri depuis cinq ans au rond-point des Champs-Élysées qu'il m'invita à déjeuner dans un restaurant de l'avenue Matignon où se bousculaient tous les décideurs.

Comme le principal maître d'hôtel avait la réputation, une fois le service terminé, de courir rue des Saussaies afin de balancer aux Renseignements généraux les propos qu'il avait entendus, les conversations étaient souvent surréalistes. Car chacun y allait de ses « scoops » totalement fantaisistes.

Par la suite, ce déjeuner se renouvela une ou deux fois par an. Un grand moment pour moi. Car le ludion des médias était d'une vivacité d'esprit prodigieuse. Il lisait tout, retenait tout, centralisait les informations transmises par ses journalistes ou ses amis politiques.

Il disposait, outre la propriété qu'Hachette mettait à sa disposition à Louveciennes en haut de la côte où gîtaient le comte de Paris et sa nombreuse marmaille, d'une petite villa dans le Var à La Fossette. Sa deuxième secrétaire en avait une aussi au menton qui, chaque fois, préparait la vingtaine de dames que son patron « aidait » en souvenir d'amours souvent lointaines.

Pierre Brisson, patron du *Figaro*, n'a jamais compris comment Pierre Lazareff, dont il prononçait toujours le patronyme comme s'il se fut orthographié avec une douzaine de « z », était devenu un des hommes les plus puissants du pays.

De fait, ce petit rouquin malingre, pas très soigné, sorti du Sentier et, comme Jean Gabin et Marcel Bleustein, de ce que les trois compères appelaient HEC en spécifiant qu'il s'agissait des Hautes Études Communales, dont la première fonction avait consisté à assurer le secrétariat particulier de Mistinguett, la reine du Music Hall, avait édifié un empire de papier, éditait des quotidiens et des magazines, produisait l'émission la plus populaire de la télévision, des films, des spectacles et conseillait le chef de l'État.

Sans doute Lazareff appartenait-il à cette espèce de grands patrons qui n'envisageaient pas de dételer et auquel on ne pouvait faire davantage plaisir qu'en leur affirmant qu'il n'y avait personne pour les remplacer et qu'après eux ce serait le chaos.

Je me souviens ainsi de Pierre Lazareff, quasi agonisant, dont la Bentley presque transformée en ambulance le conduisait chaque matin de Louveciennes à la rue Réaumur. Venant de la même banlieue à la même heure, ma voiture se retrouvait à côté de la sienne au feu rouge devant Publicis, en haut des Champs-Élysées. Nous baissions la vitre pour échanger un bonjour tandis que, derrière lui, l'infirmière qui ne le quittait plus lui administrait la piqûre qui lui permettrait de diriger un peu plus tard le comité de rédaction.

Ultime adieu au petit génie de la presse. Tout ce que Paris compte de politiques, de vedettes et de journalistes est là au bord de la tombe. Lorsque le cercueil a achevé sa descente, Jacques Chaban-Delmas et Charles Gombault tentent d'entraîner sa veuve hors du cimetière. Je suis assez proche pour l'entendre demander :

— Alors, on n'attend pas Pierre ?

FIGARO-CI
FIGARO-LÀ

Je ferme les yeux. Une série de tableautins surgissent. Mon arrivée à 22 ans dans le bureau de l'administration du *Figaro* dont le discours tient en deux points :

— Je ne vous engage pas comme journaliste mais comme garçon de course. Si vous êtes courageux et si vous faites preuve d'initiative, vous parviendrez vite à passer à la rédaction. Ici, il n'y a pas de cloisons étanches.

Puis il ajoute avant de me signifier mon congé d'un geste sec et légèrement agacé :

— Si vous ne faites pas l'affaire, je vous virerai dans les quinze jours.

Me voilà affecté au service photo. Au cœur du journal car la presse, si l'on exclut « Cinq colonnes à la Une » proposé par la télé, a encore le monopole de l'image.

Le service est dirigé par Manevy qui est aussi son principal reporter. Il arrive le matin avec son passeport et sa petite valise, prêt à sauter dans le premier avion s'il se passe quelque chose d'important au bout du monde. On pense d'abord à la photo. Ensuite à l'article qui, éventuellement, l'accompagnera. Manevy est marié à une Anglaise qui fait le même métier que lui. Il est bel homme et passionné. Il a dû quitter beaucoup de femmes mais jamais son Leica. Dès qu'un personnage ou qu'un spectacle le sollicite, il ferme un œil et ouvre l'objectif. La mise au point n'est pas encore automatique. Il faut apprécier la lumière et la distance en sachant qu'on ne verra pas le résultat avant le premier développement. Une opération à laquelle je participe en assurant « le bain », c'est-à-dire en déversant dans une grande bassine force produits nauséabonds que je touille en me pinçant les narines.

Après la publication dans *Le Figaro* de chaque reportage, les propositions d'achat arrivent des journaux du monde entier. Une partie des droits que Manevy touche est consacrée aux libations. En principe, la consommation d'alcool est prohibée dans les locaux professionnels. En fait, l'une de mes missions consiste à rapporter de l'épicerie voisine des bouteilles de spiritueux variés que je dissimule sous un long imperméable dont on m'a doté pour l'occasion. La bacchanale est quotidienne. Elle se prolonge tard le soir dans les bistrots périphériques où les photographes ont leurs habitudes. On me regarde un peu de travers car, allergique à l'alcool, je me contente, à chaque tournée, de tremper mes lèvres dans un verre de ce vin cuit dont le slogan m'a accompagné au petit matin tout au long des tunnels du métro.

Le Figaro est, à l'époque, le grand quotidien matinal en même temps que le journal officiel d'une République qui se reconnaît en lui.

Pierre Brisson, qui dirige l'entreprise, fait et défait les gouvernements, adoube les écrivains, encourage les artistes et adresse trois fois par an à la Grande Chancellerie des propositions de décorations qui feront rougir de plaisir certaines boutonnières. Il est à la fois timide et intimidant. Un crayon vert à l'aide duquel il annote – ou barre d'un trait rageur – tous les articles qu'on lui soumet lui tient lieu de sceptre. Il terrorise tellement ses collaborateurs qu'aucun contradicteur ne se manifeste jamais. Comme on le désigne par ses initiales – P.B. – j'assortirai les miennes d'un h après le P comme s'il pouvait y avoir confusion de personnes et de chemises.

Il arrive de bons matins, toujours à la même heure, en empruntant, jusqu'à son fameux bureau ovale donnant sur les Champs-Élysées, un ascenseur que les huissiers ont neutralisé dès l'entrée de sa voiture dans la cour du journal. Il est conduit par un vieux chauffeur dont les bourdes et les pataquès font notre joie : « Il roulait comme un bol vide » ; « il riait à gorge d'employé ». P.B., lui, ne sourit jamais. Son visage marmoréen ne traduit aucun sentiment. Tout ce qu'on croit savoir de lui, c'est qu'il apprécie le satin de la peau des jeunes femmes et le cuir des éditions originales de Molière dont il est très fier et qu'il me fait admirer après les avoir déposées sur une peau de chamois. On murmure que la tristesse lui est venue après la disparition dans un accident de la circulation d'une amie très chère.

L'âge ne lui a rien enlevé de sa prestance. Il est grand, svelte et tiré à quatre épingles alors que *Le Figaro* tire à 500 000 exemplaires dans une France de 40 millions d'habitants. Il arrive, précédé de sa réputation de grand patron inflexible et il repart, suivi par l'odeur d'un parfum musqué dont il s'arrose sans le sentir et qui perdurera longtemps après qu'il nous aura quittés.

P.B. a une haute idée de la fonction journalistique. C'est sans doute lui qui, le premier, a ambitionné d'offrir une éthique aux tâcherons d'une profession faussement libérale. Il ne suscite aucune familiarité. Ses adjoints les plus proches – Louis-Gabriel Robert en tête, qui dirige la rédaction – l'appellent « Monsieur » comme on disait « Sire » ou « Votre Majesté » aux rois.

De temps à autre, les secrétaires de rédaction, qui formaient alors une aristocratie, renâclaient pourtant à ses consignes. Au point d'exploser lorsqu'il tournait les talons. Je me souviens d'une fin d'après-midi où, entrouvrant la porte de son bureau, il avait exigé qu'on refasse en catastrophe toute la Une du journal. À peine s'était-il éclipsé que le responsable de l'édition avait lancé :

— Le patron, moi, je l'em... !

À ce moment-là, la porte directoriale s'était rouverte et P.B. avait passé la tête

— En cas de besoin, je suis chez moi toute la soirée.

On en riait encore dix ans après.

Je n'ai jamais caché que je dois une partie de mon avancement au *Figaro* au subterfuge peu glorieux qui, durant plusieurs semaines, m'a vu me poster dans les toilettes directoriales à côté de la vasque où P.B. épanchait – toujours à la même heure – une partie de ses liquidités non fiduciaires. J'avais posé comme postulat qu'un soulagement partagé pouvait abolir une partie de la distance séparant un tout-puissant patron d'un obscur grouillot. Je ne m'étais pas trompé.

Un jour, brisant le silence humide du lieu, P.B. me demanda si je travaillais au *Figaro*. Comme si un pisseur venu de l'extérieur pouvait s'épandre dans le saint des saints. Je répondis naturellement par l'affirmative. Quelques jours passèrent où, pour encourager la conversation, je m'efforçais de suivre le rythme prostatique de mon employeur. À l'issue d'une semaine où j'avais eu le culot de lui faire part de ma passion pour le journalisme, l'entretien se poursuivit dans son bureau.

Honoré de l'attention puis de la confiance d'un magnat de la presse, je passai de la rédaction des accidents de la route et des reportages de proximité à la chronique dite parisienne. Assistant à trois spectacles par soirée sans en voir aucun complètement, mon travail consista, pendant plusieurs années, à rendre compte du plaisir des autres. J'allais ainsi de vernissage en tournage, de fête en gala, ne profitant de rien même pas des buffets somptueux, obnubilé par l'impératif de dicter aux sténos mon article avant minuit.

P.B. ne m'avait donné qu'un seul conseil :

— Vous ne vous ferez connaître qu'en vous moquant un peu des gens connus.

Il n'avait pas fallu me le dire deux fois. Mes premières têtes de turc furent trois femmes déjà célèbres : Brigitte Bardot, Mireille Mathieu et Line Renaud. Pour exercer cette mission, je faisais feu de tout bois : les amants de l'une ; les naïvetés de l'autre ; les bluettes de la troisième. Je tirais à vue sur tous les contemporains célèbres. Parfois j'allais – je le reconnais avec le recul – trop loin. Mais j'étais victime du syndrome de la méchante langue qui finit par en vouloir aux gens dont on l'oblige à dire du mal.

Un demi-siècle aura dû s'écouler pour que je me réconcilie avec Bardot, Mathieu et Renaud. La première me fit savoir qu'elle ne refuserait pas une invitation aux « Grosses Têtes » après avoir lu dans mon bloc-notes du *Figaro Magazine* : « J'ai beaucoup de considération pour BB parce que, depuis cinquante ans, elle a réussi à m'éviter ». Elle vint donc à RTL et nous tombâmes dans les bras l'une de l'autre. Sans doute ai-je éprouvé ce jour-là la plus grande émotion de ma longue vie professionnelle. Mireille prit également l'initiative en m'invitant très chevaleresquement à me joindre à sa famille dans la salle des fêtes de l'Élysée alors que le président de la République lui remettait la rosette d'officier de la Légion d'honneur. Avec Line Renaud, je fis amende honorable devant les mutations successives et réussies qui la firent passer du music-hall au cinéma puis au théâtre. Aujourd'hui, je ne dis plus de mal de personne. Je laisse ce soin à mes talentueux compagnons des « Grosses Têtes ».

Avec le temps, j'ai réduit le nombre de mes ennemis. Soit parce que, prudemment, je les avais choisis en mauvaise santé pour qu'ils ne mobilisent pas durablement mes facultés de dénigrement, soit parce que j'avais pris comme vademecum la boutade de Jules Renard : « Compte tenu du nombre de nécessiteux, il faut économiser son mépris. »

La succession de galas et de fêtes dont j'étais le témoin pouvait parfois virer au sordide dans la coulisse. Bien sûr, je ne signais aucune critique dramatique et ne formulais aucun jugement sur le spectacle auquel j'avais (partiellement) assisté. Mais en décrivant l'accueil fait à la pièce, je préfigurais souvent l'opinion manifestée par les exégètes attitrés.

Or, Jacques Deval, l'un des principaux dramaturges de ce temps déjà lointain, avait vu rouge lorsqu'au lendemain de la présentation de sa dernière comédie j'avais évoqué l'ennui qui se lisait sur le visage de certains invités. Et il avait pris sa plume la plus féroce pour écrire au directeur du *Figaro* en affirmant qu'il n'avait pas été étonné par le ton de mon articulet car il n'ignorait pas que les auteurs essuyaient mes coups de patte s'ils ne l'avaient pas graissée. En d'autres termes, ma gentillesse avait un prix.

L'accusation était terrible. Surtout au *Figaro* où l'on ne badinait pas avec la morale. Je me souviens de sa réaction lorsqu'un reporter de *France-Soir*, qu'on venait de mettre à la porte, avait révélé que lorsque ce journal déléguait un reporter auprès de la famille d'un jeune criminel dont on savait qu'il risquait d'être exécuté les jours suivants, il lui était recommandé de subtiliser une photo du condamné alors qu'il était encore gamin.

À la suite du coup de gueule de Deval, on avait décidé de diligenter une enquête en passant au crible mes comptes en banque et mon train de vie. Et puis, comme rien d'anormal n'avait été décelé, j'avais repris mes expéditions vespérales.

Un autre auteur dramatique – et sans doute le plus talentueux de tous – donnait du souci au *Figaro*. Alors qu'il était le préféré de la bourgeoisie et donc de nos lecteurs, Sacha Guitry refusait obstinément tout contact avec des représentants du journal sous prétexte que, vingt ans plus tôt, Pierre Brisson, alors critique dramatique, l'avait injustement esquinté. On résolut en haut lieu de tenter un rapprochement.

Une opportunité sembla se présenter sous la forme d'une petite annonce demandant des figurants pour un film historique que le grand homme s'apprêtait à tourner. Ma mission était simple : poser ma candidature, me faire engager, observer son comportement pendant les prises de vue et relater mes impressions dans un article si aimable qu'il aurait préludé à la réconciliation.

De bon matin, je me présente au bureau de la production. Un assistant m'explique ce qu'il attend d'abord de moi : l'essayage d'un uniforme de soldat autrichien. L'exercice exige le port d'un fusil très lourd et d'un bonnet à poils haut de trente centimètres. Autour de moi tous les aspirants à des rôles muets s'activent : de grands jeunes gens qui, même sans le bonnet, me dépassent d'une tête. Puis, une fois costumés, on nous dispose sur une ligne où le cinéaste va nous passer en revue.

De fait, il s'arrête devant chacun d'entre nous puis après un bref moment de réflexion, articule sa décision :

— Parfait. Engagez-le.

Quand il parvient devant moi, le discours est :

— Pas celui-là, il est ridicule.

J'ai rendu aussitôt mon paquetage, vérifiant une fois de plus que la nature ne m'avait pas fait que des cadeaux.

Le projet de ramener Guitry dans les colonnes du *Figaro* n'était pas abandonné pour autant. Trois mois passèrent. Une fois son film terminé, Guitry s'occupa d'écrire et de répéter une nouvelle pièce. Le rédacteur en chef du *Figaro* téléphona au directeur du théâtre. On savait que la comédie était ambitieuse, que son montage avait coûté très cher et que le succès serait plus assuré si Guitry acceptait le principe d'une avant-première sous forme d'interview à paraître dans le quotidien favori des amateurs de théâtre. Pour emporter sa décision, le rédacteur en chef avait poussé loin le bouchon en précisant que les questions seraient posées par un stagiaire, benjamin de la rédaction, dont le journal se séparerait si Guitry refusait de le recevoir. Ce qui n'était qu'à moitié vrai : j'étais le benjamin mais je n'étais pas stagiaire. Et puis personne ne pouvait imaginer qu'un rendez-vous manqué fut une cause de licenciement.

Il faut croire que Guitry fut sensible à cet argument saugrenu car il me fit convoquer. Son secrétaire m'attendait à la porte du théâtre afin de me chapitrer : dès la fin de la répétition, je devrais m'avancer modestement vers l'auteur-interprète avec pour seule consigne de l'appeler « Maître ». Le collaborateur avait insisté : « Il tient beaucoup à ce vocatif que nous employons tous lorsque nous nous adressons à lui. »

La répétition s'achève. On me pousse vers Guitry. Il est encore sur la scène mais en costume de ville, majestueux avec un chapeau à larges bords, un collier d'ambre autour du cou et surtout, dépassant de manches de chemise qui vont jusqu'à la première phalange, une chevalière en forme de coup-de-poing américain. On l'avertit de ma présence. Il me voit progresser vers lui. Il m'interpelle :

— Alors, c'est à vous, jeune homme, que *Le Figaro* a ordonné de m'esquinter ?

Je proteste :

— Mais non Monsieur !

Guitry lance alors à la cantonade :

— Monsieur ! Monsieur ! Voilà que l'agression commence…

Au *Figaro*, comme ailleurs mais un peu plus qu'ailleurs, la presse vivait la fin de son âge d'or. Ainsi au cocktail de fin d'année, P.B. avait-il pu commencer son allocution par une phrase que, hélas ! je n'ai plus jamais entendue : « Mes amis, nous sommes acculés à la prospérité. » Moyennant quoi, nous vivions comme des seigneurs, entourés d'assistantes et de secrétaires.

P.B. m'avait ainsi demandé la nature du cadeau que je souhaitais pour mon anniversaire. Sans hésiter, j'avais répondu « un chauffeur ». Après deux jours de réflexion, il m'avait accordé ce privilège réservé aux dirigeants en prenant en compte le fait qu'avec une très petite équipe, je remplissais complètement tous les jours – en dictant quatorze feuillets – la dernière page du journal.

Fiscalement – Giscard n'avait pas encore sévi –, nous bénéficions d'un abattement de 30 % sur la totalité de nos revenus. Maison avec piscine, voiture de sports, grands restaurants (où nous avions « la signature » qui permettait de se remplir la panse sans payer l'addition), nous menions la vie à grandes guides. Ayant choisi sous forme de slogans deux lignes de conduite – « Ni dupe ni complice » et « C'est déjà assez triste d'être pauvre, si en plus il fallait se priver… » –, je m'évertuais à faire rimer intégrité avec prospérité.

Encore plus précieuses que l'argent m'apparaissent les satisfactions d'amour-propre éprouvées à l'obtention de ce

« bâton de maréchal » que constitua la publication de ma première chronique en première page à droite, dans le large espace dévolu ordinairement aux académiciens. L'annonce, également à la Une, de mes articles placés en pages intérieures – avec mon nom en caractères gras, plus tard placé en exergue et assorti d'un mini-portrait – me comblait également de fierté.

Le soir, vers minuit, au lieu de rentrer chez moi, articles dictés et mission accomplie, je descendais même au marbre du journal où les ouvriers du Livre composaient avec leurs linotypes les lignes de plomb qu'on insérait ensuite à la pince dans les formes qui, quelques instants plus tard, fixées sur les rotatives, assureraient l'impression. Je lisais et relisais avec délice – et à l'envers – le titre de mon article du lendemain. Je caressais le texte d'un doigt tâché d'encre quand venait le moment de tirer la « morasse », épreuve faite à la brosse lorsque les pages étaient montées.

Le Figaro ne se contentait pas de relater l'actualité. Il créait également l'événement.

Ainsi en était-il chaque année avec le concours d'erreurs commises volontairement ouvert aux lecteurs perspicaces, richement doté, qui durant trois semaines mettait à sac les administrations et les musées où les concurrents devaient mener leurs recherches pour décrocher la timbale.

Il y avait aussi les bourses d'étudiants dont, un soir, Jean Piat présenta à l'Opéra le grand gala charitable (on n'était pas encore dans le caritatif). En fin de soirée, on tirait une tombola. Cette année-là, le gros lot était une maison les pieds dans l'eau en Grèce. Piat annonça le numéro gagnant. Personne ne bougea dans la salle. On allait procéder à un autre tirage lorsqu'il extirpa d'une poche son billet personnel. Il dut alors avouer la vérité : c'était lui qui était devenu le propriétaire de la maison en Grèce.

Le Figaro passait aussi pour être une annexe de l'Académie française. Bien qu'il eût refusé d'y siéger alors qu'on lui assurait une élection de maréchal, P.B. employait comme chroniqueurs réguliers une douzaine d'immortels.

Le plus fameux était François Mauriac avant qu'il passât à *L'Express*. Mauriac, pour nous, était le bon dieu, avec lequel nous imaginions d'ailleurs qu'il avait des contrats privilégiés tant il détenait, en dépit de sa voix cassée, le monopole de la bonne parole. D'abord écrivain régionaliste avant de se voir attribuer le prix Nobel de littérature, il excellait dans la métaphore vacharde, faisant preuve d'une méchanceté moins notoire que sa piété. J'en avais été le témoin un jour dans l'ascenseur du *Figaro* que j'avais emprunté avec Jean Fayard, fils de l'éditeur Arthème, ancien prix Goncourt et avec lequel je publierais assez régulièrement des chroniques dialoguées. Au premier étage, Fayard descendit. Tandis que nous étions en route vers le second (il n'y avait pas de troisième), Mauriac me dit, alors qu'il ne me connaissait pas :

— Avez-vous vu les chaussures de Fayard ? Ça doit être la pointure 60. On dirait des cercueils d'enfant.

Jean-Jacques Gautier, le redouté critique dramatique qui vidait ou remplissait les théâtres selon le jugement qu'il émettait, avait suivi le parcours inverse. Il avait longtemps écrit dans *Le Figaro* avant de siéger sous la Coupole. C'était, hors fonctions, un homme charmant, jaloux de son indépendance (il n'acceptait jamais de dîner en ville sans s'assurer qu'il ne rencontrerait pas de comédiens ni d'auteurs dramatiques).

À chaque répétition générale, on le plaçait au troisième rang à côté de Gladys, sa femme. À partir du lever de rideau, le spectacle était partout : tandis que Gautier regardait la scène, le directeur embusqué dans la coulisse regardait Gautier et communiquait avec l'auteur et le metteur en scène par talkie-walkie : « Il a ri deux fois... Il tousse... Il ferme les yeux comme s'il était fatigué ou qu'il s'ennuyait... Gladys a l'air d'aimer... Il a applaudi. »

Gautier était juste et féroce, jamais dupe des modes et des faux-semblants. Durant la représentation, il prenait des notes sur son programme après avoir remonté ses lunettes sur son front comme le faisaient Brisson et Lazareff. Lorsque des comédiens, égratignés ou déçus, lui reprochaient de détester le théâtre, il précisait que chaque dimanche en matinée, lui allait revoir – à ses frais – les pièces qu'il avait aimées.

En dépit d'un patronyme prédestiné, Bernard Gavoty avait choisi le pseudonyme de Clarendon pour réguler, de son côté, le monde musical. Il donnait des petits concerts, des conférences, il publiait des bouquins mais il était surtout fier d'un vin qu'il produisait en Provence.

L'affiche académique réunissait aussi – qui se souvient d'eux ? – André Siegfried et Jacques Chastenet, pas des rigolos mais des puits de sciences qui enseignaient dans les grandes écoles et dans les colonnes du *Figaro*.

Pierre Scize, qui aurait mérité de siéger sous la Coupole, avait une place à part – celle d'un polygraphe polyvalent – dans la rédaction. Il assurait en alternance les Jeux olympiques ou un grand procès, le Tour de France ou des obsèques nationales. Par deux fois, j'avais été son grouillot. Lorsque l'heure venait de dicter son article – il n'écrivait jamais rien –, il s'enfermait dans une cabine téléphonique. J'avais ordre de frapper à la porte au bout d'un quart d'heure ou de trente minutes selon la place qu'on lui accordait dans le journal. C'est en le regardant travailler de cette façon que j'ai dicté, moi aussi, mes articles à la volée. Mais avec infiniment moins de talent. Scize – de son vrai nom

Piot – avait longtemps fait partie de l'équipe du *Canard Enchaîné*. On l'en avait exclu lorsque le ruban rouge – cause de renvoi selon le règlement interne – lui avait été décerné pour les faits de guerre qui lui avaient coûté un bras.

Ainsi était *Le Figaro* des années 50. Un refuge de grandes plumes et de beaux esprits. Si j'avais eu conscience de ma médiocrité (au sens latin tout de même), je serais parti en courant…

Mes présidents

Si, aujourd'hui, ce sont les chroniqueurs les plus chevronnés que l'on délègue au chef de l'État, à l'époque de mes débuts, c'était tout le contraire. On affectait à cette tâche les benjamins de la rédaction. Paradoxe qui s'expliquait par le rôle surtout honorifique que le président tenait alors sur la scène politique.

Ainsi, venais-je tout juste d'obtenir ma carte de presse lorsque l'on m'ordonna de relater les vacances estivales que Vincent Auriol prenait au château de Rambouillet. Socialiste, tendance radicale, n'ayant jamais perdu l'accent rocailleux de Revel où il était né, Vincent Auriol avait occupé les principaux postes de l'État avant d'être élu, comme cela se faisait à l'époque, par les parlementaires réunis en Congrès au château de Versailles. Sans doute, n'aurait-il pas été désigné pour la magistrature suprême s'il avait dû affronter le suffrage universel et la télécratie. Car le président, qui avait perdu accidentellement un œil, n'était guère « bon pour la photo ». Un chansonnier particulièrement insolent et cruel avait même dit que « la moitié de son regard coulait comme un camembert au mois d'août ».

Le Figaro avait quand même prévu de me faire accompagner par un photographe. À moins que ce fût l'inverse. Il se nommait Claude Fayard et devait devenir un excellent réalisateur de télévision. Nous avions débarqué à sept heures du matin à Rambouillet. Le choix de l'heure n'était pas innocent, car Vincent Auriol prenait à ce moment-là un petit déjeuner qu'il préparait lui-même afin de ne pas faire lever le personnel dès potron-minet. Et durant toute la matinée, nous avions observé le chef de l'État vaquant à de menues tâches ou prenant connaissance du courrier qu'avait déposé sur son bureau un émissaire de l'Élysée. Claude Fayard s'en donnait à cœur joie, usant d'une familiarité qui me choquait un peu mais n'avait pas trop l'air de surprendre Auriol : « Président » par-ci « Président » par-là, il donnait des ordres à celui qui était censé ne plus en recevoir de personne. À midi, le reportage était bouclé et tandis que nous buvions un verre avec le président, son épouse apparut. Alors que nous nous levions pour prendre congé, elle demanda au photographe :

— Tu restes à déjeuner avec nous, Claude ?

Claude, pris par d'autres reportages, refusa aimablement. En rentrant à Paris, il m'expliqua les raisons d'une proximité qui m'avait surpris :

— Ma mère est la sœur de la présidente, je suis donc le neveu de son mari.

J'ai retrouvé plus tard Vincent Auriol, de façon impromptue et dramatique. Il avait pris sa retraite dans sa villa du Cap Bénat et le hasard avait voulu qu'à l'occasion d'un incendie de forêt qui s'était déclaré à quelques mètres de chez lui, *Le Figaro* me fit assurer le reportage du sinistre au moment précis où, sur une civière, on évacuait le vieillard fatigué et malade.

J'enchaînai avec René Coty, élu au treizième tour en 1953 alors que, dans l'esprit des congressistes, il s'agissait seulement d'accorder un coup de chapeau à un homme politique intègre dont le parcours avait été exemplaire. Et puis, sans qu'on y eût pris garde, le nom de Coty était sorti du chapeau. Dans les salles de rédaction, ce fut l'affolement. On fouilla les archives sans parvenir à trouver une photo de celui qui allait devenir le dernier président de la IVe République. Sa biographie tenait en dix lignes : il était Havrais, avait été parlementaire puis ministre de la Reconstruction et de l'Urbanisme en 1947-1948. Personne ne connaissait son numéro de téléphone, on savait seulement qu'il habitait à Paris, Quai aux Fleurs.

En tant que benjamin des journalistes présents à Versailles, on me chargea d'aller porter la bonne nouvelle à la nouvelle première dame de France. L'immeuble était bourgeois mais modeste et sans ascenseur. Ce fut Germaine Coty elle-même qui m'ouvrit la porte. Je récupérai mon souffle et rassemblai mes esprits pour annoncer :

— Madame, je vous informe que votre mari vient d'être élu président de la République.

Comme elle ne marquait aucun étonnement, soit parce qu'elle connaissait déjà la nouvelle soit parce qu'elle ne percevait pas encore à quel point cette élection allait changer sa vie, je crus bon de meubler le silence avec la plus banale des questions :

— Qu'allez-vous faire maintenant ?

La réponse fusa avant de devenir – en partie grâce à moi qui l'ai beaucoup racontée – mémorable pour ne pas dire historique :

— Je vais lui faire une tarte.

Ce fut le début d'une longue relation avec ce couple qu'au départ les chansonniers avaient brocardé mais qui, ayant réhumanisé la fonction, devint par sa gentillesse et sa simplicité la coqueluche des Français. Et du coup, durant tout le septennat (abrégé pour cause de passage de relais anticipé au général de Gaulle), je fus l'interlocuteur récurrent et privilégié du président.

Ainsi, le soir de leur installation au palais de l'Élysée, avaient-ils eu la délicate pensée de m'inviter à partager avec eux un dîner sommaire dont, en l'absence de personnel, le président allait à la cuisine quérir les plats. Par la suite, chaque fois que *Le Figaro* avait une question à poser au chef de l'État, c'était moi qu'on en chargeait. René Coty prenait-il quelques jours de vacances à Menton ? Je logeais dans un hôtel voisin de la villa qu'il occupait et l'accompagnais durant sa promenade matinale. Je connaissais toute la famille. J'assistais à l'idylle nouée entre une petite-fille des Coty et un confrère de la presse hebdomadaire.

Et puis un triste jour, Germaine Coty décéda. Ce fut un deuil quasi national. Les Français pleuraient qui une maman, qui une grand-mère. Je me retrouvai à Rambouillet dans la chambre mortuaire. De l'autre côté du lit se tenait Michel Péricard, brillant journaliste, futur député-maire de Saint-Germain-en-Laye, qui devait devenir président du groupe RPR à l'Assemblée nationale et mon meilleur ami. Le veuvage du président s'accompagna de graves soubresauts politiques qui l'amenèrent à appeler de Gaulle à la présidence du Conseil puis à lui céder sa place à la tête de l'État.

Alors que tout le monde saluait l'abnégation de René Coty, qui n'avait en rien démérité, mais qui jugeait sage de passer le relais à l'homme du 18 juin, un coup de fil de l'Élysée me réveilla un matin. René Coty avait une déclaration urgente à faire et il souhaitait que ce fût moi – c'est-à-dire *Le Figaro* – qui la recueillisse. Tandis qu'il s'exprimait posément mais avec une grande détermination, je prenais, comme à mon habitude, des notes sur un coin de sa table de travail. Un véritable coup de tonnerre. Poussé, je suppose, par certains de ses collaborateurs qui ne voyaient pas poindre, sans dommage pour leur carrière personnelle, l'arrivée d'un nouveau pouvoir, René Coty refusait – c'étaient ses mots – d'être licencié « comme une femme de ménage » et annonçait son intention de se maintenir jusqu'à la fin de son mandat.

Le roi n'était pas mon cousin lorsque je rejoignis le journal, conscient de détenir un secret d'État qui occuperait dès le lendemain matin la prestigieuse manchette de la « Une » du *Figaro*. Eh bien cet article, que je considère encore aujourd'hui comme le plus sensationnel de mon petit parcours, ne parut jamais. Pierre Brisson qui en fut le premier et seul lecteur me félicita pour l'information et pour le style. Oui, c'était un « scoop », comme on commençait à le dire. Mais c'était aussi un pavé dans la mare, un ferment de discorde qui risquait, comme l'affaire Dreyfus, de séparer les Français en deux camps. Autant dire que le journalisme d'investigation devait s'incliner devant la raison d'État. Je suppose que, si un choix aussi délicat s'était imposé deux ou trois décennies plus tard, on n'eût pas pris la même décision.

Dans les jours qui suivirent, René Coty quitta l'Élysée après une passation de pouvoir très digne à l'issue de laquelle le Général lui rendit un hommage appuyé. J'avais été celui qui avait assisté au début de sa présidence. Je figurais parmi ceux qui l'accompagnèrent après son terme jusqu'au Havre.

La dernière image que je conserve de lui : un grand vieillard, triste et fier, qui me fait un adieu de la main après avoir pris place dans le fauteuil de cuir où il lirait chaque matin des journaux qui ne parleraient plus de lui.

Si je n'ai jamais eu aucun contact avec le général de Gaulle, c'est bien de ma faute. L'idée de le rencontrer me terrifiait autant que si j'avais dû comparaître devant le Créateur de toutes choses.

Par deux fois l'occasion s'était pourtant présentée. La première, à la faveur d'une réception donnée en l'honneur des Arts et Lettres qui, si je n'avais pas tourné les talons au dernier moment, ne m'eût valu qu'une poignée de mains distraite accompagnée d'un regard planant très au-dessus de ma tête.

En revanche, je ne me consolerai jamais d'avoir décliné l'invitation de René Coty. J'étais dans son bureau. Il était midi et demi. Au moment où je me levai pour prendre congé, Coty me retint :

— J'attends le Général pour déjeuner. Si vous restez un moment, je vous présenterai à lui.

J'arguai d'un enregistrement illusoire et m'enfuis. C'est mon principal fiasco. J'ai payé cher cette dérobade puisqu'au lieu de consacrer un livre, voire plusieurs, à une telle rencontre, je l'ai racontée en dix lignes.

Avec Georges Pompidou, les relations devaient tourner rapidement à l'aigre. À peine installé à Matignon, l'ancien banquier m'avait accordé une interview sous la pression de mon copain Jacques Chazot qui, avec Françoise Sagan et quelques autres people, constituaient un premier cercle privé dont le nouvel hôte de Matignon avait refusé que le pouvoir exécutif modifiât la circonférence.

On me fait entrer dans son bureau. Il est assis tout au fond près de la fenêtre et ne lève même pas le regard. Je m'avance timidement. Un grognement m'indique que, malgré des affaires plus urgentes à traiter que des confidences à consentir à un jeune journaliste, il est conscient de ma présence. Je pose quelques questions. Une montagne de parapheurs dissimule son visage. Je ne sais plus où j'en suis. Je bredouille. J'articule une dernière interrogation à laquelle il ne répond pas plus qu'aux autres. Après quoi j'esquisse un léger salut auquel il ne répond pas.

Je me retire la honte au front et pas une note sur le papier rose sur lequel je consigne tous mes entretiens. Comment ai-je pu tirer de ce rendez-vous manqué et réduit à un piteux soliloque un article qui, le lendemain matin, commença à la première page du *Figaro* ? Je me le demande encore.

Ce n'était pas fini. Une cabale immonde éclata qui prétendait que les Pompidou menaient joyeuse vie en mauvaise compagnie à Saint-Tropez. Des photos truquées et des témoignages inventés de toutes pièces couraient sous le manteau. Or, Pompidou, qui avait pourtant le cuir épais, ne supportait pas qu'on mît en cause sa tendre épouse. Les méchantes langues, elles, ne se décourageaient pas. Elles insistaient lourdement sur des mondanités à la faveur desquelles les Pompidou s'étaient retrouvés à la table d'Alain Delon dont, à l'époque, la presse parlait davantage de la disparition du secrétaire que de la sortie de ses films. Or, ne voilà-t-il pas que, dans l'exercice de ma fonction de « soiriste », qui consiste à noter à l'occasion des répétitions générales de théâtre les plus célèbres spectateurs, je fais suivre le nom de Claude Pompidou par celui d'Alain Delon. Ils ne sont pas venus ensemble, ils ne sont pas assis côte à côte, c'est pur hasard s'ils voisinent dans mon papier. Mais Pompidou y a vu une intention maligne, un rappel des commérages qu'il supporte si mal. Il a alors décroché son téléphone pour vouer aux gémonies une profession qu'il n'a jamais portée dans son cœur. Informé de sa fureur, je me fends d'une lettre assurant que, pour une fois, cette information vénielle ne doit rien au qu'en-dira-t-on.

Les années passent, Pompidou quitte Matignon après avoir battu tous les records locaux de durée. De passage à Rome, il déclare sa candidature à la présidence de la république. On est en janvier 1969. Le Général et Yvonne de Gaulle paraissent avoir pris leurs distances. Il y aura bien un déjeuner réunissant les deux couples mais, apparemment, le cœur n'y est plus. À telle enseigne que lors de la mort du Général, quand Pompidou se pointera à Colombey, le cercueil sera déjà fermé comme si la veuve avait souhaité éviter un ultime tête-à-tête.

Et puis un jour Pompidou, qui est devenu plus accommodant avec la presse, convie à déjeuner à l'Élysée quelques collaborateurs du *Figaro* dont je fais partie. Le repas est excellent et roboratif. Au début du déjeuner, le président montre à la cantonade, puis en me regardant fixement, une petite carte plastifiée en expliquant :

— Ce petit document ne me quitte jamais. J'y ai inscrit le nom de tous ceux qui ont diffamé mon épouse.

Un ange passe, vite relayé par un maître d'hôtel qui apporte une somptueuse crème au chocolat. Je raffole de ce dessert mais je sais que, trois mois plus tôt, il a provoqué une grave intoxication alimentaire qui m'a conduit aux urgences et, aux dires des médecins, aurait pu me mener plus loin. Dois-je refuser ce dessert dont le chef de l'État vante la succulence et dont les autres convives se régalent déjà ? Une telle défection est inenvisageable, la révérence légitimiste l'emporte sur l'instinct de conservation et je déguste bravement la « marquise » du président. Voyant mon assiette vide, Pompidou demande qu'on me resserve. La mort dans l'âme et l'estomac déjà noué, je m'exécute. Dans la voiture qui me ramena une demi-heure plus tard chez moi, je téléphone à ma femme d'une voix, paraît-il, un peu haletante :

— J'ai déjeuné à l'Élysée. Pompidou m'a obligé à manger une crème au chocolat. Préviens le médecin et réserve-moi une chambre à l'hôpital.

La crème est passée comme une lettre à la poste. Je dois à Pompidou d'avoir renoué avec les félicités chocolatées.

Si je n'ai jamais apprécié Valéry Giscard d'Estaing, c'est, je l'avoue, parce qu'au début de son septennat, il a supprimé d'un trait de plume l'abattement fiscal des journalistes. Et puis, les gadgets, qui eussent dû séduire le journaliste futile que j'étais, irritaient de plus en plus les Français chez lesquels, à d'autres heures, il allait dîner sans qu'Anne-Aymone apportât autre chose qu'un pot d'une confiture soi-disant préparée par elle et sans que l'État prît en charge les frais d'un dîner pour les besoins duquel les hôtes avaient mis les petits plats dans les grands. La balade dans le métro en pull-over ; les séances d'accordéon, le petit déjeuner offert à l'Élysée à des éboueurs… Quand il fallait rendre compte et commenter cette déferlante démagogique, je me sentais beaucoup plus près des chansonniers que des journalistes.

Cela dit, j'avais voté pour Giscard et en 1981, lors de meetings envisonnés, je psalmodiais « on va gagner ! ». Bien sûr, j'admirais la mécanique intellectuelle et le talent pédagogique mais la volonté de faire peuple d'un grand bourgeois me semblait confiner à l'escroquerie idéologique. Je crus le sommet atteint lorsqu'à l'occasion des vœux du premier de l'an, Giscard, installé au coin du feu, tint à faire asseoir auprès de lui une épouse qui ne pipa davantage mot qu'un jour où me trouvant placé « à côté d'elle », durant un dîner officiel, je n'avais pas réussi à entendre le son de sa voix. Dois-je préciser que, par la suite, ses tentatives pseudo-littéraires, couronnées par une élection académique, ne m'ont pas fait changer d'avis ?

C'est durant ma direction de *France-Soir* que je fis la connaissance de François Mitterrand, président de gauche que j'avais haï au point, à partir de mai 1981, de demander à mon fameux chauffeur de ne plus emprunter le Faubourg Saint-Honoré qui constituait pourtant le chemin idéal pour aller de mon domicile à mon bureau. Je ne voulais en effet pas passer devant ce palais de l'Élysée qu'occupait « l'usurpateur ». Réflexe aussi infantile – ou sénile, au choix – que celui qui, durant les trente années qui ont suivi la fin de la guerre, m'interdisait d'acheter une voiture allemande en rétorsion de l'Occupation et de la Shoah.

France-Soir se situait alors dans une opposition modérée mais régulière. Mais c'est dans ma chronique du *Figaro Magazine*, qu'au terme du premier septennat, je commis, il n'y a pas d'autres mots, des propos déclenchant plus d'un millier de lettres d'insultes. Après une longue observation des faits et gestes du chef d'État socialiste, je reconnaissais qu'il faisait très convenablement le plus difficile métier du monde. Il n'y avait là aucune trahison idéologique, aucun virage vers la gauche, mais seulement les états d'âme d'un citoyen honnête et sensible à une pratique de la parole et à un exercice du pouvoir qui, quoi qu'on pût penser des orientations décidées, ne manqua jamais de classe.

Le lendemain de la parution de cet article, tandis que la direction du magazine tentait d'endiguer les menaces de désabonnement, Mitterrand m'appela. Mon satisfecit l'avait surpris et il me proposait de venir prendre un petit déjeuner avec lui. Trois jours plus tard, j'arrivais à l'Élysée, à la fois flatté et inquiet. Je me souviens de l'apparition de Mitterrand dans le petit salon où se tenaient ses agapes matinales. À l'heure précise du rendez-vous – alors que l'on prétendait que le président n'était jamais à l'heure, mais comme les avions d'Air Inter, il n'accumulait les retards qu'en fin de journée – la porte s'ouvrit sous la poussée d'un huissier, en habit avec plastron supplantant une chaîne d'argent, qui claironna « Monsieur le président de la République » comme si j'avais été assez demeuré pour ne pas le reconnaître.

Le face-à-face dura deux heures, en dépit de petites notes qu'apportaient tous les quarts d'heure des huissiers pour lui rappeler que d'autres audiences l'attendaient. Mais il n'en avait cure. Quant à moi, j'étais moins angoissé par ce que j'entendais et par ce que j'avais à dire que par la peur de renverser les œufs brouillés sur ma cravate et d'étaler le beurre sur mes doigts plutôt que sur les toasts. Après quelques civilités préliminaires, j'avais réussi à placer une idée citoyenne qui m'était chère :

— Monsieur le président, je regrette cette lutte fratricide qui oppose une partie des Français à l'autre et qu'on appelle lutte des classes.

En entendant cette incongruité, le visage de Mitterrand avait pâli, sa réponse fut cinglante :

— Sachez qu'en l'absence de lutte des classes, il n'y aurait jamais eu aucun progrès social dans notre pays.

Je me le tins pour dit et nous bifurquâmes vers la littérature française du XIXe siècle en général et les œuvres complètes de Jules Renard pour lesquelles nous éprouvions une dilection identique. Il connaissait par cœur des pages entières de l'auteur du *Journal.* J'avais moi-même en tête de savoureuses citations. Nous évoquâmes nos éditions respectives du grand Jules. Il possédait la « princeps » tandis que dans ma bibliothèque trônaient les volumes aux pages inégales publiées par Bernouard. Il approuva ce choix en connaisseur non sans me préciser :

— Votre édition est intéressante mais elle n'est pas complète.

Et puis nous nous séparâmes.

Huit jours plus tard, un gendarme motocycliste frappait à ma porte. Il m'apportait un petit livre – de Jules Renard évidemment – que Mitterrand avait déniché à la faveur des pérégrinations qu'il effectuait chaque lundi chez les bouquinistes. Il l'avait acheté à mon intention et me l'envoyait avec une longue lettre manuscrite où il reprenait des descriptions particulièrement savoureuses de Renard.

Je remerciai par une missive soigneusement calligraphiée. Huit jours passèrent. Re motard, re bouquin qui me manquait aussi. Assorti d'une missive toujours manuscrite encore plus longue et traitant du même sujet. Or, cet intermède épistolaire coïncidait avec la guerre du Golfe où le chef d'État impliqué devait avoir d'autres chats à fouetter. Je garde un souvenir attendri d'une communion d'idées strictement littéraires. Certes, j'étais à l'époque un journaliste disposant de plusieurs tribunes mais je n'appartenais à aucun des cercles du pouvoir et le moins que l'on puisse dire est que je ne militais pas pour la gauche. J'ai conservé pour le troisième président de la Vᵉ République l'estime et la sympathie que m'inspirent les authentiques lettrés.

Je pus apprécier ensuite ses qualités d'improvisateur tendant à se perdre dans le milieu politique. C'est dans la plus banale des figures imposées par la magistrature suprême – la remise de décorations – que Mitterrand excellait. Certes, il connaissait, grâce aux notes établies par ses collaborateurs, les carrières des notables qu'il devait honorer. Les avait-il consultées avant de prendre la parole ? Sans doute. Mais sans s'y attarder. Car le moment venu – et surtout lorsqu'il s'agissait de gens qu'il avait fréquentés – il brossait des portraits toujours pittoresques, parfois humoristiques et lançait des formules qui détendaient l'atmosphère toujours guindée de la salle des fêtes de l'Élysée.

Je me souviens du cas d'un ambassadeur qui avait représenté la France dans une dizaine de pays africains. De mémoire, Mitterrand avait égrené – dans l'ordre chronologique et sans la moindre hésitation – les capitales aux noms parfois improbables où notre diplomate avait fait carrière.

Avec Jacques Chirac, l'ennui revint. Car il se bornait à lire les *curriculum vitae* transmis par son secrétariat sans y changer un mot et sans rien ajouter – même lorsqu'il était au courant de détails personnels. C'est la double contradiction du châtelain de Bity. Chaleureux et drôle en privé, distant et solennel dans l'exercice de ses fonctions. À la fois capable de raconter des histoires grivoises et paralysé par la présence d'un micro ou d'une caméra.

J'ai gardé le souvenir ébloui d'un repas qui m'avait valu une conversation quasiment en tête-à-tête avec lui. Il venait de rendre son tablier à Giscard et avait accepté de présider la foire aux fromages de Coulommiers dont le maire, l'ex-champion olympique Guy Drut, était par ailleurs son coach dans les jardins de l'Hôtel de Ville. Étant moi-même columérien et convié également à cette grande manifestation locale, j'avais parcouru avec Chirac, mais à plus petites enjambées, les stands où, à défaut de flatter le cul des vaches, il se régalait des produits de leurs pis. Après avoir goûté tous les bries de la région, nous étions passés à table où j'avais vérifié la vivacité de son coup de fourchette. Et pendant trois heures, il avait tiré pour moi tout seul le feu d'artifices de ses souvenirs d'étudiant, de chauffeur de maître aux États-Unis, de député corrézien, de ministre et d'ambitieux frénétique ne doutant pas un seul instant qu'il exercerait la magistrature suprême.

Lorsqu'il fut installé enfin à l'Élysée, je le revis plusieurs fois. En petit comité, il plaisantait encore mais dès que Bernadette apparaissait – aussi méchante que bien informée, elle eut fait une redoutable chroniqueuse – il devenait un autre homme.

J'ai vérifié, avec un ancien candidat malheureux à la magistrature, Édouard Balladur, que j'avais invité chez moi, l'efficacité de ce système propice à la décontraction et à la confidence qu'est le repas partagé. À la troisième bouteille de bordeaux, les deux premières s'étant révélées à ma grande honte et en dépit de ses dénégations polies horriblement bouchonnées, l'ancien Premier ministre laissa tomber le masque d'empereur romain et les chaussettes cardinalices qui garantissaient que l'onction descendait jusqu'en bas. Peut-être a-t-il tiré quelques bouffées d'un cigare ? Sans doute a-t-il trempé dans un alcool blanc les lèvres qui avaient laissé tomber tant de sages paroles ? Dans l'euphorie digestive, il murmura :

— En fin de compte, la vie n'est pas si désagréable…

J'ai également tissé des liens avec Jean-Pierre Raffarin, autre Premier ministre, avant même, qu'en compagnie de notables bons vivants, il devienne mon camarade au Club des cent. Raffarin, que j'avais reçu aux « Grosses Têtes » avant qu'il soit nommé à Matignon, et qui m'avait déclaré sans rire que le poste ne l'intéressait pas, eut plus tard l'amabilité de m'inscrire sur son contingent de Légions d'honneur. Insatiable, je lui demandai de surcroît de me remettre la décoration. Il était tellement occupé que la petite cérémonie fut reportée semaine après semaine et qu'il ne trouva un moment que le dernier jour de ses fonctions, une heure avant d'aller porter sa lettre de démission au président de la République.

Nous voilà tous les deux dans son grand bureau de la rue de Varennes où – les incinérateurs sont passés par là – ne traîne plus aucun papier. Je suis venu seul. Le Premier ministre est à la fois fatigué par ses trois années de surmenage et pas mécontent de pouvoir goûter un juste repos. Il me parle avec beaucoup de liberté de Jacques Chirac qui lui a fait confiance et qu'il aime bien sans avoir jamais osé le tutoyer comme on l'y invitait, des ministres qu'il a accueillis dans son gouvernement et dont certains l'ont déçu. Puis il appuie sur la sonnette. Un garde républicain apporte une bouteille de champagne. Il m'accroche au revers de mon veston cette croix d'honneur qu'on m'avait refusé à l'école et que j'avais attendu trois quarts de siècle pour obtenir. Puis il me remet un petit document dactylographié :

— C'est le discours que je devais prononcer. Vous le lirez chez vous.

Nous avons quitté presque ensemble l'hôtel Matignon. Lui après trois ans, moi après trente minutes.

Quand j'ai rencontré pour la première fois Nicolas Sarkozy, il était le tout jeune maire de Neuilly-sur-Seine et, à ce titre, il procédait au mariage de certains résidents de sa commune. En particulier aux unions d'Eddie Barclay qui revenait tous les deux ou trois ans au bras d'une nouvelle compagne. L'année où il m'avait choisi comme témoin, Sarkozy l'avait accueilli chaleureusement :

— Je salue en vous le client le plus fidèle de cette mairie.

Après l'échange des consentements et des alliances, il nous avait rejoints au restaurant où l'avocat du nouveau marié expliquait que, comme les précédentes, la dernière épouse avait signé un contrat aux termes duquel elle s'engageait à ne jamais révéler aux médias le moindre détail sur sa vie de couple. Nicolas Sarkozy, lui, ne rêvait que d'épouser la France.

Entre-temps, j'avais reçu dans ma villa cannoise Cécilia, qui était encore la femme de Jacques Martin, tandis que le successeur de ce dernier galopait sur les allées du pouvoir. Sachant par expérience qu'il faut surtout fréquenter les hommes politiques durant leurs traversées du désert car ils sont alors disponibles, plus francs et reconnaissants qu'on leur témoigne une attention dont leurs autres contemporains ne sont plus prodigues, j'avais invité Sarkozy chez moi à déjeuner dans ma petite maison parisienne de la rue Saint-Ferdinand. Deux heures de confidences à bâtons rompus. Chirac venait d'éloigner de toute responsabilité ministérielle le fils politique auquel il reprochait de l'avoir trahi en soutenant, contre la sienne, la candidature d'Édouard Balladur. Sarkozy en était très marri mais persuadé qu'un jour il reviendrait aux affaires. Il évoquait avec passion les problèmes posés par la délinquance et par l'immigration. À propos de ses amours, je peux affirmer avoir entendu de sa bouche – et non pas d'autres moins autorisées – le récit de sa première rencontre avec Cécilia lorsque, l'unissant à Jacques Martin, il s'était juré qu'un jour elle deviendrait sa femme. Le chemin avait été long et vaudevillesque qui lui avait permis de devenir le meilleur ami du couple avant de le disloquer. J'avais vérifié également ce jour-là la sobriété expéditive que Sarkozy affichait à table. Il ne buvait pas de vin et parlait plus qu'il ne mangeait. Et rien ne lui faisait plus plaisir, en guise de dessert, que de piocher dans une boîte de chocolats.

Je le revis souvent mais plus jamais seul à seul. À l'occasion des principaux meetings de sa campagne électorale en 2007. Ensuite, lors de réceptions à l'Élysée et notamment de celles organisées pour les besoins de nominations ou de promotions dans nos deux ordres nationaux. Comme Mitterrand – n'étaient-ils pas avocats de formation tous les deux ? –, il se fiait à sa verve pour rappeler les mérites d'un récipiendaire que souvent, renonçant à la phraséologie officielle, il tutoyait. Ce faisant, il alternait les considérations sérieuses, des flèches parfois assassines et des traits d'humour provoquant les rires dans ce triste bâtiment dont le fronton ne s'était jamais orné du mot hilarité.

Un jour, alors qu'il remettait la cravate de Commandeur à mon vieil ami Jacques Chancel, il s'interrompit brusquement et se tourna vers moi pour rappeler – ce n'était pas exactement le propos mais cela lui permettait d'évoquer les aléas des parcours médiatiques – qu'éjecté dix ans plus tôt de RTL, j'y étais revenu six mois plus tard et par la grande porte. Quand nous nous étions rapprochés du buffet ensuite, il m'avait agrippé par le revers de mon veston – c'est un tactile – pour me demander si j'avais apprécié sa digression.

J'ai suivi quelques-unes de ses réunions électorales en 2012. Notamment celle de Nice qui fut l'une des dernières de la campagne. Il avait été particulièrement brillant, discourant sans notes pendant plus d'une heure dans ce palais Nikaia aux dimensions de cathédrale. Mais il prêchait des convertis.

Il paraît qu'aujourd'hui François Hollande l'a remplacé. Je n'en dirai pas davantage pour deux raisons : d'abord je ne suis pas encore parvenu à en accepter l'idée ; ensuite je suppose qu'on me verra beaucoup moins dans les palais nationaux.

De la Mouff' au Tanganica

Le souci de vérité me contraint à reconnaître que j'ai effectué davantage de petits déplacements que de grands reportages. Pour plusieurs raisons : d'abord je ne parle que ma langue maternelle ; ensuite je n'ai rien d'un aventurier ; enfin la chronique sur laquelle je me suis fait la plume ne dépassait les frontières de Paris intra-muros qu'à l'occasion du festival de Cannes ou d'une sauterie mondaine au Liban.

Par la suite, je suis allé un peu plus loin. D'abord, tout de suite après la signature du Traité de Rome, j'ai mené à travers les principales capitales européennes une longue enquête économique et sociale. Du coup, l'infirmité linguistique que tout le monde considérait comme une faiblesse est devenue un atout puisqu'elle m'obligeait à me flanquer d'un guide-interprète qui m'expliquait en une journée ce que j'aurais mis une semaine à comprendre si j'avais œuvré seul.

Dépendant du service des informations qualifiées de générales, j'ai ensuite tout fait : un Tour de France dans sa totalité à l'époque où, l'organisation de la Grande Boucle et la direction du *Figaro* entretenant les plus mauvaises relations, les reporters issus du rond-point des Champs-Élysées étaient logés très loin des villes étapes et se retrouvaient parfois à bord de bananiers qu'on chargeait toute la nuit.

On m'a aussi vu partir à la recherche des enfants Finaly, assister à Helsinki aux obsèques de Sibelius, et « couvrir » le carnaval de Rio l'année où les participants, descendus des favellas, coiffaient leur visage basané de perruques blanches façon Louis XV. Alors que je ne faisais pas partie de la famille, j'ai attendu plus d'une semaine à Téhéran la naissance du petit Shah et à Londres la venue au monde du troisième fils de la reine Elisabeth. Des missions obstétriques interminables et difficiles, les détails croustillants ayant autant de mal à filtrer que les petits princes à naître, il fallait passer plusieurs fois par jour par le palais ou la clinique en sachant qu'une fois l'heureux événement enfin arrivé, il n'y aurait pas plus de choses à raconter.

Sauf qu'en Iran, j'ai vu de plus près la misère qui allait provoquer la révolution et faire basculer le régime : à la sortie du palais impérial dont la décoration semblait avoir été confiée à un doreur fou et où des milliers de cristaux dépassant du plafond multipliaient l'éclat des lustres, des dizaines de familles sans logis vivaient dans les douves entourant le bâtiment.

Je me souviens aussi avoir accompagné le nouvel et jeune Aga Kahn Karim dans la grande tournée organisée en Afrique afin de lui faire rencontrer la diaspora ismaëlienne dont, à la mort de son grand-père, il était devenu le tout-puissant souverain disposant d'une fortune qu'augmentait, à chacun de ses anniversaires, l'offrande de son poids en or et en pierres précieuses. Le père de Karim, jugé trop mondain et de mœurs trop libres (ne l'avais-je pas surpris un soir dans une loge de la Comédie française en train de lutiner l'actrice Rita Hayworth ?) avait été écarté de la succession. En revanche, la Bégum, veuve du patriarche disparu, accompagnait Karim partout. Or c'était une Française dont la vie ressemblait à certains égards – pas tous – à un conte de fées. Elle était née Yvette Labrousse au foyer d'un traminot toulousain. D'une beauté rayonnante, elle avait figuré parmi les premières détentrices du titre de Miss France avant de se voir offrir le mariage par un potentat de trente ans plus âgé qu'elle et qu'elle dominait de trente centimètres. Je me souviens du couronnement à Dar-es-Salam dans un pays qui ne s'appelait pas encore la Tanzanie. Elle était apparue un soir en lever de rideau, devant cinquante mille fidèles, hiératique dans son sari blanc et bénissant, comme si elle n'avait fait que cela toute sa vie, la foule prosternée à ses pieds. Je me souviens qu'en cette occasion, j'avais débarqué quelques heures plus tôt de Paris. Un jeune homme que je ne connaissais pas m'attendait à l'aéroport. Il s'était présenté à moi :

— Je m'appelle Claude Imbert. Je suis le correspondant local de l'AFP. On m'avait signalé votre arrivée et comme je n'ai pas vu un Français depuis longtemps…

Claude Imbert est devenu, en même temps que mon plus vieil ami, le fondateur du *Point* ainsi qu'un brillant éditorialiste.

Le 2 décembre 1959, j'étais de permanence dans la salle de rédaction lorsque tomba la dépêche annonçant la rupture du barrage de Malpasset, à Fréjus. Nul n'était moins préparé que moi à sauter dans le premier avion et à dicter la première description de cette catastrophe : l'eau descendue du barrage qui venait de se rompre et qui charriait les cadavres par dizaines dans les rues, l'hébétude des survivants, la lenteur des secours.

Vingt-quatre heures plus tard, j'étais remplacé par un reporter plus aguerri et plus compétent. Mais j'ai beaucoup réfléchi aux « spécialités » qu'offre la profession journalistique. Aucun d'entre nous, même s'il a accompli à ses débuts les tâches les plus variées, n'est totalement polyvalent. Et la principale tâche d'un bon rédacteur en chef consiste à désigner le plus apte en fonction de l'événement.

Je me souviens d'une histoire que m'avait racontée Pierre Lazareff et qui l'avait beaucoup diverti. André Gide, l'un des plus grands écrivains français, venait de passer définitivement la porte étroite s'ouvrant sur l'au-delà. Une disparition qui allait faire beaucoup de bruit compte tenu du rayonnement mondial et de la sulfureuse réputation de l'auteur des *Caves du Vatican*. Comme les tâcherons de la rubrique littéraire étaient tous en vacances, on délégua rue Vaneau Maurice Josco, habituellement préposé aux faits divers. Dix minutes après être arrivé devant l'immeuble mortuaire, Josco avait téléphoné à son chef de service :

— Ça ne vaut pas une seule ligne. D'après les témoignages que j'ai recueillis, il s'agirait d'une mort naturelle.

C'était la belle époque où les journalistes revendiquaient comme avantages professionnels la malice et la provocation.

Je me souviens d'un voyage en province du général de Gaulle au cours duquel Jacques Chaput, que *France-Soir* avait chargé d'en rendre compte et qui estimait scandaleux qu'on ne le laissât pas approcher davantage du chef de l'État, avait imaginé de se retrouver juste au-dessus de lui en marchant sur le toit des limousines officielles qui venaient de s'arrêter afin qu'il prît son bain de foule.

Et d'une présentation des journalistes politiques à Georges Pompidou tournant au burlesque parce qu'un plaisantin avait transvasé un demi-litre de crème chantilly dans la poche du confrère auquel le président devait serrer en premier une main que, au moment le plus solennel, il extirpa dégoulinante de la poche réservoir.

La protection rapprochée n'était évidemment pas encore ce qu'elle est devenue. Les gorilles du Général étaient de bons zigues qui nous gratifiaient de petites informations. C'est par eux que nous avions appris que l'homme du 18 juin, qui était extrêmement myope, serrait dix fois par jour la dextre de ses gardes du corps qu'il prenait pour des notables venus à sa rencontre.

Un temps, j'ai fait équipe avec Sennep, célèbre et cruel caricaturiste qui ne se faisait pas plus de cadeaux à lui-même lorsqu'il se dessinait qu'aux puissants de ce monde. La télé menaçait tout juste de supplanter la presse de la même façon que, quatre décennies plus tard, Internet rétrécirait le très fructueux marché des petites annonces. En l'absence de chaînes multiples et de jeux vidéo, les Français lisaient beaucoup. Pierre Daninos, humoriste anglomane à la mode, avait vendu en quelques mois trois millions d'exemplaires des *Carnets du Major Thompson* au fil duquel un officier britannique découvrait la France ainsi que l'Usbek de Montesquieu l'avait fait trois siècles plus tôt. On travaillait dur sans ménager sa peine et sans compter ses heures. La civilisation des loisirs frappait à la porte de la France mais elle n'était pas encore entrée dans les mœurs. On partait de chez soi à l'aube. On n'allait se coucher que très tard. Ou pas du tout.

Mon parcours avait commencé alors que, garçon de course au service du belin (ancêtre du fax et des mails), je dormais plusieurs nuits par semaine sur place afin de ne pas rater la chance. C'est-à-dire l'événement – s'il se produisait la nuit. Ce qui finit par arriver quand un incendie ravagea un cinéma marseillais, provoquant la mort de trente personnes. J'avais alors alerté un ancien condisciple du CFJ devenu chef des informations à *La Provence* qui m'avait envoyé un document que *Le Figaro* avait été le lendemain matin le seul quotidien national à publier.

Deux jours plus tard, j'étais promu sous-chef du service. Pour la première fois, je devais mon avancement à une catastrophe, cette providence des journalistes de terrain.

À la tête de *France-Soir*

Nous sommes en 1973. Depuis un peu plus d'un an, Jean Prouvost, qui vient de racheter *Le Figaro* à Robert Hersant, m'a éloigné un peu du quotidien en me nommant directeur du *Figaro Dimanche*. C'est dans son esprit – mais cela n'ira pas plus loin car, à 90 ans, il a passé l'âge des concrétisations et ne fait plus que ce que ses collaborateurs appellent « des journaux parlés » – le supplément dominical que réclament les lecteurs du premier quotidien français.

J'ai sous ma houlette une trentaine de collaborateurs. Pendant une douzaine de mois des maquettistes et des rédacteurs vont donc s'affairer à préparer une naissance qui se terminera par une fausse couche. Comprenant que nous n'irions pas plus loin que le défrichage du terrain sur lequel s'édifiera plus tard *Le Figaro Magazine*, j'exprime donc alors mon désir de reprendre ma liberté. Mon départ est on ne peut plus amiable. Robinet, le directeur qui a succédé à Brisson, me serre dans ses bras et ma démission ne m'empêche pas de percevoir de confortables indemnités. Je quitte, un peu triste, un rond-point des Champs-Élysées, qui, pour moi, empruntait la forme d'une impasse car, après un an d'absence, mon retour au quotidien était problématique.

En sortant de la banque où je suis allé porter le chèque rondelet à l'aide duquel je pourrais m'offrir un congé sabbatique, j'envisage déjà de reprendre du service ailleurs. Flashback : j'ai rencontré trois semaines plus tôt, dans un cocktail parisien, Jean Méo. Méo, polytechnicien de formation, a été un collaborateur du général de Gaulle avant de prendre la présidence d'une grande compagnie pétrolière. Or, il est, depuis six mois, le patron du groupe Hachette qui publie – entre autres – *France-Soir* né, après la Libération, des cendres de *Paris Soir* et dont Pierre Lazareff a fait le titre-phare de la presse française. Je l'appelle, d'abord pour lui demander s'il se souvient de moi, ensuite pour lui signaler – à tout hasard – que je viens de quitter *Le Figaro* après vingt et un ans de loyaux services. Il ne me laisse pas aller plus loin et dit simplement :

— Vous commencez lundi à *France-Soir.*

Puis il me demande :

— Qu'est-ce que vous gagniez au *Figaro* ?

J'énonce timidement le chiffre :

— Je double !

L'affaire s'est conclue en deux minutes et par téléphone. Moyennant quoi, je travaillerai pendant vingt-deux ans à *France-Soir.*

Jean Méo qui, de son propre aveu, ne connaît rien à la presse, fait une force de cette ignorance. Il lit le journal de la première à la dernière ligne. Il assiste à tous les comités de rédaction, non pas, précise-t-il, en tant que patron de l'entreprise mais comme délégué des lecteurs, dont il connaît, d'expérience personnelle, attentes et frustrations.

Après notre coup de fil, il a décidé que je remplacerais Carmen Tessier, titulaire historique d'une rubrique à l'enseigne de « Les potins de la commère » qui commence en première page et se poursuit à l'intérieur du journal.

La rubrique est un aimable fourre-tout. On y trouve des indiscrétions politiques, parfois glanées dans les plus hautes sphères, auxquelles la chroniqueuse a accès grâce à des accointances personnelles qu'a renforcées son mariage avec André-Louis Dubois, préfet de police de Paris.

Ce dernier me téléphone alors que je viens seulement de débarquer à *France-Soir*. Il est au courant du projet de Méo et me déconseille amicalement mais fermement d'accepter une succession qui, prophétise-t-il, ne me vaudra qu'ennuis et déception. Je m'abrite derrière une décision qu'il ne m'appartient pas de discuter. Les jours suivants, le préfet mobilise tous ses amis politiques afin de faire changer d'avis Jean Méo qui ne l'écoutera pas.

Je prends donc la succession de la célèbre commère en même temps que je récupère son équipe rédactionnelle où voisinent pêle-mêle un fils adoptif du préfet, Jacques Ghisloli qui a été mon éphémère condisciple (diplômé) au CFJ et Jean-Claude Lamy, qui deviendra plus tard un excellent critique littéraire. Ma mission est de chambarder la rubrique à laquelle on reproche de ronronner en multipliant les échos de complaisance. Je m'attelle à une tâche qui n'est pas aisée car Carmen Tessier a beaucoup d'amis et reçoit énormément à son domicile parisien ou dans sa maison de campagne. Or, je suis loin de posséder son statut social. Mais la chronique parisienne exercée pendant dix ans au *Figaro* m'a permis de connaître ceux qu'on n'appelle pas encore des « people ». Tant et si bien qu'au bout de quelques mois, je me retrouve avec une « tourne » de toute une page.

Là se situe un drame qui continue à me hanter. Désespérée d'avoir dû rompre avec un métier qu'elle avait toujours exercé et des relations qui, depuis qu'elle n'officie plus, se sont éloignées d'elle, Carmen se donne la mort en se jetant dans le vide du haut du sixième étage de l'appartement qu'elle occupe près de l'avenue de la Grande-Armée. C'est le seul point noir – mais de taille – d'un parcours dont je m'enorgueillis de dire qu'il s'est effectué sans faire de tort à personne. Certes, il m'est arrivé, lorsque j'ai accédé à des responsabilités, de remplacer des confrères. Mais, en fin de carrière ou fatigués, ils étaient toujours d'accord et les passations de pouvoir se déroulaient autour d'un bon déjeuner.

Entre-temps, la librairie Hachette a revendu *France-Soir* à Robert Hersant et à un associé nommé Paul Winkler que nous avons d'emblée surnommé « Bugs Bunny » car il ressemble étonnamment à ce petit personnage.

Winkler, qui a fait fortune avec une agence détenant force copyright, prend très au sérieux son nouveau rôle. D'autant qu'il a plus de temps à consacrer à la lecture de *France-Soir* que Robert Hersant, qui règne sur une douzaine d'autres quotidiens dont *Le Figaro.* Ma rubrique l'intéresse. Et notamment, dans l'espace qui m'est imparti, un billet quotidien que j'ai glissé subrepticement sans demander l'autorisation à personne et qu'encore aujourd'hui, mais sous d'autres titres, je continue à donner quotidiennement. À telle enseigne, qu'il décide que ce petit papier d'humeur, au fil duquel j'exprime en une vingtaine de lignes, et toujours sur le mode humoristique, des remarques, des suggestions ou des critiques, viendra prendre place à la Une. Je n'en poursuis pas moins la page d'échos. Une tâche plutôt facile lorsqu'on a compris qu'il fallait puiser ses informations, moitié auprès de gens qui veulent faire dire du bien d'eux, moitié auprès de gens qui souhaitent qu'on dise du mal des autres.

De temps à autre – l'été notamment – je renoue avec des « choses vues » très éloignées, par le style, de celles de Victor Hugo mais qui me permettent d'aller à la rencontre des Français. En essayant de vivre comme eux, l'espace de quelques jours, voire de me salir les mains en compagnie des professionnels que je m'attache à décrire. Ainsi aurais-je été d'abord croupier de roulette au casino de Monte-Carlo avec la sensation de me trouver dans un asile d'aliénés puisque chaque joueur, autiste avant que le mot ait été inventé et le mal décelé, ne pense qu'à son idée fixe et claironne aux oreilles de l'infortuné préposé une litanie de numéros aussi difficiles à comprendre qu'à mémoriser. Avec en toile de fond, dès que la petite bille d'ivoire s'est immobilisée dans le cylindre aux trente-sept numéros, des commentaires, des regrets et surtout des réclamations arguant d'une mise mal placée. En l'absence d'un système de vidéosurveillance, le directeur des jeux doit trancher. D'autres râteaux, comme on dit aujourd'hui, ont émaillé mon parcours mais je n'oublie jamais cette unique journée où je me suis retrouvé du côté le plus profitable du tapis vert ; et lorsque j'interviens – comme client – à une table de roulette, je tâche d'égrener le plus distinctement possible les numéros auxquels je fais confiance.

J'ai également fait office – et cette fois durant toute une semaine – de commis surnuméraire dans un hôtel breton. Un exploit – pas toujours réussi – pour quelqu'un possédant deux mains gauches et n'ayant jamais su vraiment faire quelque chose de ses dix doigts. L'hôtel est sympathique et familial. Comme il donne directement sur la plage et qu'il fait très chaud cet été-là, les clients déambulent du matin au soir en maillot de bain. Du coup, le personnel, qui a l'habitude de jauger les pratiques moitié en fonction de leurs vêtements, moitié sur leur conversation, ne sait plus très bien à qui il a affaire. Le matin, je fais le ménage dans les chambres en pestant contre un désordre qui me semble organisé pour pénaliser les classes laborieuses et une multitude de déchets pas toujours ragoûtants. À 11 heures, j'aide à dresser les tables. À partir de midi et demi, et après une collation qui n'a rien à voir avec le menu, j'assure la liaison entre la cuisine et la salle. Tout me paraît très lourd : les plats et les assiettes d'abord, les propos de mes collègues ensuite. Il ne me faut qu'une demi-journée pour m'aviser que, dans l'esprit des anciens de l'hôtel sinon dans celui des étudiants qui leur apportent un concours éphémère, le client est l'ennemi. Un ennemi de classe puisqu'il est confortablement assis alors que le personnel est contraint à la station debout. Et aussi, parce que le client, rarement courtois et accommodant, n'est jamais satisfait. Tantôt il déplore de ne pas bien voir la mer de la place qu'on lui a réservée, tantôt il a l'impression que, durant la nuit, on a bu une partie de la bouteille de vin entamée la veille dont il regrette de n'avoir pas indiqué le niveau avec un marqueur de couleur. Tantôt les crevettes ne sont pas fraîches, tantôt la viande est trop cuite et la salade est mal assaisonnée quand le maître d'hôtel ne s'est pas trompé en prenant la commande. Mais surtout, chacun tient à personnaliser son menu selon son régime, ses goûts, sa faim ou tout simplement pour embêter le personnel. Ainsi dois-je transmettre au chef, dont j'ai l'impression que la sueur constitue l'un des fonds de sauce, des desiderata toujours restrictifs : « Je voudrais une omelette aux champignons mais sans champignons »… «Je suis tenté par votre risotto aux crevettes mais je n'aime pas ni le risotto ni les crevettes »… Dans la cuisine, entre le coup de feu du repas et le coup de fusil de l'addition, les diagnostics fusent, brefs mais définitifs : « C'est une table de beaufs » ; « Si tu entendais comme ils me parlent » ; « Elle n'est pas mal mais lui a une bonne tête de cocu » et ainsi de suite. Chaque convive est répertorié, situé socialement, estimé financièrement, doté d'une étiquette qu'il portera durant tout son séjour. Et, presque automatiquement, classé dans la catégorie des radins qui vivent au-dessous de leurs moyens et dont il n'y a aucun pourboire à attendre, ou l'espèce non moins méprisable des touristes lambda qui tentent maladroitement de se hisser au-dessus du commun. Bref, au-delà d'un esprit critique dont la rapidité et la sûreté de jugement me séduisent, je discerne une haine qui me consterne. Oui, le client est l'ennemi, le goinfre à restaurer sinon à abattre. De vieilles images – jamais vérifiées – traversent mon esprit : excédé, bénéficiant d'une complicité, le chef crachait dans la soupe destinée à un convive trop exigent qui a déjà renvoyé trois fois son potage. Un demi-siècle s'est écoulé depuis cette expérience. Avouerais-je que je ne me suis plus jamais assis à une table de restaurant sans songer à cet antagonisme, à cette forme ancillaire de la lutte des classes et, surtout, à la façon dont, au-delà d'une politesse de façade tournant parfois à l'obséquiosité, une image de moi se forme dans une tête soutenue par un dos momentanément ployé ? C'est dire si je fais attention à ma tenue, à mes gestes et à mes propos. J'évite de réclamer. Quand je n'apprécie pas et que mon assiette revient pleine à la cuisine, j'allègue un manque d'appétit. J'appelle « Monsieur » le stagiaire qui transporte tant bien que mal vingt kilos d'argenterie recelant vingt grammes de foie gras. Quand je donne un pourboire, j'accompagne le billet – surtout pas de pièce – d'une pression de main à travers laquelle j'essaye de faire passer ma gratitude et mon estime. Je remercie chaleureusement la demoiselle du vestiaire même lorsqu'elle m'a restitué mon vieux pardessus au lieu de se tromper et de m'en donner un tout neuf et de préférence à ma taille.

L'année d'après, mes activités me menèrent une fois de plus sur les plages où ma tâche consistait à décrire le farniente dont j'étais privé. Un exercice que j'affectionnais parce qu'il permettait de redécouvrir ses contemporains alors qu'ils sont dépouillés de leurs signes extérieurs textiles.

Les plagistes les plus psychologues partent de ces modifications vestimentaires pour établir un rapport de force particulier. D'abord ils tutoient tout le monde, le PDG comme le gigolo, la femme du monde comme la bimbo. Du coup, si l'on excepte la montre de prix qu'on peut encore conserver au poignet, tout ce qui indique les différences sociales le reste du temps se trouve gommé tandis que le client le plus fier de sa fortune ou de sa réussite accepte d'être rabroué. En y prenant parfois un plaisir masochiste.

Cette année-là – en 1973 –, je venais de publier un gros livre dont le titre – *Un oursin dans le caviar* – était intervenu pour une bonne moitié dans un succès qui, en trois mois, m'avait fait vendre deux fois plus que le dernier prix Goncourt. Au fil de cet ouvrage qui, aujourd'hui, à la relecture, m'apparaît comme plus gentillet qu'indiscret, je racontais mes contacts avec les têtes d'affiche de la politique, des lettres et du spectacle. Je décrivais également mes souvenirs d'observateur chez Maxim's entre Aristote Onassis et la Callas d'un côté et Winston Churchill de l'autre. Au centre du restaurant alors le plus célèbre du monde où le fond sonore était assuré par des musiciens qui formaient, selon les mauvaises langues, « le plus mauvais orchestre de Paris », un homme revêche et vêtu de noir dînait chaque soir tout seul. Il répondait au nom de « Monsieur Albert », faisait la gueule à tout le monde, ne saluait personne alors qu'il était directeur de la salle, et ne soulevait légèrement de sa chaise son lourd séant qu'à l'apparition d'une tête couronnée. Pour avoir servi avec plus de politesse disait-on les officiers allemands pendant l'Occupation, il avait passé quelques mois en prison à la Libération. Le jour où les portes de la Santé s'étaient ouvertes devant lui, Louis Vaudable, le propriétaire de Maxim's, l'attendait dans sa limousine noire. À peine son *alter ego* installé à côté de lui sur la banquette arrière, il avait ouvert, sans plus attendre, une petite boîte de caviar dont il avait de bonnes raisons de supposer que l'administration pénitentiaire l'avait cruellement privé. Aujourd'hui la mémoire de Monsieur Albert n'est plus évoquée sur le menu d'un restaurant déserté que par une sole à laquelle il a laissé son nom.

Sur la plage m'attendait un spectacle qui m'avait comblé au début et gêné ensuite. Presque tous les vacanciers lisaient mon livre ou s'en servaient pour poser leur crème solaire. Comme de surcroît, ma photographie figurait sur la couverture, j'étais reconnu et interpellé. D'où une sensation que j'ai retrouvée de temps à autre et notamment après quelques beaux audimats récoltés à la télévision : pour la première fois, je m'encombrais. De la même manière, qu'invité à donner à mon tour des interviews, j'avais l'impression de trahir un métier que je n'avais choisi que pour parler des autres ou les faire parler.

Si, quand on a choisi de faire du journalisme comme on entre en religion, il est une responsabilité gratifiante, c'est bien celle de directeur d'un grand quotidien. Ayant gravi un à un tous les barreaux de l'échelle professionnelle, il était normal que j'aspire à ce poste. Mais aussi compréhensible qu'avant de l'accepter, je me pose la question de savoir si la baguette de chef d'orchestre ne me priverait pas des cachets du soliste. Comme j'avais très envie de diriger une rédaction et de livrer aux lecteurs le journal que j'avais envie de lire mais que, d'autre part, je n'étais pas prêt à sacrifier mon train de vie, je suis devenu un cumulard. C'est-à-dire à la fois responsable d'une importante publication, signataire d'une chronique hebdomadaire dans *Paris Match* et dans *Le Figaro Magazine*, chargé de présenter et de produire quotidiennement une émission d'une demi-heure à la télé et de 90 minutes à la radio. Avec en filigrane un livre par an, quelques conférences ici et là et, au gré de l'actualité, encore quelques grandes interviews. Art Buchwald, ce grand humoriste américain vivant à Paris, m'avait dit un jour alors que je m'apprêtais à le questionner : « Quand un journaliste interviewe un autre journaliste, c'est comme quand on danse avec sa sœur. » Mes différents patrons auraient pu s'insurger contre une frénésie qui risquait de me faire privilégier un job au détriment des autres. Mais, comme j'assurais tout loyalement et en évitant de me répéter d'un média à l'autre, et que la multiplicité de mes collaborations les dispensait de m'accorder des augmentations que je n'osais plus leur demander, ils laissaient faire. Il s'en est suivi pendant une grande décennie un tourbillon où j'aurais pu laisser ma santé si l'enthousiasme et l'ambition n'avaient pas régulé mon métabolisme.

La vie de famille et la vie privée souffraient de ce surmenage permanent. Parce que je ne cessais de regarder mes contemporains, je n'ai pas vu grandir mes filles. D'autant que j'avais rayé une fois pour toutes de mon vocabulaire – et cela continue encore aujourd'hui – le mot vacances. Pour plusieurs raisons. D'abord j'avais peur, si j'éteignais mes fourneaux au début de l'été, de ne pas être capable de les ranimer lorsque prendrait fin la saison chaude. Ensuite, je ne pouvais supporter l'idée que les lecteurs, les auditeurs et les téléspectateurs se passassent de moi. Enfin je savais, pour en avoir profité, que les nouveaux talents commencent à s'imposer lorsque les anciens se laissent aller au farniente.

À *France-Soir*, tout se précipite pour moi un jour, en 1986, où Robert Hersant, le nouveau propriétaire, s'avise de me nommer à la fois directeur de la rédaction et directeur-général adjoint avec regard sur la promotion et la publicité du titre.

Robert Hersant, désigné plus couramment par ses initiales R.H. comme tous les monstres sacrés, est également appelé le « Papivore » car il ne peut lui passer sous le regard un journal sans qu'il l'achète aussitôt. Peu à peu, à partir de *L'Auto Journal*, un périodique spécialisé, créé avec son frère, il s'est trouvé à la tête d'un empire de presse que, trente ans plus tard, son fils Philippe essaiera de reconstituer sans y parvenir car la presse écrite connaît les pires problèmes que le surendettement de son groupe ne règle que momentanément. R.H. passe à l'époque pour mépriser les journalistes. J'ai travaillé de longs mois avec lui sans pouvoir vérifier cette assertion. En fait, il est le plus courtois des patrons. Il n'élève pas le ton pour lancer des ordres. Il suggère d'une voix douce les mesures qui lui paraissent nécessaires. Mais personne ne s'y trompe. Et tout le monde file doux.

Les conversations préliminaires durent deux mois durant lesquels je rejoins chaque lundi, à l'heure du petit déjeuner, R.H. afin de lui exposer en détail ce que je ferais de *France-Soir* s'il m'en confiait les rênes. Et puis, un beau matin, un communiqué avalise ma prise de pouvoir. On me demande de diriger deux cents journalistes, de définir la ligne du journal, d'augmenter les ventes et de réanimer la publicité sans pour autant abandonner le poste d'éditorialiste qui me vaut d'intervenir chaque jour en première page. Si l'on ajoute qu'à l'époque *France-Soir* compte cinq éditions par jour et donc qu'il faut concevoir dans le même temps cinq manchettes différentes, on comprendra que je viens d'être condamné aux travaux forcés d'un métier qui me passionne mais qui ne me laisse plus de repos qu'entre 1 heure et 6 heures du matin.

Durant la nuit qui précède mon intronisation, je dors encore moins. La passation de pouvoirs se déroule dans la plus grande salle du journal en présence d'un aréopage de confrères que je connais bien mais qui me voient déjà avec d'autres yeux. Pour la première fois, je préside cette réunion sacramentelle de la rédaction où l'on expose l'actualité, où les propositions fusent, où les décisions se prennent instantanément. Rituel habituel : je remercie mon prédécesseur et j'annonce ma première décision : le comité de rédaction se tiendra désormais une demi-heure plus tôt chaque matin afin de laisser les journalistes conduire leurs enfants à l'école tout en avançant de trente minutes le démarrage de la machine. Pour faire passer cette « heure sup », j'annonce également que la réunion s'accompagnera d'un petit déjeuner avec thé, café, chocolat et viennoiseries. Menu qui perdurera tant que je serai aux commandes et qui disparaîtra ensuite sous la pression de directeurs financiers en quête d'économies dérisoires.

En l'espace de trois croissants, l'ambiance matinale change. Ce qui était pour beaucoup une corvée devient une fête. Le partage du premier repas de la journée adoucit les rapports de force. Et puis la sustentation aux frais du patron ne déplaît pas aux syndicats. Ce premier jour, je parle longtemps. Je détaille mon plan d'actions, j'articule des souhaits, j'argumente, je critique, j'essaie de convaincre.

Pendant deux ans, j'essaierai – parfois sans y parvenir – de communiquer la passion et la foi qui m'animent. Durant deux ans, je créerai chaque semaine une rubrique nouvelle. Les journalistes s'y perdent un peu. Les lecteurs ne suivent pas toujours. Qu'importe. Il faut que *France-Soir*, qui tire encore à cinq cent mille exemplaires, retrouve, sinon les deux millions que vendait *Paris Soir* avant la guerre, du moins le million encore atteint sous Pierre Lazareff à la mort de De Gaulle.

J'engage de nouveaux talents sans en éloigner trop d'anciens. J'accueille des stagiaires que je reçois dans mon bureau lorsqu'au terme d'un mois d'immersion dans la rédaction ils regagnent leur profession d'origine. Ainsi, me suis-je trouvé un jour en face d'un jeune magistrat. Comme je l'ai fait pour d'autres, je lui demande comment s'est déroulé son stage, ce qu'il lui a appris et s'il voit désormais la presse avec d'autres yeux. Il répond à mes questions par une interrogation qui, sur le moment, me laisse pantois :

— Comme puis-je devenir riche et célèbre ?

Je prends cela pour une boutade. Mais la phrase me reviendra à l'esprit lorsque, quelques mois plus tard, ce juge d'instruction débutant et plutôt immature sera chargé – et avec les dégâts et l'insuccès que l'on connaît – de l'épineux dossier de l'assassinat du petit Grégory.

Sur les autres plans qui relèvent de mes nouvelles compétences, je ne chôme pas non plus. Ainsi, j'organise chaque jour un déjeuner dans la salle à manger du journal avec un annonceur important auquel nous faisons visiter tous les services, de l'imprimerie, dont les rotatives tournent au sous-sol, jusqu'au dernier étage où gîtent les archives. Autant que l'actualité le permet, on scénarise le pèlerinage. Tandis que l'on découpe la volaille, un messager aussi essoufflé que s'il sortait d'une tragédie antique m'apporte une dépêche d'agence. Et en direct, devant les clients que j'espère rameuter, j'ordonne le départ d'un photographe et d'un reporter, à moins que je me borne à changer le titre de Une ; bref je tente de faire comprendre ce qu'est la vie quotidienne d'un journal à des gens qui ne connaissent la presse qu'à travers quelques films américains. L'opération ne réussit pas à tous les coups mais les annonceurs reviennent.

R.H., qui économise davantage les compliments que les salaires, ne paraît pas mécontent. J'ai pour président son fils Jacques. Un grand garçon intelligent, sympathique, dégingandé et maigre comme un coucou depuis que, pour supporter l'image écrasante du père, il a remplacé la nourriture par la boisson. Deux ou trois fois par semaine, nous allons déjeuner en tête à tête dans un bistrot de la rue des Petits-Carreaux. Je parle et il écoute. Je mange et il boit. Quand, vers 3 heures de l'après-midi, j'arrive à le persuader que nous devons regagner nos bureaux respectifs, il se lève, nous sortons et une fois sur le trottoir, il assure son polygone de sustentation en usant de mon épaule ainsi que l'aveugle de sa canne. Comme il est beaucoup plus grand que moi et que sa démarche n'est rien moins qu'assurée, nous regagnons le journal en zigzagant de concert. J'en suis un peu honteux. Mais je suppose que personne n'émet de doute sur ma sobriété. Et j'aime bien Jacques qui, pour que je travaille plus à l'aise, m'a cédé son grand bureau. Et puis il est mon président et le fils de mon actionnaire.

Ce dernier, conscient de tout ce qu'il m'a mis sur les bras et de ce dont, à l'extérieur, je ne me suis pas débarrassé, m'a offert le premier téléphone portable, un engin pesant huit kilos que je pose fièrement sur la table des restaurants où je traite mes invités, non sans provoquer quelques rires, car au lieu et place de conversations audibles, il émet des bruits de casserole paraissant venir des cuisines de l'établissement.

Le journal a également pris en charge l'aménagement d'une limousine-bureau. Il s'agit d'une Peugeot 604, long châssis carrossé par Heuliez et recelant tout ce qui peut alors aider au travail ambulant. Sur une tablette mue électriquement et protégée des regards par de petits rideaux que j'ai fait copier sur ceux des roulottes des gens du voyage, je signe le courrier, j'annote la copie, je passe des coups de fil sans me soucier des embouteillages. Une vitre garantit une relative insonorisation entre la banquette arrière où je suis assis et le siège à l'avant où s'installe un chauffeur qui, je le découvrirai plus tard, rédige un journal de bord où il consigne tous les propos que je tiens au téléphone ou avec les gens qui m'accompagnent. Doué d'un sens pratique hors du commun, il profite des longues périodes où, tandis que je suis occupé à mon bureau fixe, il m'attend près de la voiture, pour la faire visiter aux badauds moyennant une petite rétribution.

Chère 604, aujourd'hui exposée au musée Peugeot de Sochaux. Je l'ai revue une fois lorsqu'on l'a exposée à Paris – mais sans intention de la vendre – au salon de la voiture d'occasion. Je suis même remonté à la place qui avait été la mienne. Le velours de la banquette, un peu passé, m'a rappelé les retours de conférence en pleine nuit tandis qu'après une causerie en province nous regagnions la capitale.

Elle m'a également remis en mémoire la gêne que j'avais éprouvée à bénéficier, dès l'âge de 34 ans, des services d'un chauffeur. En fait, j'étais très content de ce privilège que j'avais sollicité et que m'avait accordé Pierre Brisson [1]. Ce nouvel équipage me dispensait des corvées que constituent le plein du véhicule, les escales au garage, la recherche d'un stationnement et la conduite elle-même. Mais au bout d'une semaine, le charme s'était trouvé brutalement rompu. Pourquoi avait-il fallu que la limousine s'arrête devant les vitres en miroir d'un grand magasin ? Je m'étais vu descendre de cette voiture deux fois plus longue que je n'étais haut. Et je m'étais trouvé, en raison d'une juvénilité me disposant peu à jouer les notables, ridicule, indécent, grotesque, obscène. Au point, durant presque deux décennies, de ne plus jamais me faire déposer là où j'allais. J'excipais les motifs les plus saugrenus pour parcourir à pied quelques dizaines de mètres comme si j'étais honteux – et je l'ai été vraiment – du confort que l'on m'avait offert. Aujourd'hui ce complexe a complètement disparu, comme si l'âge excusait certaines inégalités.

Lorsqu'au bout de deux ans je rendis mon tablier directorial à Robert Hersant, je n'en pouvais plus. Le cumul commençait à menacer ma santé. Il fut convenu que je

1. Voir chapitre « *Figaro*-ci, *Figaro*-là ».

continuerais à signer chaque jour l'éditorial de première page. Puis je m'éloignai durant quelques mois. Les ventes baissaient. Les annonceurs se faisaient plus rares et moins généreux. Et cela gênait d'autant plus Yves de Chaisemartin, l'homme-lige de Robert Hersant, que les pertes de *France-Soir* plombaient les comptes du *Figaro*. D'où la nécessité pour rassurer les banquiers de se séparer du quotidien déficitaire.

Comme les repreneurs ne se bousculaient pas, on fit appel à Georges Ghosn qui ne s'était pas trop mal débrouillé dans la presse économique. Mais comme Ghosn ne possédait pas de capitaux, on lui alloua en même temps qu'on lui cédait le journal pour un franc symbolique l'argent nécessaire pour en assurer durant un an les fins de mois. Ce qui fut scrupuleusement respecté puisqu'au bout de ce délai, et le pactole sans doute épuisé, Ghosn revendit *France-Soir* à l'héritier d'un groupe de presse italien. Entre-temps, il m'avait rappelé et confié de nouveau l'éditorial que j'avais abandonné durant quelques mois. *France-Soir* avait quitté ses locaux historiques de la rue Réaumur pour s'installer à la périphérie dans le lugubre campus d'Aubervilliers.

La famille de l'Italien qui succéda à Ghosn avait fait fortune dans les régionaux transalpins. Andrea Riffeser pensait que les recettes qui avaient si bien réussi dans son pays étaient valables de l'autre côté de la frontière. Il n'en fut rien malgré les campagnes de promotion et les engagements. En désespoir de cause, il me demanda de forger un concept nouveau et me confia la direction générale. Je concrétisais un projet qui m'était cher – et auquel je crois toujours – en lançant le *Quotidien du téléspectateur* qui consacrait la moitié de ses pages au petit écran. Peine perdue. Les meilleurs journalistes avaient fui et les lecteurs également. Un matin, j'arrivai au journal où l'on m'apprit que le propriétaire venait d'engager – sans m'en parler – un nouveau directeur de la rédaction :

— À quelle heure arrive-t-il ? demandai-je.

— Vers 16 heures.

— Eh bien, demandez au caissier de préparer mon compte pour 15 heures 30.

Et je tournai les talons sans espoir de retour. Par la suite, l'Italien revendit le titre à un promoteur immobilier qui le céda au fils d'un oligarque russe. Rien de plus pathétique que ces transactions où les actifs se divisent en rotatives et en journalistes qu'on vend avec leur bureau. Le jeune russe investit plus d'un million d'euros. Il sut attirer quelques confrères de talent qui mirent au point la formule d'un tabloïd à la française. Une énorme promotion – en partie audiovisuelle – provoqua des frémissements qui firent croire à une véritable reprise. Et puis les ventes se remirent à baisser. Et puis, il n'y eut plus un encart de publicité. Le jeune russe jeta l'éponge.

France-Soir disparut un triste jour de 2011 comme *Paris Jour* que, voilà bien longtemps, Madame Del Duca avait sabordé devant les exigences des syndicalistes qu'elle estimait déraisonnables. Pour calmer les esprits, il fut décidé que le quotidien passerait du papier à la Toile. Quelques mois plus tard, *France-Soir* passait de la Toile au néant.

Clap de fin. Sans doute le film a-t-il été un trop long métrage. On dit que les cimetières sont pleins de gens irremplaçables. Parfois les salles de rédaction aussi.

Au chevet de l'actualité

Le journalisme a beau être, selon certains experts, une fausse profession libérale, il admet la même classification que la médecine. À savoir des généralistes aspirant à devenir spécialistes et des spécialistes s'accrochant à leur spécialité.

Le généraliste peut, comme son nom l'indique, assumer toutes les tâches. Mais, de préférence, celles qui exigent un cœur bien accroché. Au soir d'un meurtre sanglant, il arrive souvent en même temps que la police, parfois avant. Et il doit oublier sa sensibilité pour accoucher d'un article répondant aux canons du genre, c'est-à-dire en appuyant surtout là où ça fait mal et où ça fait douter de l'équilibre du genre humain. Le généraliste commence son parcours par la tournée des commissariats. À charge pour lui d'écluser quelques godets avec les responsables de la main courante qui, ensuite, l'alerteront au premier coup de couteau. Le fait-diversier doit arriver avant ses concurrents et se préoccuper davantage de l'encre de son style que des larmes de la famille. Quand il prend du galon, il devient sous-chef ou chef des informations générales et règne alors sur les tâcherons dont il faisait précédemment partie. Certains généralistes qui font feu de tout bois publient des romans inspirés par les affaires qu'ils ont suivies. D'autres s'attachent à rouvrir les dossiers qui ont été classés par la justice sans que la vérité éclate. Quitte, eux aussi, à les refermer à la dernière ligne de leur bouquin sans avoir fait la lumière.

Les spécialistes sont, comme leurs homologues médicaux, mieux payés et mieux considérés. Ils travaillent dans le cadre d'un pré carré auquel, dans leur support, personne d'autre qu'eux ne doit avoir accès. Il en existe selon moi seize catégories.

L'éditorialiste

Blanchi sous le harnais, ayant vu défiler nombre de patrons de presse et de présidents de la République, il est chargé, autant que de donner son avis, d'expliquer l'action d'un gouvernement ou les combats de l'opposition, d'exprimer une opinion dont on sait, grâce au courrier et aux sondages, qu'elle ne sera pas très différente de celle de la majorité des lecteurs. L'éditorialiste doit posséder une solide culture lui permettant par exemple de parler de Lionel Jospin en évoquant Jean Jaurès et de mettre en perspective les nouvelles mesures arrêtées par un gouvernement et le détricotage législatif décidé par le suivant. En cas de changement de régime, il doit s'assurer que son lectorat est moins volage que le corps électoral. Dans le cas contraire, il a intérêt à changer son stylo d'épaule ou aller travailler ailleurs. Encore faut-il distinguer la presse généraliste qui ne s'engage jamais vraiment et la presse d'opinion qui ne badine pas avec la ligne politique.

L'éditorialiste qui s'enorgueillit d'avoir des amis au gouvernement, voire de les tutoyer, ne doit surtout pas, à l'orée d'une campagne électorale importante, faire état de ses préférences personnelles. Si, comme cela est arrivé en 2007 à Alain Duhamel, le meilleur de tous, dont un propos en faveur de François Bayrou avait été enregistré lors d'une réunion privée par un portable en goguette, il risque d'être mis à pied par ses employeurs jusqu'au lendemain du scrutin.

Enfin, certains éditorialistes de haut vol deviennent les conseillers officieux du président de la République ou des ministres. Ils connaissent alors tous les secrets d'État mais les gardent pour eux ou les transmettent à des confrères.

Le chroniqueur judiciaire

Il est à la fois un greffier qui note les principaux incidents de l'audience, un dialoguiste qui met en forme les répliques échangées entre l'accusation et la défense, un portraitiste qui croque les accusés et les témoins, un criminologue qui examine les indices à la loupe et un moraliste qui tente de démêler l'écheveau des sentiments. N'assurant que les très grands procès, bénéficiant d'une place au premier rang dans la tribune de presse, il finit par connaître les magistrats aussi bien que la loi. Lorsqu'il a fait des études de droit et éprouve une vocation contrariée d'avocat, il imagine la plaidoirie ou le réquisitoire qu'il aurait prononcé dans l'affaire qu'il relate si son destin avait été différent. Lui aussi publie en fin de carrière ses souvenirs de prétoire. Sachant que, depuis l'abolition de la peine de mort, le sang des victimes est le seul à couler et le dernier acte ne se situe plus, comme par le passé, dans la cour d'une prison où l'on a dressé les bois de justice.

Le critique dramatique

Son aura a diminué en même temps qu'il perdait son efficacité. Il peut à la rigueur vider une salle de spectacle par un jugement très défavorable. Mais il n'est plus capable de la remplir en faisant part de son enthousiasme. Le critique dramatique doit éviter des idylles avec des comédiennes, lutter contre l'endormissement en emportant (je n'invente rien), lorsqu'il est contraint d'assister à un spectacle de plus de trois heures, une paire de lunettes spéciales sur les verres de laquelle des yeux largement ouverts sont dessinés. Enfin, il ne doit sous aucun prétexte céder à la tentation de faire représenter une pièce de son cru.

Le critique littéraire

Parfois choisi parmi les écrivains ratés, il lui est déconseillé d'exercer des vengeances trop visibles. Souvent lecteur chez un grand éditeur, il ne doit pas davantage paraître privilégier la production de son employeur. Certes, il est autorisé, voire encouragé, à parler favorablement des bouquins publiés par les collaborateurs du journal auquel il appartient mais lorsqu'il critique (sic) l'œuvre d'un ami, il est plus crédible si, au milieu d'un concert de louanges, il inclut une petite fausse note. Moyennant quoi quand le critique littéraire publie à son tour un roman ou un essai il est assuré, en vertu du système dit des renvois d'ascenseur, d'excellents papiers des autres critiques littéraires. Ainsi est-il prouvé statistiquement que, dans les rubriques spécialisées, on parle quatre à cinq fois plus des livres signés par des journalistes écrivains que par des écrivains non-journalistes.

Le critique de télévision

La spécialité est d'autant plus recherchée qu'on peut l'exercer sans sortir de chez soi et que, paradoxalement, elle ouvre toutes les fenêtres sur le monde. Le spécialiste du petit écran devient donc un généraliste de toutes les activités et de tous les talents. Chemin faisant, il peut glisser un couplet idéologique, un compliment ou un blâme. Il a carte blanche. Mais, là aussi, à condition de tenir compte des tendances culturelles de son lectorat.

Le critique artistique

Artiste lui-même, il est obligatoirement inféodé à un courant, de préférence d'avant-garde. On peut compter sur lui pour applaudir l'exposition sous les vieux ors du château de Versailles d'un homard gonflable ou de poupées japonaises. Toutes les novations lui paraissent bonnes. À l'en croire, tout est œuvre d'art y compris ses articles qui lui valent la considération des groupuscules et des cénacles.

Le critique gastronomique

Depuis un demi-siècle, il se nourrit moins lui-même qu'il ne mange pour nous. Esthète du bœuf à la ficelle ou défenseur de l'œuf mayo, il se montre aussi inépuisable sur les chefs-d'œuvre culinaires que sur les ratages dont il a été la victime. Capable de préparer dans sa cuisine personnelle des œufs brouillés ou une salade de tomates, il fait remarquer que ces deux plats figurent à l'examen de passage des marmitons avant de citer de tête les morceaux du boucher. Très connu comme Claude Lebey ou attaché à son incognito comme François Simon, il va de table en table, véritable forçat de la bonne bouffe, hirondelle chez Luculus qui, tantôt réclame à grands cris l'addition, tantôt se contente de signer le livre d'or. Se chargeant à la fois d'apprécier les saveurs et de se substituer aux services d'hygiène, il met un point d'honneur, après avoir goûté la cuisine, à visiter les lieux où ces chefs-d'œuvre tombent en ruines. Fier que, sur quelques cartes prestigieuses, certains plats aient été baptisés de son nom, il publie périodiquement des recettes avec une préface d'un de ces grands chefs dont il assure être devenu le meilleur ami sans jamais tomber dans le copinage. Surveillant aussi attentivement les cuissons que son cholestérol, il ne peut qu'appartenir à deux grandes espèces : les raisonnables qui se contentent d'une bouchée prélevée sur chaque mets et les goinfres qui ne laissent repartir leur assiette qu'entièrement vide. Lorsqu'il ouvre à son tour un restaurant ou qu'il donne son label à des produits de bouche, il vérifie généralement le vieil adage selon lequel si la critique est aisée, l'art est difficile.

Le critique d'opéra

Il a connu Karajan et la Callas. Il a le goût sûr et l'oreille absolue. Certains soirs de première, il n'hésite pas à se joindre aux trublions ou aux thuriféraires pour exprimer sa désapprobation ou son enthousiasme. Il est capable de fredonner le grand air de la *Traviata* et, lorsqu'il assiste à un concert, de pianoter sur ses genoux en même temps que le soliste.

L'économiste

Parfois sorti de Sciences-Po ou d'une école de commerce, il possède la culture et le vocabulaire permettant d'expliquer momentanément l'inexplicable en sacrifiant à l'escroquerie intellectuelle qui fait croire à de braves gens qu'ils ont compris ce qui ne sera jamais à leur portée. Il jongle avec les statistiques, connaît les résultats des groupes avant leurs actionnaires, déjeune avec les patrons du CAC40 et en cas de crise – c'est-à-dire désormais tout le temps – échafaude des méthodes de sauvetage qu'il se désespère de ne pas voir appliquer par les gouvernants. On peut l'interroger sur la montée du chômage, sur le désastre du commerce extérieur, sur l'augmentation des impôts, sur les stock-options, sur les dividendes. Il a réponse à tout. En revanche, il est incapable de donner un conseil satisfaisant aux petits épargnants qui entendent conserver un magot qu'il n'est même plus question de faire fructifier depuis que l'argent a cessé de rapporter de l'argent.

Le chroniqueur social

Il a, lui aussi, fait de solides études. Après quoi, il est passé directement des amphis de l'université à la lutte des classes. Il doit souvent réaliser un bel exercice d'équilibre entre un représentant du grand patronat qui est son actionnaire principal et les leaders syndicalistes qui constituent ses sources d'information. Il est à la peine lorsque les usines ferment et quand les sociétés déposent leur bilan. Mais il n'ignore pas que plus on débauchera en France et plus son emploi personnel sera préservé. Son profil social n'est pas toujours lié à la classe laborieuse. Pendant longtemps la spécialité a été brillamment exercée au *Figaro* par une dame issue d'une grande famille de banquiers.

Le chroniqueur scientifique

Astreint à la formation permanente, il suit, au jour le jour et dans le monde entier, l'apparition ou la progression des nouvelles technologies. Grand connaisseur de la science actuelle et bon utilisateur de la science-fiction, il n'a pas son pareil pour anticiper. Sa familiarité avec le cosmos va de pair avec celle des infiniment petits. Rien n'est plus capable de le surprendre dans le domaine de la physique et de la chimie. Pour lui, l'invention du téléphone et la construction du TGV font déjà partie de la préhistoire.

Le chroniqueur médical

Il est souvent médecin. On le prie d'intervenir dès que se profile une pandémie ou l'éradication d'une maladie. Abonné à *The Lancet* et à d'autres publications toujours rédigées en anglais, il se charge de remonter le moral de ses lecteurs sans trop faire naître de faux espoirs. Il doit se montrer à la fois simple et cultivé et avoir dans sa manche les grands professeurs, les principaux laboratoires ainsi que les chercheurs qui ont trouvé quelque chose.

Le billettiste

Mini-éditorialiste, il doit traiter, souvent en dix lignes, les sujets auxquels les confrères plus autorisés consacrent deux feuillets. En dédommagement de quoi, il est autorisé à plaisanter avec les questions sérieuses. À condition, bien sûr, de ne pas choquer la Sainte Église, les mères de famille, les militaires et les cuisiniers étoilés, les marchands de bons sentiments, les magistrats, les policiers, les enseignants, les fonctionnaires et d'une façon générale tous les adeptes du premier degré qui ne sont pas de son avis.

Le chroniqueur hippique

Comme d'autres spécialistes, il avait choisi le journalisme pour pouvoir aborder tous les sujets. Et il se retrouve prisonnier jusqu'à la retraite de la plus noble et répétitive conquête de l'Homme. Habitué des hippodromes, souvent turfiste lui-même (mais ne l'avouant jamais), connaissant par cœur la liste des partants à Auteuil aussi bien que d'autres les noms des quarante rois qui ont fait la France, il assiste aux entraînements, bavarde avec les jockeys, dîne avec les propriétaires et travaille d'autant plus facilement que, dans ses interventions, il utilise un jargon composé d'une trentaine de mots s'appliquant à toutes les péripéties d'une course. À ses lecteurs qui, pour toucher le gagnant, attendent ses précieux conseils, il peut livrer une dizaine de numéros. Ce qui augmente ses chances de ne pas se tromper mais diminue ses mérites.

Le journaliste sportif

Passionné autant sinon plus que ses lecteurs par la discipline dont il finit par être, lui aussi, une vedette. Pour être crédible il faut qu'il ait joué au ballon durant sa jeunesse, qu'il fasse du vélo durant ses week-ends, qu'il soit admis dans les vestiaires après le match et qu'il entretienne des liens amicaux avec les vedettes du ballon rond ou les gloires du pédalier. Découvreur de talents, terreur des arbitres, supporter de club, il est un des rares du métier dont la neutralité serait considérée comme une faute professionnelle. Son bâton de maréchal prend la forme d'une participation (sur les gradins) aux Jeux olympiques ou à la Coupe du monde de foot.

Le spécialiste des affaires étrangères

Il est sorti de Sciences-Po. Il souhaitait devenir diplomate. La vie et les gouvernements en ont décidé autrement. Alors il se console en fréquentant des ministres des Affaires étrangères ou des ambassadeurs. Ayant ses entrées au « Quai d'Orsay », affectionnant comme les diplomates le chic anglais, il a fini par se persuader qu'il appartenait, lui aussi, à la Carrière. Féru de géopolitique, il a choisi une partie du monde – Amérique Latine, Asie ou Proche-Orient – qu'il croit connaître mieux que les autres. Parfois quand, dans sa zone d'influence, une révolution éclate, il suit quotidiennement les combats de rue sans jamais quitter son bureau.

Le stagiaire

C'est le grouillot du journalisme. Celui ou celle auquel, en d'autres temps, on réclamait des sandwichs ou des faveurs. Le législateur est passé par là qui, aujourd'hui, astreint les entreprises qui l'accueillent à le salarier modestement, à le prémunir contre les accidents du travail même si on ne lui donne rien à faire, et à lui enseigner les rudiments d'un métier qu'il n'exercera pas toujours. Car les deux principales séquelles d'un stage sont à l'opposé. Ou bien le stagiaire s'aperçoit qu'il s'agit d'un métier ni aussi facile ni aussi séduisant qu'il l'imaginait, où bien il se fait remarquer puis apprécier et le stage est couronné par un engagement puis par une titularisation.

La presse la moins pressée

Depuis mes débuts, j'aurai toujours trompé la presse quotidienne, ma mère nourricière en même temps que ma compagne, avec la presse périodique. Hebdomadaire de préférence, car le rythme mensuel est trop espacé et ne me paraît pas mobiliser suffisamment l'esprit bien que certains confrères qui y émargent et qui ne publient qu'une petite chronique tous les trente jours se prétendent débordés. J'ai toujours apprécié les hebdomadaires. Non seulement ils bénéficient d'une jolie maquette, de couleurs chatoyantes, bref, d'une bonne présentation, mais encore ils offrent le luxe à ceux qui y œuvrent de réfléchir quelques heures avant d'écrire et l'avantage de pouvoir se relire ensuite.

L'Épatant fut mon premier périodique. Il méritait bien cette appellation car il paraissait tous les six mois. Mon excuse, lorsque je l'ai lancé, était de n'avoir que 6 ans. Les journaux d'école, de lycée et de régiment auxquels je collaborai ensuite sacrifiaient à la parution trimestrielle. Je me souviens d'une revue de poésie qui fut imprimée une seule fois et seulement vendue aux familles des trousseurs de rimes priées de cracher au bassinet pour lire les alexandrins de leur rejeton. J'occupais une demi-page grâce à un sonnet de ma façon où, en exergue, un portrait me montrait tel que j'étais à l'époque : système pileux supérieur exubérant ; acné rebelle sur le front ; yeux plutôt rieurs ; bouche déjà gourmande et autour du cou le fameux cache-nez tricoté par ma mère et qu'elle contraignait un grand poète à porter.

C'est un pâle euphémisme que d'avouer que j'ai – ensuite – peu sacrifié à la mobilité de l'emploi : vingt et un ans au *Figaro* suivis, après un court entracte, de trente-quatre autres ; vingt-deux ans à *France-Soir* ; vingt ans à *Paris Match* ; quinze ans à Antenne 2 ; quarante-cinq ans à RTL. Qui dit mieux ? Le veilleur de nuit sans doute auquel, comme moi, on a épargné le couperet de la retraite. Les autres, tous les autres sont allés de titre en titre, de société en groupe, de la presse à la radio, de la radio à la télé, voire des articles périssables au best-seller d'une saison.

Si j'ai aussi peu bougé, ce n'est pas seulement par fidélité à mes employeurs. C'est parce que, multipliant les collaborations – j'en ai dénombré un jour dix-sept simultanées – chaque fois que j'avais envie d'une nouvelle expérience ou que j'aspirais à une nouvelle responsabilité, je la trouvais à l'extérieur sans tourner le dos aux anciennes. J'arrivais pour un remplacement d'une semaine. On repassait dix ans plus tard : j'étais toujours là. Je suppose que si on me gardait c'est que je faisais correctement mon travail, que j'évitais les vagues qui donnent du souci aux patrons et que je ne ménageais pas mon temps ni ma peine.

De rares fois mon passage dans une rédaction n'a duré qu'un an.

Il en fut ainsi pour *L'Express* dirigé alors par Philippe Grumbach que j'avais rencontré au cours de plusieurs dîners en ville. Nous avions bavardé de notre métier en général et de la formule de *L'Express* en particulier. J'avais dû lui faire des remarques qu'il avait jugées intéressantes puisqu'il finit par me demander d'occuper auprès de lui la fonction de conseiller.

Pendant une année, dans un bureau proche du sien et en face d'une secrétaire qui n'avait pas grand-chose à faire en dehors du limage de ses ongles, j'ai donc réfléchi et proposé. Au total quelque cent vingt-trois sujets de chroniques, d'enquêtes, de reportages ou de photos que je suggérais à la fin de chaque comité.

Souvent bien accueillie, aucune de ces idées, je dis bien aucune, ne se concrétisa jamais. J'avais oublié ou je découvrais que les rédactions sont autant de clubs, aussi fermés que le Jockey, qu'on y est admis par cooptation et qu'une seule boule noire empêche d'en faire vraiment partie. Or je n'avais pas la culture d'entreprise ni le look de la maison. J'étais marqué par des publications plus populaires, moins intellos. Et puis, en dépit de précautions oratoires et du bon sourire dont je les accompagnais, chaque fois que j'avais une idée cela revenait à souligner que les autres n'en avaient pas.

Au bout de douze mois de cette situation étrange, je mis fin à cette collaboration qui n'occupe aujourd'hui qu'une demi-ligne dans mon CV.

Fidèle à mon habitude de ne jamais abandonner un job sans essayer de le remplacer, en quittant la rue de Berri, je traversai les Champs-Élysées et montai jusqu'au bureau de Roger Thérond, qui dirigeait avec beaucoup de talent et un peu de perversité la rédaction de *Paris Match*. Ma visite tombait bien, Thérond avait envie de me faire travailler. Je commençai quelques jours plus tard une série de portraits qui remplissaient deux pages de l'hebdomadaire, une pour la photo et l'autre pour mon article.

La série, qui a duré deux décennies complètes, m'a permis d'approcher le gratin de la littérature et le nec plus ultra du *show-biz*. Chaque semaine, c'était désormais programmé, je conviais chez moi à déjeuner une vedette. Toutes celles de l'époque, nationales et internationales, devaient défiler dans ma salle à manger. Si la plupart sont mortes aujourd'hui, ce n'est pas la faute du cuisinier mais de l'âge ou de la maladie. Ainsi ai-je confessé Pierre Desproges qui se savait condamné, Isabelle Adjani à ses débuts, Charles Trenet sur la fin. Et Brel, et Bécaud, et Brassens et tous les auteurs chanteurs auxquels (heureusement il nous reste Aznavour) je ne reconnais pas aujourd'hui de successeurs.

Ma technique d'interview était simple, qui jouait sur ce partage des espèces que les mécréants appellent la convivialité. Bien avant le sorbet final, la glace était rompue. Je devisais avec des gens que je n'avais jamais rencontrés comme avec de vieux amis. Au hors-d'œuvre, ils contrôlaient encore leurs confidences. Mais après le plat de résistance, ils ne me cachaient plus rien. Les bons vins n'étaient pas étrangers à ces accès de franchise.

Je me souviens d'un repas avec Robert Mitchum connu pour une contenance dépassant ses capacités. J'avais prévu deux bouteilles d'un bordeaux qui n'eut pas le temps de vieillir dans son verre car il le vida avant que j'eusse articulé mes premières questions. L'interprète, qui l'accompagnait, car nul ne parlait la langue de l'autre, me fit signe qu'il n'en resterait pas là. À la cuisine, puis à la cave, on chercha en vain une troisième bouteille du même cru. D'autant que j'avais affaire à un connaisseur qui n'aurait pas admis que je mélangeasse les cépages. On finit par en trouver deux autres chez un restaurateur ami.

Durant tout le repas je prenais des notes. J'ai toujours préféré cette méthode plus franche que l'enregistrement complet d'un entretien car elle permet de montrer implicitement à l'interrogé l'intérêt qu'on porte à certaines réponses et le peu de cas qu'on fait des autres. Les confidences ainsi recueillies s'en allaient émailler le portrait et truffer le jugement que j'émettais sur mes modèles. Un minutieux travail de mosaïque.

Or un jour, Roger Thérond m'invita à déjeuner. Il voulait m'entretenir d'une nouvelle forme d'interview à laquelle sacrifiait de plus en plus la presse anglo-saxonne. On s'écartait de l'article rédigé, des sortilèges de plume, bref, des commentaires de l'interviewer, pour ne plus se préoccuper que des états d'âme de l'interviewé. Plus de notes à prendre. On pose sur la table un magnétophone. Après quoi une secrétaire transcrivait le texte et l'on servait *in fine* au lecteur un brouet simplifié où le maigre alterne avec le gras. Autrement dit un « questions-réponses ». Je ne crois pas avoir réfléchi plus d'une minute avant de dire au prestigieux cuisinier de presse ce que je pensais de sa nouvelle recette :

— Je ne suis pas un preneur de son. Pas davantage un greffier de justice. Je ne saurais donc limiter mon intervention au recueil de propos que je tiens à mettre en perspective, voire à critiquer.

Trois jours plus tard, je passais à la caisse. Vingt ans d'ancienneté, cela ne se refuse pas. Surtout quand on a de menus travaux à faire dans sa maison de campagne. Je me souviens de Bernard Pivot qui, de même, avait quitté *Le Figaro* nanti d'un confortable viatique et qui, l'ayant transformé en piscine dans sa propriété de Bourgogne, l'avait inauguré solennellement en faisant sceller sur la margelle une plaque indiquant « Bassin Jean d'Ormesson » du nom du directeur académicien qui l'avait mis à la porte.

Parmi mes expériences les plus éphémères (une année seulement) figure la chronique de dernière page du *Point*. Chaque nouvelle collaboration crée une angoisse car on ne transporte pas aussi facilement qu'on pourrait le croire d'un support à l'autre son style, ses détestations et ses fantasmes.

Il y eut le mensuel *Réussites*, à la vie tout aussi brève. Une formule que j'ai fourbie pendant plusieurs années et que j'ai lancée en 1981 avec le soutien financier de mon vieux copain Gérard de Villiers. Il s'agissait d'aller chercher dans toutes les disciplines et dans tous les secteurs d'activité des contemporains qui avaient bien mené leurs affaires et qui, après avoir énuméré leurs performances, donnaient leurs recettes de succès. Tous les ingrédients d'une formule populaire me semblaient réunis : des noms connus, des parcours emblématiques, des conseils pour s'élever à leur niveau. Oui tout. Sauf le bon moment. Car, en 1981, l'arrivée des socialistes au pouvoir avait rendu tricarde la réussite. Au point que ceux que la fortune et la gloire avaient touchés de leurs ailes demandaient comme un service qu'on n'en dit mot. La mode était alors à l'échec et le citoyen le plus digne d'admiration le chômeur qui ne prenait du travail à personne. Ce fut le fiasco intégral. J'ai mis cinq ans à rembourser l'argent que j'avais investi dans la promotion et dans le fonctionnement de ce mensuel dont je m'étais modestement intitulé président-directeur-fondateur. Moyennant quoi, dans les décennies qui suivirent, je vis apparaître au fil de tous les médias, quelles que fussent leur périodicité et leur thématique, des rubriques consacrées à la réussite dans tous les domaines. C'est une bien maigre consolation de se dire qu'on a été un pionnier.

Si elle fut plus collective, l'aventure du *Figaro Magazine* se révéla aussi plus gratifiante.

Robert Hersant, qui en avait eu l'idée en remarquant que, contrairement à la presse anglo-saxonne, nos quotidiens ne proposaient en fin de semaine aucuns suppléments dominicaux, avait décidé lui-même de la maquette et conçu les principales rubriques. Puis il en avait confié la direction à Louis Pauwels, journaliste, écrivain, métaphysicien et qui, avec son complice Jacques Bergier, avait tâté avec succès de la science-fiction.

Et alors que je m'étais éloigné du *Figaro* depuis quelque temps pour œuvrer à *France-Soir* et à *Paris Match*, Pauwels m'avait proposé de réintégrer le groupe qui m'avait donné ma première chance par le biais d'une chronique hebdomadaire où j'avais toute liberté pour exprimer mes emballements, donner mon avis et lui seul. Un exercice pointilliste et facile dans la mesure où l'on se crée le réflexe de noter durant toute la semaine ce qui pourra intéresser le lecteur le samedi.

Cette rubrique a vu le jour en même temps que *Le Figaro Magazine* voilà plus de trois décennies. À l'heure où j'écris ces lignes, elle continue à paraître. Mais, là comme ailleurs, j'ai l'impression que j'ai fait le plus gros. Quel luxe à la fois exorbitant et terrifiant que celui de disposer d'une tribune régulière et sous la forme d'une page complète dans une publication dont on sait que les articles seront lus avec parfois plus d'attention qu'on a apporté à leur écriture ! Mais quel bonheur quand on croit avoir assez d'idées pour les partager avec quelques contemporains de goût puisqu'ils vous lisent. Longtemps j'ai rencontré les lecteurs du *Figaro Magazine* à la séance annuelle de signatures qui réunissait écrivains et assimilés dans des cadres aussi prestigieux que ceux de l'Opéra Garnier ou de l'hôtel de ville de Paris. Une occasion inespérée de bavarder avec ceux pour lesquels on écrit.

C'est grâce à la presse régionale – à laquelle je n'avais jamais collaboré – que ce contact physique est passé de l'annuel au quotidien. Je venais de démissionner de la direction générale de *France-Soir* et, selon cette bonne et vieille méthode qui m'avait toujours réussi, j'avais sans plus attendre proposé mes services à une autre entreprise de presse. Non en tant que dirigeant (j'avais déjà donné) mais comme « billettiste », fonction que j'assurais quotidiennement depuis plus de trente ans et qui avait créé en moi un réflexe au niveau de l'observation et une pulsion sur le plan de l'écriture. Mais à qui, cette fois, offrir mes services ?

Je pensais à *Nice-Matin*, ce grand régional populaire et prospère que je lisais trois jours par semaine lorsque je venais préparer mes émissions et rédiger chroniques et bouquins dans ma villa cannoise. À l'autre bout du fil se trouve un rédacteur en chef auquel je dis carrément :

— Je m'appelle Bouvard. Je suis journaliste depuis un demi-siècle. Je viens de quitter *France-Soir* où je signais chaque jour un billet. Seriez-vous intéressé par ma collaboration ?

Mon interlocuteur paraît surpris et dépassé :

— Je prends bonne note et je vais en parler à notre président.

Dès le lendemain, Michel Comboul m'appelle :

— Je dégage une place pour vous installer à la première page. Vous arrivez quand vous voulez.

Deux mille billets plus tard, j'officie toujours à *Nice-Matin* avec des privilèges que la presse nationale ne m'avait jamais apportés : même en haute saison quand les restaurants sont bondés et même si je n'ai pas réservé, on me trouve toujours une table. Et puis – beaucoup plus important –, lorsque je descends de ma colline en voiture, il y a toujours à un feu rouge un conducteur pour me parler du billet paru le matin. Ou, quand on ne s'arrête pas suffisamment longtemps côte à côte, un pouce en l'air m'indiquant qu'on a partagé mon opinion avec en prime – même si ma modestie doit en souffrir – quelques « fans » indulgents et fidèles (la première caractéristique explique la seconde) qui collent chaque jour sur un bel album (il en faut aujourd'hui plusieurs) mes petites divagations. Si l'on ajoute le plaisir de continuer à exercer un métier passion dans une région qu'on s'est accoutumé à considérer comme sa terre promise, on comprendra pourquoi, à 83 ans, je travaille avec autant d'enthousiasme qu'à 22.

Un métier de transgression dans un État de droit

Je me suis interrogé souvent sur les droits et devoirs des journalistes. Car nous nous immisçons de force dans la vie publique, les existences privées, attisant la guerre des partis et troublant la paix des ménages, en ne voyant pas plus loin que quelques lignes qui feront sourire des lecteurs au cœur aussi sec que le nôtre.

En l'absence d'un Ordre national des journalistes, calqué sur l'Ordre des médecins et l'Ordre des avocats, dont le régime de Vichy avait proposé la création, et que les professionnels de l'information ont toujours refusé au nom de leur indépendance, liberté est laissée à chaque support de pratiquer ou non une éthique et à chaque journaliste de se fabriquer sa petite morale. Avec l'accélération des mœurs et la compétition exacerbée, les frontières sont devenues floues entre ce qu'on fait et ce qu'on ne devrait pas faire. Certes, la législation a donné à chaque individu la propriété de son image et élevé un peu plus haut le mur de la vie privée. Mais les transgressions n'ont jamais été plus nombreuses et les tribunaux plus encombrés par les demandes de dommages et intérêts que formulent les people qui, parvenus au vedettariat grâce aux médias ne souhaitent plus que les médias parlent d'eux. Longtemps ces procès se sont déroulés au tribunal de Nanterre, connu pour accorder de confortables réparations aux acteurs et aux chanteurs venus réclamer justice. Et puis les magistrats ont dû comparer leurs faibles émoluments avec les sommes souvent astronomiques exigées par les avocats des plaignants. L'âge d'or était terminé. Aujourd'hui, avant d'introduire une action, il est conseillé de mettre en regard des frais d'avocat le montant de ce que leur plaidoirie pourrait rapporter. Et puis, dans certaines affaires – par exemple celle impliquant DSK –, il est très difficile de faire valoir une atteinte à la vie privée alors que les délits reprochés ne se situent que dans le cadre de celle-ci. Si l'on ajoute que le secret de l'instruction est devenu celui de Polichinelle, que les murs capitonnés des cabinets de juges d'instruction n'empêchent plus les propos qui y sont tenus en petit comité de se retrouver le lendemain dans tous les journaux, on peut considérer que l'éthique, la déontologie et la morale sont devenues caduques. Les ravages – qu'on fait rimer avec tirage – sont considérables. Depuis la naissance du journalisme d'investigation, plus rien ne peut être caché. Et ce qui est plutôt positif dans les scandales politiques et les escroqueries majeures devient extrêmement gênant lorsqu'il s'agit de la vie sentimentale et des problèmes de santé de contemporains connus.

La vie sentimentale qui fait les belles pages de la presse people admet quatre figures : la rencontre, le mariage, la première naissance, le divorce. Le perfectionnement des téléobjectifs a raison de tous les refus d'interview. Les entourages se mettent à table. Le même jour, on découvre la nouvelle solitude de Vanessa Paradis et les imprudences de la vieille gouvernante du Saint-Père. Parfois, une rupture est annoncée qui, sur le moment, ne correspond à rien mais qui, ayant donné des idées au couple concerné, se concrétisera un peu plus tard. Je me souviens de l'hebdomadaire qui, ayant consacré sa manchette à la mort du général de Gaulle alors qu'il vivait encore paisiblement sa retraite à Colombey-les-Deux-Églises, n'hésita pas à titrer, le jour où le fondateur de la France libre trépassa, « Comme nous avons été les premiers à l'annoncer ». Certains journaux, pourtant répertoriés parmi les plus sérieux, n'hésitent pas à consacrer une page aux mises au point et aux rectificatifs. Sans doute ont-ils médité la fameuse formule de Pierre Lazareff : « Les deux mamelles de la presse moderne sont l'information et le démenti. »

En matière de santé, l'indiscrétion est encore plus choquante. Surtout, quand pour faire pleurer Margot, on raffine sur les détails et on multiplie les pronostics alarmistes. Résultat, on ne peut plus cacher à une célébrité qu'elle est plus gravement atteinte que ce qu'on lui dit si on ne lui interdit pas de lire les journaux.

Sur le plan de l'argent, la situation est la même mais encore plus irréversible puisqu'elle passe par des enquêtes circonstanciées et des classements périodiques de grandes fortunes.

Concernant les convictions et les intentions de vote, on en sait tout autant. À ceci près que ces indiscrétions ne font l'objet d'aucune plainte puisqu'elles émanent des intéressés eux-mêmes.

Les journalistes ont donc le droit de mettre leur nez partout où ça sent mauvais, de relater des propos même s'ils ont été préalablement qualifiés de « off », d'inventer ce qu'ils n'ont pas encore eu le temps d'établir avec certitude, de tirer sur des ambulances, de se tenir les côtes au passage d'un corbillard. Bref, de ne respecter rien ni personne que leurs clients.

En matière de off, si cher aux politiciens, il faut reconnaître que la nuance est souvent subtile voire inidentifiable entre la recommandation d'un ministre qui souhaite *in petto* porter un fait dérangeant ou croustillant à la connaissance des électeurs et un autre qui n'ambitionne que d'éclairer un peu la lanterne d'interlocuteurs réguliers et, à ce titre, privilégiés.

Ces derniers sont d'ailleurs tout à fait fondés, en cas de récriminations, à faire valoir qu'ils n'ont d'autre curiosité à satisfaire que celle de leurs lecteurs et que la rétention d'informations constituerait une faute professionnelle.

Avouerais-je que, moi aussi, je ne suis pas blanc bleu ? Et qu'à la radio notamment – *verba volent* – sous prétexte d'une revue de presse malicieuse, je me vautre souvent dans les indiscrétions de confrères dont je ne certifierais pas le sérieux ? Il m'est arrivé de colporter des rumeurs, voire de les avoir lancées et de suivre leur cheminement. J'ai dû trahir parfois certains secrets ou garder pour moi certaines informations authentiques.

Je me souviens par exemple du soir où, vers la fin de son dernier spectacle à l'Olympia, Jacques Brel m'avait invité à souper avec lui. À la fin du repas, il m'avait annoncé gravement :

— J'ai décidé de tout quitter et d'aller mourir sur une île lointaine.

Expliquant ce propos moins par une véritable résolution que par une dépression passagère, j'avais mis un point d'honneur à ne pas publier la nouvelle. Mal m'en avait pris. Le lendemain, Brel n'avait pas changé d'avis et le surlendemain la révélation paraissait sous une autre signature que la mienne.

Il existe quand même un secteur où je crois n'avoir rien à me reprocher. C'est celui, particulièrement dangereux et troublant, où le journalisme ne se contente plus de relater des parcours et de rapporter des propos mais où il s'évertue à influer – et toujours fâcheusement – sur des destins. Huit fois sur dix, les enquêtes et la documentation préliminaire à mes interviews faisaient état d'épisodes qui n'ajoutaient pas à la gloire de l'interviewé mais, comme je n'étais pas un « sniper » – d'abord parce que le mot n'avait pas encore été inventé, ensuite parce que mon propos était plutôt, afin de justifier mon choix, de mettre en valeur l'invité au lieu de le descendre en flammes –, j'ai oublié sept fois sur huit d'exploiter des faiblesses qui eussent fait les choux gras de certains confrères : reniements et trahisons ; prévarications vénielles ; adultères de printemps ; enfants naturels. N'en rien dire ne signifiait pas que je n'en tenais aucun compte dans mon jugement sur mon interlocuteur puisque, par voie de conséquence, devenait moins respectueux le ton que j'employais à son égard.

Très tôt je me suis forgé deux devises : primo, « Ni dupe ni complice » (de ceux qui se confient à moi et dont, par la force des choses, je sers les intérêts), deuxio, « La volonté de nuire ne doit jamais l'emporter sur l'ambition d'informer ».

Contribution à la déforestation

Le livre étant à l'article ce que le régiment est au bidasse, j'ai cédé – peut-être plus qu'il n'eût convenu – à la tentation de faire cavalier seul. Sachant que, dans cet exercice, je prenais plus de risques que dans une publication collective.

Ma bibliographie copieuse (cinquante-cinq livres publiés en soixante ans) ne saurait faire illusion. Elle recèle, pêle-mêle, davantage de bouquins de circonstances que d'œuvres majeures.

Je travaillais au *Figaro* depuis deux ans, lorsqu'un jeune éditeur vint me proposer d'enquêter, pour son compte, sur les hobbies des grands chefs d'entreprises qui, très heureux d'évoquer cette partie inconnue mais toujours gratifiante de leur existence, me réservèrent le meilleur accueil. L'un s'adonnait à la musique de chambre en compagnie de quelques amis, l'autre inventait des recettes de cuisine, un troisième, peintre du dimanche, brossait le portrait d'employés venus lui demander une augmentation. Tous étaient enthousiastes. Le livre, intitulé *Les Passions du dimanche*, dut se vendre à douze exemplaires. Car j'avais confessé douze patrons.

Suivirent *Carnets mondains*, un petit journal de bord au fil duquel je notais déjà, voilà plus d'un demi-siècle, les faits et gestes de ceux qu'on n'appelait pas encore des people. Et où je me laissais aller à quelques coups de patte, préférant perdre un ami que renoncer à un bon mot.

Je ne fus pas peu fier lorsque le grand dessinateur Albert Dubout accepta ensuite d'illustrer *Madame n'est pas servie* où j'avais consigné les difficiles relations entre patrons et domestiques. Après quoi dans *Petit Précis de sociologie parisienne*, je m'efforçai de démonter les mécanismes de la notoriété et de la fortune.

Dans la collection « Lettre ouverte », je m'adressais aux marchands du temple qui des ecclésiastiques aux entrepreneurs de pompes funèbres vivaient de la crédulité des uns et du malheur des autres. Certains livres n'étaient que des articles de trois cents feuillets : *Comment devenir animateur de radio sans se fatiguer.* Je consacrai plusieurs volumes à mes observations ludiques (c'est bien la seule fois où le jeu m'a rapporté un peu d'argent) et à mes démêlés avec l'administration fiscale.

C'est là que se place mon seul véritable succès : *Un oursin dans le caviar* [1]. Parfois je cassais la baraque : *Et si je disais tout ?* ou T*ous des hypocrites sauf vous et moi.* Je récidivai avec *Un oursin sur les tapis verts* et *Un oursin chez les crabes,* dans la grande tradition d'une édition qui n'imagine rien d'autre que de faire écrire aux auteurs le même bouquin toute leur vie. Je signai la première sur les gagnants du Loto auxquels le pactole tombé du ciel avait valu des fortunes diverses.

Je tâtai aussi du roman avec *Un homme libre*, l'histoire d'un publicitaire apparemment comblé qui devenait SDF à seule fin de changer de vie. *La Grinchieuse* traçait le portrait d'une femme à la fois grincheuse et chieuse. Puis ce fut *Une pâle ordure* où je campais l'odieux patron d'une chaîne de télévision.

1. Voir chapitre « *Figaro*-ci, *Figaro*-là ».

Plusieurs fois, je ne pus m'empêcher de surfer sur les succès obtenus sur le petit écran ou à la radio : « Le Théâtre de Bouvard », « Les Grosses Têtes ». Je me remboursai un peu de mes folies automobiles grâce à *Cent voitures et sans regret*. Encore avais-je sous estimé le nombre des véhicules. Mais j'avais un peu grossi le trait lorsque je publiai *Des femmes*.

Neuf fois sur dix, mon visage constituait l'essentiel de la couverture. Non qu'il eût – même dans ma prime jeunesse – rien de beau ni de remarquable mais il s'agissait d'annoncer dès la vitrine du libraire que l'auteur s'était fait un peu connaître autrement. J'étais d'ailleurs très coopératif. Je me déguisais en Chinois et m'affublais des longues moustaches que la nature m'avait refusées pour les besoins de *Mille et Une Pensées*, petites maximes (et le compte y était) que je notais jour après jour moins par culte de la sagesse que par goût de la formule.

On m'a vu aussi façon Louis XIV avec perruque et jabot lorsque j'accouchai d'un pastiche à l'enseigne de *Le Bourgeois théâtreux* où je racontais l'histoire (à peu près authentique) d'un marchand de bestiaux de province venu produire des vaudevilles à Paris. Quatre années de suite, je livrai un « journal » dont j'étais pour une fois le seul rédacteur et qui se confectionnait tout seul en écrivant chaque soir quelques lignes évoquant la journée que je venais de vivre.

J'en suis aujourd'hui – chronologiquement et affectivement – aux œuvres de vieillesse. Très optimistes avec *La Belle Vie après 70 ans* que je rédigeai avec la peur panique du ridicule que je risquais si, au moment de la sortie du livre, j'étais tombé gravement malade ou – pire – si j'avais disparu. Le succès de *Je suis mort et alors ?...* surprit tout le monde, moi le premier. Jusque-là, le mot « mort » ne devait figurer que sur la couverture des polars ou des livres d'Histoire. Quant à ceux qui, le stylo à la main, soutenaient qu'il y a une vie après la vie, ils n'avaient jamais imaginé qu'enregistrant leurs états d'âme dans un tombeau, le secrétaire d'un éditeur viendrait récupérer chaque semaine les bandes magnétiques à des fins d'impression. La récidive n'attendit que l'année suivante avec *Ma vie d'avant, ma vie d'après*.

Aujourd'hui, j'en suis au récit d'une existence professionnelle qui ne m'a refusé aucune satisfaction. En espérant que ce sera à la fois un témoignage sur une société et sur une époque en même temps qu'un petit manuel à l'usage des futurs journalistes. Je tiens déjà le titre de ce qui sera – si Dieu me prête vie et courage – mon seul testament puisque je n'ai, par ailleurs, jamais trouvé le temps d'en déposer un chez le notaire : « Les morts paraîtraient moins tristes si on leur assurait qu'ils pourront encore se tenir les côtes en regardant les vivants. »

Ainsi aurai-je atteint le but que je m'étais fixé : encombrer davantage les bibliothèques que meubler les esprits.

MOTS-CLÉS POUR TROUS DE SERRURE

Comme les médecins, comme les avocats et comme les garagistes, les journalistes abritent leur culture et leurs lacunes derrière un jargon qui leur est propre : mots techniques employés avec les techniciens ; mots baladeurs qui, d'une corporation à l'autre, ont un sens très différent (le bouclage d'une édition n'a rien à voir avec celui d'une brebis) ; mots traditionnels attestant qu'on appartient à la galaxie Gutenberg.

Tantôt inspiré par le souvenir d'un professionnel mythique (le « coco » de Lazareff), tantôt glané dans le vocabulaire plus moderne des nouvelles technologies, ils permettent d'évoquer les impératifs et la diversité des tâches, le rôle des hiérarchies et l'existence des multiples organismes inventés par l'État pour surveiller une corporation rebelle à toute autorité.

Abonné

Lecteur régulier pour la séduction duquel il n'est pas question de lésiner. Ainsi, à tout acheteur d'un abonnement annuel de 120 euros, peut-on offrir une pendulette en valant le double, même si les Chinois l'ont fabriqué pour 2 euros.

Accréditation

Très ancien usage par lequel un journaliste sollicitait le droit de rendre compte d'une manifestation artistique ou politique en profitant du moyen de transport mis gracieusement à sa disposition par les organisateurs. L'usage a perduré, la gratuité a disparu.

Agences

Officines importantes et internationales qui se chargent d'abord de recueillir l'information puis de l'acheminer sous forme de véritables articles que leurs clients les plus paresseux pourront signer de leur nom.

Ancienneté

Seule fortune du journaliste. Fixée généralement à un mois par année de présence dans l'entreprise ou par année d'exercice de la profession, elle échappe aux conventions collectives lorsqu'on a passé plus de quinze ans dans une publication ou lorsqu'on a été assez futé pour exiger un contrat stipulant, en cas de départ, des clauses encore plus généreuses.

Annonceurs

Ont longtemps participé davantage que les lecteurs à la prospérité d'un journal. Leur raréfaction fait qu'on les traite aujourd'hui avec respect et douceur. Je me souviens d'une chaîne importante de magasins qui, en d'autres temps, alors que j'avais commis un méchant article à son encontre, avait aussitôt interrompu ses libéralités publicitaires. Pierre Brisson m'avait seulement dit : « Très bien votre article. Il nous a coûté 3 millions de francs. »

Attachée de presse

Considérée par les publicitaires comme une ravisseuse de budgets et par les épouses de journalistes comme une voleuse de maris. Plus sa jupe est courte et plus sont longs les articles qu'elle obtient de faire publier gracieusement pour vanter les mérites des employeurs qui, voilà quelques années, devaient cracher au bassinet.

En prenant de l'âge, l'attachée de presse qui ne peut plus montrer ses genoux, ouvre des officines où elle fait travailler des jeunes filles dont la rotule est encore accorte. Les bonnes attachées de presse nouent des liens solides et amicaux avec les journalistes dont elles ont besoin. Les autres tirent des chèques en blanc sur un compte de sympathie pas toujours approvisionné.

Billet

Éditorial de poche. Voici ma recette personnelle : après avoir épluché les journaux et écouté la radio, vous prenez une polémique toute chaude ou un scandale très frais. Vous laissez mijoter quelques minutes dans votre cervelle. Vous ajoutez un zeste d'indignation, une citation littéraire et quelques lamelles de politique-fiction. Après quoi vous servez sans plus attendre car il s'agit d'un plat qui ne se conserve pas.

Bouclage

Est à la presse imprimée ce que le dernier tour de manette est au cinéma. Après le bouclage aucun changement ne peut être apporté et les meilleures idées ainsi que les plus chaudes informations devront attendre la parution suivante. Alors que les progrès techniques n'ont cessé de se multiplier dans les imprimeries de presse, les délais de bouclage, loin de s'assouplir, n'ont jamais été plus contraignants.

Bouillon(s)

Exemplaire(s) invendu(s), qui non seulement ne rapporte(nt) rien au titre, mais encore, lui coûte(nt) parfois car l'éditeur paie quand ses journaux lui reviennent – plus cher que le prix de vente au numéro.

Carte de presse

A longtemps valu à ses détenteurs des avantages fiscaux. Aujourd'hui, elle sert à prouver son appartenance à la profession quand on débute et fait ensuite office de coupe-papier. Elle donne également le droit d'entrer gratuitement dans certains musées. Bref un document symbolique auquel l'auteur de ces lignes – carte numéro 13781 alors que les dernières approchent des 150000 – demeure sentimentalement très attaché.

Chantage

Pratique consistant pour certains affairistes de la presse à faire payer davantage une rétention d'information que sa publication. Le journalisme d'investigation a rendu impossible cette escroquerie.

Chauffeur

Longtemps affecté à la conduite de ceux qui tenaient le volant d'une entreprise, d'une rédaction ou d'un service important. Puis les propriétaires et les usagers des véhicules apprirent peu à peu à se passer de leurs services. Aujourd'hui, c'est transports en commun pour tout le monde.

Coco

Vocatif dénué de toute référence idéologique, mis à la mode par Pierre Lazareff et encore usité par certains journalistes pour s'adresser à leurs adjoints et collaborateurs. Exemple : « Coco, avant d'envoyer la 29, vérifie bien la présence de l'Ours. »

Colonne

Unité de mesure de la presse écrite devenue par glissement sémantique, après que Pierre Lazareff avait baptisé « 5 Colonnes à la Une » une émission promue culte à la télévision, l'un des piliers des temples de l'information.

Comité

Réunion quotidienne, hebdomadaire ou mensuelle de la rédaction durant laquelle les chefs de service lisent à haute voix leur « menu », c'est-à-dire la liste des articles programmés ou des enquêtes en cours.

Comité d'entreprise

Psychodrame qui réunit périodiquement les dirigeants du journal et les représentants du personnel. Le ton monte parfois mais les premiers savent qu'ils occupent des sièges plus éjectables que ceux des interlocuteurs dont les emplois sont protégés.

Corps constitué

Expression pouvant désigner les assemblées parlementaires, l'administration préfectorale ou les miss France.

Correcteurs

De solides études et une grande culture mal récompensées par un poste estimé subalterne les poussaient à devenir « anars ». Ils ne perdaient jamais une occasion de donner des leçons de français aux journalistes imbus de leur notoriété. On regrette souvent leur disparition.

Correspondant local

Journaliste chargé de surveiller et souvent pour le compte de plusieurs médias que n'oppose aucune concurrence une agglomération, une région ou un pays.

Crieurs

Sans papiers qui, avant la dernière guerre et tout de suite après, vendaient les papiers de presse dans les rues. Ils ont été remplacés par des syndicalistes qui crient chaque fois qu'un stagiaire est privé de tickets-restaurant.

Décorations

Accompagnent les parcours des journalistes qui, à un certain moment, n'ont pas été considérés comme des adversaires par le pouvoir en place. Donnent lieu à une remise au cours de laquelle le récipiendaire prend connaissance par anticipation de sa nécrologie et où, par faveur spéciale, l'administrateur autorise l'achat de quelques bouteilles de champagne. Au *Canard Enchaîné*, le fraîchement nommé ou promu est sommé de devoir quitter sur le champ le journal et de ne plus y remettre les pieds. Avec cette explication formulée il y a bien longtemps par le fondateur Maurice Maréchal : « Non seulement il est interdit d'accepter une décoration mais encore il est déconseillé de l'avoir méritée. »

Dépositaire

Libraire ou buraliste qui a bien du mérite d'assurer la diffusion d'une presse qui peut compter jusqu'à deux mille titres pour un revenu ne dépassant pas toujours le SMIC.

Diffamation

Accusation selon laquelle un journaliste a écrit des contre-vérités ou s'est fait le relais de vérités qu'il valait mieux de ne pas ébruiter.

Diffusion

Méthode employée pour vendre une publication. L'essentiel est assuré dans des magasins dotés de barrières et très surveillés afin d'éviter la « démarque inconnue » – autrement dit le vol. Mais les Suisses, eux, n'hésitent pas à installer sur la voie publique une pile de journaux flanquée d'une soucoupe dans laquelle les acheteurs se feront un devoir de verser les piécettes correspondant au prix.

Directeur

Il faut distinguer le directeur de la publication qui passe son temps au palais de justice chaque fois qu'un de ses rédacteurs a commis une erreur ou une provocation, le directeur de la rédaction qui a la haute main sur l'équipe journalistique, le directeur de la publicité qui est chargé de mettre du foin dans le râtelier et le directeur financier qui, surtout dans les périodes de crise, régente tous les autres.

Droit de réponse

Possibilité accordée à une personne mise en cause de réfuter complètement les affirmations du journaliste responsable qui fera, souvent, suivre la mise au point d'une confirmation de ce qu'il a avancé. Peut constituer, lorsqu'on a affaire à des teigneux ou à des innocents professionnels, une rubrique récurrente.

Écoles de journalisme

Leur prolifération confirme qu'une carte de presse constitue toujours le miroir aux alouettes. Les élèves se recrutent parmi les bénéficiaires d'une vraie vocation, les ratés d'autres filières et la piétaille des jeunes gens persuadée « à tort » que cette profession leur assurera fortune et notoriété.

Égéries

Femmes parfois belles, souvent intelligentes et toujours ambitieuses qui se donnaient pour mission d'aider un homme politique à se hisser jusqu'au sommet de l'État. Sous la IIIe République, il s'agissait de maîtresses issues de l'aristocratie ou de comédiennes sociétaires de notre premier théâtre subventionné. Sous la Ve, l'emploi est tenu par des épouses ou des compagnes venues de la chanson ou du journalisme.

Enveloppe

Symbole de la corruption. On ne m'en a jamais tendu une seule. Je n'en ai jamais trouvé sous ma serviette lorsque je dînais dans les beaux quartiers. Je n'ai donc jamais eu l'occasion de prouver mon intégrité en les refusant.

Envoyé spécial

Journaliste qui, à l'occasion d'un événement important, va interviewer le correspondant local avant d'écrire son papier.

Envoyé spécial permanent

Correspondant local et polyvalent auquel on demande de traiter avec la même compétence, lorsqu'ils se produisent dans sa zone d'influence, les événements politiques, sportifs, artistiques ou relevant des faits divers. Pas facile !

Épreuve

Dernière étape d'une page avant que, auréolée d'un BAT (bon à tirer), on la transmette à l'imprimerie. Voilà un demi-siècle, elle se faisait encore « à la brosse », procédé artisanal et salissant consistant à apposer sur la page recouverte d'encre fraîche une feuille blanche sur laquelle on tapait.

Éthique

Les difficultés de la presse font encore parfois utiliser ce mot mais sans « h ».

Flash

À longtemps permis de déceler la présence d'un paparazzi.

Gotha

Élite auto-proclamée dont l'arbre généalogique garantit la branche. Habite encore parfois des châteaux en ruines valant moins cher qu'un trois pièces dans un arrondissement résidentiel parisien.

Intéressements

Inventés par le Général. La crise a dispensé les comptables de ces laborieux calculs.

Journal officiel

Seule publication ne disant jamais de mal du gouvernement. On y trouve aussi bien les nominations décidées en Conseil des ministres que la relation des débats grâce aux notes prises par les très performants sténotypistes des Assemblées. Une retranscription fidèle des propos à l'exception de certains mots ayant visiblement dépassé la pensée des orateurs que l'on fait pudiquement disparaître.

Journal télévisé

Les images l'emportent tellement sur le texte que ce dernier, distillé durant trente-cinq minutes, correspond à moins d'un quart de page d'un quotidien. Les interventions des présentateurs exigent une élocution impeccable puisqu'elles sont constituées essentiellement de noms de pays et de patronymes de collaborateurs.

Lecteur

Personnage mythique pour lequel le journaliste est prêt à sacrifier ses nuits et sa vie de famille. On le désigne familièrement en l'appelant, selon l'orientation ou la spécificité de la publication, « Madame Michu » quand on fait référence à la femme de ménage qui nettoie les locaux ou à « Monsieur Léon », le patron du bistro voisin où les soiffards transmutent l'argent en zinc.

Manchette

Titre de Une. Censée annoncer la principale nouvelle du jour et chargée de rameuter le chaland. Dans les quotidiens à éditions multiples, on modifiait la manchette jusqu'à sept fois par jour de la même façon que l'on change les draps dans les hôtels de passe.

Marbre

Antichambre de l'imprimerie où, à l'ère des lignes de plomb bouillant sorties des linotypes, on composait – à la pince – le contenu de chaque page. Remplacé désormais par l'informatique, plus rapide, plus propre mais moins folklorique.

Marronnier

Pensum imposé à date fixe aux benjamins de la rédaction. Les principaux se situent le 1er janvier, à la Saint-Valentin, pour les fêtes de Pâques, la revue du 14 juillet, le 15 août, la Toussaint et les réveillons. Un bon marronnier ne doit pas remplir plus de deux feuillets et ne se différencier de ceux publiés les années précédentes que par l'identité du signataire.

Messageries de presse

Elles souffrent énormément sans qu'on sache si c'est la faute de la désaffection pour l'imprimé, des frais de transport trop élevés ou du pourcentage (pourtant faible) rétrocédé au dépositaire.

Napoléon Ier

Un siècle et demi plus tard, il aurait pu être un empereur de la presse. Mobilisé par de nombreuses guerres et accaparé par d'innombrables réformes, il trouvait encore le temps d'assurer la rédaction en chef du *Moniteur* dont il vérifiait que les titres et les articles n'attentaient pas à sa gloire.

O.J.D.

Organisme chargé de recenser les chiffres de vente de différentes publications mais surtout des quotidiens. Le refus de certains d'entre eux de communiquer les documents établis par leur service des ventes est interprété comme un mauvais bilan.

Ordinateur

Sa possession et sa maîtrise peuvent parfois faire oublier que le jeune journaliste qu'on engage pour rédiger des accidents de la route en trois lignes n'a pas obtenu sa maîtrise de lettres modernes.

Ours

Est à la presse – mais en beaucoup plus petit – ce que l'affiche est au spectacle. Une liste presque exhaustive de tous les collaborateurs d'une publication. La liste des journalistes est parfois précédée par celle des membres du conseil d'administration. Il arrive souvent qu'on continue à trouver dans l'ours le nom d'un collaborateur qui ne collabore plus depuis longtemps.

Paparazzi

Photographe à la fois indépendant et irrespectueux. Capable de tout pour réaliser le cliché de l'année. Peut attendre une partie de l'hiver au sommet du mont Blanc le moment où Madonna se laissera glisser avec un sherpa. De nombreuses vedettes portent plainte contre les paparazzi. D'autres, plus malignes, appointent un paparazzi personnel chargé de commettre l'indiscrétion qui rimera avec promotion.

Parisianisme

Tendance à considérer comme plus intéressant tout ce qui se passait dans la capitale. A disparu sous la pression des régionalismes tandis que s'éteignaient peu à peu les projecteurs de la ville lumière.

Pige

Cachet de presse. Cette rémunération au feuillet paru se substitue de plus en plus souvent à un salaire régulier. Cette pratique condamne les malchanceux et les paresseux à mourir de faim.

Plomb

Maladie professionnelle qui sévissait dans les ateliers d'imprimerie à l'époque où s'y répandaient les vapeurs de ce métal qui, en fusion, était affecté à la fabrication des caractères.

Portrait

Photo de dimension respectable permettant de visualiser un contemporain ou de format plus réduit lorsqu'il s'agit seulement pour l'auteur de l'article de montrer – parfois tous les jours – sa propre bobine.

Presse gratuite

A aggravé les difficultés de la presse payante. Certains quotidiens gratuits sont fabriqués par quelques tâcherons à l'aide de photos d'agence assorties de petites légendes composées en gros caractères. D'autres sont plus sérieux, plus complets. Mais on les lit plus distraitement que les quotidiens payants et on les jette après usage comme si ce qui ne coûtait rien ne valait pas davantage.

Presse royale et princière

Recèle les idylles de l'aristocratie avant d'emballer le poisson.

Protes

Typographes de l'ancienne école qui formaient une véritable aristocratie ouvrière et entretenaient des relations souvent cordiales avec les journalistes. Surtout avec ceux qui acceptaient de financer un « Ala ». Traduisez « À la santé du confrère » sommé de payer à boire à tout l'atelier à l'occasion d'un anniversaire ou d'une promotion.

Publicitaires

Se croient désormais plus indispensables que les journalistes. Ils ont raison car sans la manne qu'ils recueillent les journaux disparaissent. Ils ont tort dans la mesure où ils vendent mieux leurs espaces quand les journalistes ont du talent. Et doublement tort lorsqu'ils veulent imposer des sujets aux rédactions.

Rédacteur

Journaliste de la base. N'ayant pas encore accédé au grade de reporter, il ne quitte le journal que pour rentrer chez lui.

Rédaction

Monstre chaud dont les anneaux sont composés pour les neuf dixièmes de rédacteurs qui écrivent sans s'inquiéter et pour le restant de rédacteurs en chef qui s'inquiètent sans écrire.

Régie

Regroupe les administratifs et commerciaux chargés de collecter la pub. En période de vaches maigres, on les accuse de ne pas chercher le client.

Reportage

Opportunité, souvent fatigante mais toujours gratifiante, offerte à un journaliste d'aller voir à des distances variables de son domicile s'il existe d'autres femmes que la sienne.

Retraite

Peut intervenir dès la cinquantaine ou ne pas intervenir avant 90 ans. Dépend du courage des vétérans et de l'humanité des gestionnaires auxquels il échappe rarement qu'un jeune collaborateur est deux ou trois fois moins payé qu'un ancien.

Rotative

Matériel énorme et coûteux capable d'imprimer des dizaines de milliers d'exemplaires à la minute et machine mythique apparaissant au début de tous les films dont l'action se déroule dans la presse.

Salons

Si ceux dédiés à l'automobile et aux arts ménagers subsistent, les salons littéraires, comme celui où Florence Gould rinçait les écrivains et où Mme Abrami se flattait d'accueillir le gratin de la politique, ont disparu. Ce qui rend plus difficile le travail des échotiers.

Scoop

Performance, exclusivité, information que les confrères n'ont pas encore donnée.

Secrétaires de rédaction

Ont été longtemps les véritables rédacteurs en chef d'une ou plusieurs pages. Après avoir lu les papiers, ils les corrigeaient et ils les titraient avant d'indiquer la grosseur des caractères à l'aide desquels ils devaient être composés. Aujourd'hui moins nombreux, ils s'astreignent souvent à prendre connaissance des articles que leurs auteurs sont priés de titrer, leur seule préoccupation n'étant plus que de sortir le journal à l'heure.

Standardistes

Ces préposées auxquelles Marcel Proust accordait la plus haute considération sont de plus en plus remplacées par des répondeurs qui font entendre *Les Quatre Saisons* de Vivaldi avant que le poste demandé se libère. Elles assuraient aussi une communication interne aujourd'hui plus indigente qu'ailleurs au sein des entreprises de communication.

Standing

Désignait, aux temps lointains de la prospérité, les signes extérieurs de richesse et de réussite qu'un quotidien ou un hebdomadaire offrait à ses collaborateurs pour assurer sa réputation. Aujourd'hui les Bentley et les 3 étoiles ont fait place au métro et aux tickets restaurant.

Sténos de presse

Détentrices d'une carte de journaliste, elles furent longtemps les petites fées de la rédaction, à la fois capables de « prendre » au téléphone deux cent cinquante mots à la minute, de faire gentiment remarquer l'existence d'un solécisme ou d'un barbarisme et, s'agissant des reporters délégués à l'autre bout du monde, de transmettre leurs bonnes nouvelles à leur famille.

Streamer

Manchette qui prend place au-dessus du titre. Elle peut concerner aussi bien un chanteur qui vient de mourir qu'un cheval bien placé pour l'emporter dans une épreuve du trot attelé à Vincennes.

Sujet de société

Bouche-trou permettant, lorsque l'actualité connaît ses plus basses eaux, de maintenir le niveau de l'offre de lecture. Ainsi peuvent intervenir plusieurs fois durant l'année et sans justification précise le salaire des cadres, les prix de l'immobilier, le classement des meilleurs hôpitaux et les secrets (sic) de la franc-maçonnerie. J'attends avec impatience qu'on réunisse à fondre ces quatre thématiques dans une enquête unique qui s'intitulerait : « Après une intervention chirurgicale, un chef de bureau appartenant à la Grande Loge et gagnant moins de 5 000 euros par mois peut-il accéder à la propriété ? »

Texte

Placé sous une photo pour la situer ou l'expliquer. Certaines légendes peuvent s'allonger jusqu'à devenir des articles. C'est ainsi que, garçon de courses au service photographique du *Figaro* et chargé, à ce titre, d'apporter les photos de l'édition aux secrétaires de rédaction et constatant que ces derniers n'avaient pas le temps d'effectuer ce petit travail, je fis mes premières armes de rédacteur. Au bout d'un mois, les légendes s'étaient tellement étoffées qu'elles finissaient par avoir les dimensions d'un article à la fin duquel on introduisit mon nom. Merci Nicéphore…

Titres

Sont au quotidien ce que les « articles d'appel » sont à la grande distribution. L'annonce d'une promotion en même temps qu'une invitation à l'acte d'achat. Le titre qui doit

■ La presse, une maladie que j'ai contractée jeune. Et dont je ne veux surtout pas me soigner.

■ Mes débuts

■ En vacances, et en reportage, avec le président Coty à Menton.

■ 1947. Ma première carte de presse… pour un poème publié dans une revue.

REVUE LITTÉRAIRE LELIAN

LÉLIAN

REVUE LITTÉRAIRE ET ARTISTIQUE

CARTE DE PRESSE

Monsieur Philippe Bouvard

45 Rue de Maubeuge

Paris IXe

Le Rédacteur en Chef,

(Vu pour Certification de la Signature)

LELIAN : 16, Rue du Pont-Neuf. - PARIS (1er) Téléph. Central 79-40

Collection personnelle Philippe Bouvard

■ Interview du prince Rainier. Rapide et donc sans siège.

© Figarophoto

■ « Soiriste », je recueille les confidences digestives de Marcel Achard et de Francis Blanche.

■ Lauréat du Prix de la chronique parisienne en 1957, je reçois l'accolade de deux jolies actrices. Mais je terminerai la soirée avec la cocotte en papier.

Grandeur et servitude de la presse écrite

Abondance de combinés ne nuit pas à la réputation d'un journaliste multicarte.

© Claude Vignal / Collection personnelle Philippe Bouvard

© James Andanson / Sygma / Corbis

À cheval sur la presse écrite, la radio, la télévision, et bien assis dans une limousine-bureau.

Je viens de prendre la direction de *France-Soir*.
En même temps que l'emploi de kiosquier...

« RTL Non Stop »...

Deux heures et demie de direct tous les jours. L'après-midi. Ce qui explique la présence de Françoise Sagan.

J'aime à croire que sans moi, Serge Lama et Joseph Kessel ne se seraient jamais rencontrés.

Jean Yanne aura été mon complice, mon maître à rire, mon ami.

Dalida est une habituée.
Elle a encore le cœur à rire.

Un record pas prêt d'être battu : trois semaines de conversation quotidienne avec Charles Aznavour. Au total, presque quarante heures de confidences.

■ Le petit farceur du petit écran

■ Je lance à la télévision le premier concours de sosies. Avec les premiers imitateurs (Brigitte Bardot, Michel Sardou…).

■ Duo hebdomadaire avec Jacques Chazot. On ne déchiquette pas que le poulet.

© Richard Melloul / Sygma / Corbis

Marcel Jullian, qui vient de prendre la direction d'Antenne 2 avec Jacques Chancel, me confie « Bouvard en liberté », deux heures et vingt décors pour évoquer la vie d'une vedette.

Serge Gainsbourg était venu, comme à son habitude, avec une barbe de trois jours. Je l'ai obligé à se raser devant les caméras.

© Giovanni Coruzzi / Rue des Archives / AGIP

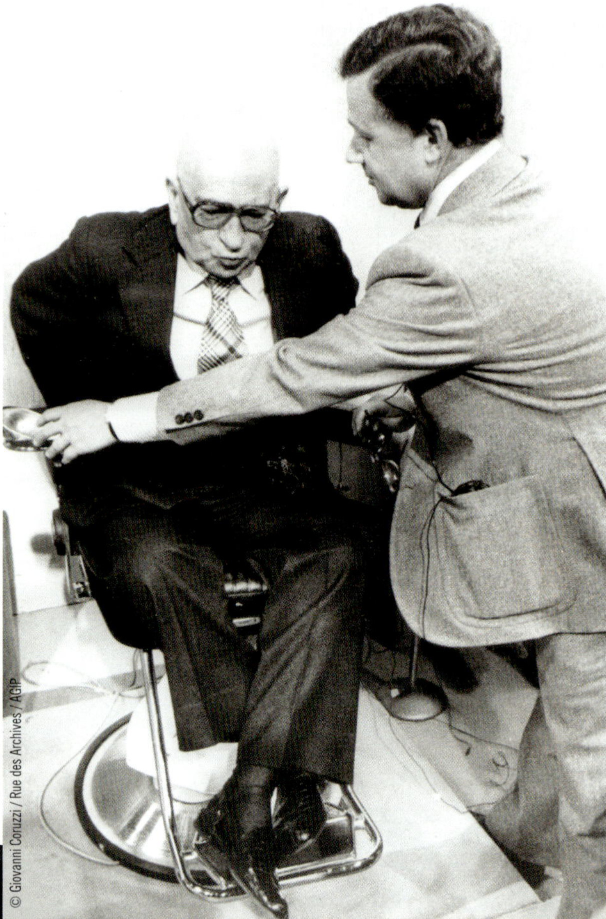

■ Pour pimenter mon interview, j'ai assis Edgar Faure – complètement anesthésié – sur un fauteuil de dentiste.

■ Jacques Martin, Michel Drucker et moi-même, animant sur Antenne 2 un réveillon familial. Nos grandes filles nous ont été prêtées par le Lido.

■ « Le Théâtre de Bouvard »

■ Entouré des prix d'excellence de ma petite classe : Laspalès, Chevallier, Seymour Brussel, Mimi Mathy, Jean-François Dérec, Bernard Campan, Michèle Bernier, Smaïn, Isabelle de Botton, Pascal Légitimus…

■ Avec mes « neveux », j'ai constitué trois troupes : l'une pour la télévision, l'autre à l'affiche d'un théâtre parisien, la dernière écume la province.

Dramaturge, écrivain, acteur…

Mes dons de comédien étant limités, Claude Zidi ne m'a confié que mon propre rôle dans *L'Aile ou la Cuisse*.

Alice Sapritch vient de créer *Au plaisir Madame*, pièce de théâtre qui m'a fait passer de la salle aux coulisses.

Pour tirer la couverture à moi, je n'hésite pas à me travestir.

Chers à mon cœur...

© Bernard Charlet

Pendant quinze ans, je n'ai jamais lancé une émission de télé ou de radio sans que Thierry Le Luron en soit le premier invité.

À deux reprises, j'ai été témoin à un mariage d'Eddie Barclay, en bonne compagnie. Avec Carlos, Jean Yanne, Thierry Le Luron, Alain Delon, Darry Cowl et Jean Lefebvre.

© Zihnioglu / SIPA

Avec Jean-Claude Brialy, nous ne nous sommes pas quittés durant un demi-siècle. Parti le premier, il m'a donné rendez-vous au cimetière Montmartre.

© Édouard de Blay / Starface

■ 36 ans de « Grosses Têtes »

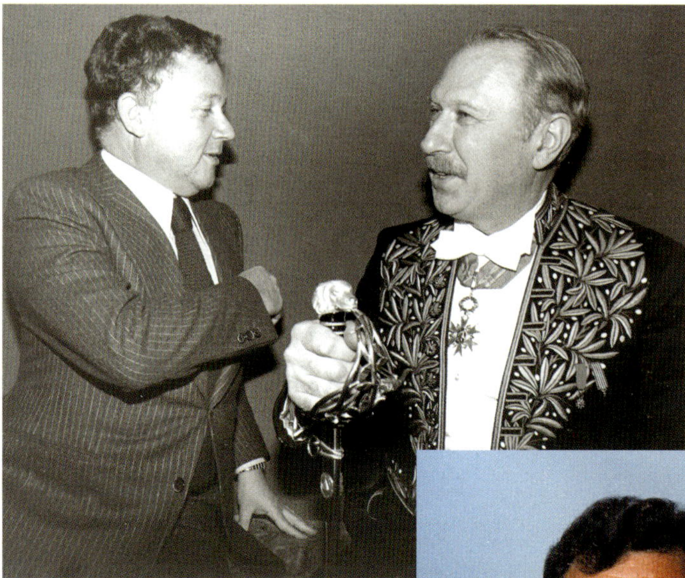

© Claude Poensin-Burat

■ Bonne conscience culturelle de l'émission, Jean Dutourd vient d'être reçu à l'Académie française.

© Alain Canu / Télé 7 Jours / Scoop

■ Sim était notre ludion. Il nous manque beaucoup.

■ La version télé des « Grosses Têtes », sur TF1, a fait de moi un ange.

© Calo – MF / Abacapress.com

Après l'enregistrement d'une émission, chez moi à Cannes, mes chers complices font semblant de lire l'édito que je publie dans *Nice-Matin*.

À Paris, dans un bon restaurant. C'est RTL qui a réglé l'addition.

Mon strabisme cannois : travailler en regardant la mer.

L'énorme bibliothèque qui recèle tous les livres que je me propose de lire quand j'aurai pris ma retraite.

être assez court pour qu'on puisse le composer en gros caractères a longtemps résumé le papier placé au-dessous.

Aujourd'hui et à la faveur d'une mode dont je crois sans fierté avoir été l'un des initiateurs dans les années 70, il privilégie tellement le jeu de mots et la pirouette verbale qu'il ne renseigne absolument plus le lecteur sur ce qu'on lui propose de lire. En revanche, il donne une dimension guillerette à l'actualité et peut provoquer des fous rires avant que l'on prenne connaissance en détail d'une catastrophe.

Tirage

Nombre d'exemplaires sortis des rotatives. Ses chiffres sont par définition plus valorisants que ceux de la diffusion basés sur les ventes réelles.

Tourne

Suite en pages intérieures d'un papier commencé à la « Une ».

Treizième mois

Dernière conquête sociale du journaliste depuis que les 14e, 15e, 16e et 17e mois ont disparu.

Une

Espace limité à l'intérieur duquel on doit loger l'actualité, les ego et les généreux annonceurs qui, encore plus que les lecteurs, font vivre la publication.

Vœux

Cérémonie de fin d'année où l'on évoque les résultats de l'exercice qui s'achève et les perspectives de celui qui commence. Les gros déficits ont remplacé les petits fours.

XVIIe chambre correctionnelle

Instance parisienne où se jugent toutes les affaires de presse. Un tribunal hautement spécialisé puisque les magistrats finissent par connaître aussi bien les justiciables que la loi. Le président n'hésite pas à donner parfois dans l'humour afin de montrer qu'il n'est pas davantage dupe des prétentions exorbitantes des plaignants que des explications embarrassées des poursuivis.

Au rayon farces et canulars

Ayant considéré très tôt que la vie était une énorme bouffonnerie, je n'ai jamais tenté d'être complètement sérieux. Mieux, je suis un farceur-né. Encore aujourd'hui où j'ai passé l'âge des plaisanteries de mauvais goût, je tiens comme une forme abâtardie mais plaisante de l'art le canular, qui exige toujours une idée, parfois des complicités, et souvent des investissements en temps voire en argent.

Une tendance qui s'était déjà manifestée, avec des fortunes diverses, durant mes scolarités mouvementées. Et qui s'épanouit vraiment à mon entrée au *Figaro* où, alors, le très austère Pierre Brisson dirigeait l'entreprise sans le moindre humour.

La tradition locale voulait qu'un journaliste digne de ce nom fabriquât une petite machine infernale tous les jours afin de piéger principalement un vieux confrère. Ainsi avions nous fait faire, par un copain ouvrier au marbre, un faux papier à en-tête du ministre de l'Agriculture. Ensuite notre secrétaire avait tapé une lettre dithyrambique où le ministre faisait l'éloge d'un chroniqueur agricole estimable mais dont les innocentes bévues faisaient notre joie, comme cet article qu'il avait titré « Aménager un endroit pour vos besoins personnels ». À la longue, le brave homme s'était affligé de nos moqueries et la missive officielle lui semblait venir à point pour effacer nos calomnies. À nous tous qui nous retenions de pouffer, il montrait fièrement la lettre :

— Vous voyez, il y a quelqu'un qui en France me prend au sérieux. Et ce n'est pas n'importe qui. C'est le ministre.

J'avais eu droit à mon baptême du canular le jour même de mon arrivée au journal. Dans un couloir très sombre, j'avais croisé un confrère qui m'avait tendu la main. Poliment j'avais attrapé cette main qui était restée dans la mienne tandis que le rigolo s'éloignait. Je découvris plus tard qu'il s'agissait d'une partie de l'anatomie cireuse d'un mannequin qu'un jeune rédacteur avait trouvé au lendemain des fêtes dans les poubelles d'un grand magasin.

Le mois suivant, à l'occasion d'un petit reportage auquel je participais comme grouillot, nous arrêtâmes la voiture du journal au bord de la nationale 7 en pleine forêt de Fontainebleau. Puis un photographe alla chercher dans le coffre du véhicule une paire de jambes appartenant sans doute au mannequin dont j'avais serré fugitivement la main. Les deux jambes gainées de soie et admirablement galbées furent placées sous le châssis de la voiture afin qu'elles dépassassent suffisamment pour faire freiner en catastrophe tous les automobilistes. Et c'était ainsi tous les jours et souvent toutes les nuits. Le téléphone dont on dit avec raison qu'il est l'outil préféré des lâches nous servait beaucoup. Le soir vers minuit, c'est-à-dire au moment du « bouclage » de la première édition et du premier sommeil que nous allions troubler, nous appelions des gens connus ou pas avec une phrase proférée d'un ton neutre, gage de crédibilité :

— Allô, ici la centrale internationale. Je vous confirme douze unités pour Tokyo.

À l'autre bout du fil, le quidam, pas tout à fait réveillé, tombait des nues :

— Mais je n'ai jamais appelé Tokyo.

Nous semions le doute dans son esprit embrumé :

— Vous n'avez pas de parents, d'enfants ou de domestiques susceptibles de s'être servi de votre appareil à votre insu ?

Le quidam protestait :

— Non, vraiment, je suis tout seul.

On passait alors la vitesse supérieure :

— Je vois que vous êtes de bonne foi. Moi, je suis seulement chargé de confirmer les communications lorsque le montant dépasse 2 000 francs.

Le quidam sursautait :

— 2 000 francs, mais ce n'est pas possible

Nous enchaînions :

— Il y a bien un recours. Il faudrait que vous appeliez tout de suite le surveillant de nuit pour lui dire que vous êtes très mécontent et que cela ne va pas se passer comme ça. Composez le numéro (on donnait celui de l'Élysée) et demandez Monsieur Charles.

Or, nous étions au pire temps des attentats de l'OAS. La sécurité du président avait été renforcée et chaque fois qu'un appel menaçant survenait, on identifiait l'auteur et la police allait frapper à sa porte vers 6 heures du matin.

Par la suite, ayant décroché à la télévision une émission hebdomadaire de divertissement dont une séquence recourrait à une caméra dissimulée dans les endroits les plus improbables, j'étendis le champ de mes canulars en même temps que j'économisais le budget personnel qui, jusque-là, leur avait été affecté, en les faisant financer par la redevance allouée au service public. À partir de là ce fut grandiose.

Aidé par deux comédiens improvisateurs (Jean Herbert devenu Popeck et Rosine Young), je multipliais ce que j'appelais hypocritement des instants de vérité. Par exemple, à la foire du Trône, nous avions installé une roulotte où notre comédienne déguisée en gitane prédisait gracieusement l'avenir au chaland en recourant à la méthode dite de la « confituromancie ». Les clients qui pénétraient dans la roulotte étaient priés de plonger la main dans une bassine pleine de confiture puis de la poser sur une feuille blanche La fausse gitane s'inspirait ensuite des traces qu'ils avaient laissées pour leur annoncer la perte d'un emploi, la disparition d'un proche ou leur divorce. J'avais un peu honte lorsque je les voyais ressortir angoissés la main gluante de mélasse.

Nous avions monté également une visite officielle dans une grande caserne parisienne. Sur l'aile d'une DS noire, nous avions planté un fanion tricolore et coiffé Herbert d'un képi à cinq étoiles avec pour mission de se faire présenter les armes à la porte du bâtiment. Au début, tout avait bien fonctionné. Le chef de poste avait salué et rendu les honneurs. Jusqu'à ce qu'un colonel sortant croisât le faux général et s'avisât de la supercherie. Sur son ordre la police militaire était intervenue. Nous nous étions retrouvés piteusement au commissariat avec la perspective de passer une nuit en prison. Affolé, j'avais appelé Jean Lecanuet, que je connaissais un peu et qui était garde des Seaux. Je lui avais raconté notre mésaventure tandis qu'il s'esclaffait :

— Je vais arranger ça mais racontez-moi encore une fois l'histoire, car vous savez, place Vendôme on n'a pas l'occasion de rire souvent.

J'avais aussi imaginé – avant que Pierre Tchernia traitât le sujet sur grand écran – de faire passer dans un quotidien une petite annonce proposant moyennant un bouquet modeste et des annuités minimales une jolie villa (la mienne au Vésinet) en viager. Les demandes avaient afflué. Herbert, qui jouait un vieillard au bord de l'agonie, recevait les candidats en formulant des vœux délirants mais qui, eu égard à la bonne affaire escomptée, ne décourageaient aucun visiteur. Il demandait par exemple qu'on lui préparât un plateau de victuailles tous les jours et que la personne choisie pour « hériter » de son bien aille le border tous les soirs dans son lit. Un faux notaire faisait ensuite signer un faux acte de vente. Et à la minute précise où le paraphe était apposé, le vieillard sautait de son fauteuil et, mettant un disque de jazz, commençait à danser frénétiquement. Spectacle assez effrayant pour que l'un des nouveaux propriétaires s'enfuie en escaladant une grille hérissée de piquants.

Un autre soir, Rosine, pulpeuse et court vêtue, s'était campée dans une rue chaude. Puis sur le trottoir d'en face, Herbert grimé en vieillard (c'était sa composition favorite) portant lunettes noires et canne blanche, avait alpagué une passante qui promenait son chien :

— Madame, puis-je solliciter un service ? J'ai rendez-vous avec une jolie demoiselle qui travaille dans le quartier mais ma vue a beaucoup baissé. Est-ce qu'elle ne serait pas dans la rue ?

La dame avait confirmé :

— Oui, oui je la vois, ce doit être elle.

Le vieillard libidineux avait exigé une description détaillée de la demoiselle, de ses vêtements et de ses charmes puis avait demandé à la passante de servir d'interprète dans la négociation préalable. Et la brave femme avait accepté traduisant du français au français comme s'il se fut agi de deux langues différentes.

Le vieux demandait :

— Combien va-t-elle me prendre ?

La passante qui était allée aux informations précisait le chiffre. Le vieux se montrait méfiant :

— Et qu'est-ce qu'elle va me faire pour ce prix-là ?

L'interprète obligeante passait alors du coopératif au scabreux.

À la fin, le vieillard annonçait la conclusion du marché :

— Je suis d'accord, nous allons à l'hôtel.

Puis, sur un ton qui se voulait paternel, il proposait à la passante :

— Et pourquoi vous ne viendriez pas avec nous ?

La brave femme hésitait un moment et puis justifiait son refus par une phrase qui la semaine suivante dérida des millions de téléspectateurs :

— Je ne serais pas contre, mais je ne peux pas à cause du chien…

Le plus cruel épisode se déroula dans le cadre d'un authentique cabinet de dentiste que son occupant habituel nous avait cédé pour la durée d'un tournage. De vrais clients, qui avaient pris rendez-vous pour ce jour-là, se trouvaient devant un remplaçant incarné par Jean Herbert revêtu d'une blouse blanche tachée de sang et qui, lorsqu'il les avait installés sur le fauteuil, les terrorisait en lampant force rasades de whisky tandis qu'il faisait tintinnabuler au fond d'une boîte de métal des instruments rudimentaires comme les tenailles et les tournevis qui lui avaient permis, expliquait-il, de soigner force caries à l'époque coloniale. Le résultat ne tardait pas : le patient qui ne l'était plus se levait et fuyait à toutes jambes.

Parfois ce sont les invités de « Samedi soir » qui faisaient les frais de mon penchant pour la facétie. Ainsi, devant recevoir le ministre que Giscard venait d'affecter – c'était nouveau, ça venait de sortir et ça n'a pas duré longtemps – à la Qualité de la Vie, j'avais noté dans la documentation étudiée préalablement que sa principale manie était l'économie. Cinq minutes avant l'émission, je l'avais félicité chaleureusement pour cette tendance à ne pas jeter par la fenêtre les deniers de l'État et qu'illustrait son habitude d'éteindre la lumière le soir en quittant ses bureaux et de récupérer les trombones qui avaient pu tomber par terre. Non sans machiavélisme, je lui avais expliqué qu'il conviendrait d'assortir notre propos d'un exemple qui ferait image. Et je lui déballais mon petit scénario : j'aurais à la main une liasse de papiers retenus par une agrafe, l'agrafe rejoindrait le sol et le ministre se baisserait pour la ramasser. L'idée lui plut beaucoup. Vint le direct. Je loue les vertus de mon interlocuteur. J'expulse l'agrafe. Et le voilà à quatre pattes en train de la chercher. Éclat de rire général. Emboîtage dans toutes les gazettes du lendemain. À la suite de quoi, le Premier ministre, qui était Jacques Chirac, interdit à tout membre du gouvernement d'accepter mes invitations.

Je fus à mon tour, un jour, victime d'un canular qui me prit totalement au dépourvu.

Mon ami Jacques Chancel m'avait convié à déjeuner dans un bistrot. J'aurais dû me méfier car nous avions déjà partagé un repas l'avant-veille. Mais il insistait tellement. Alors que nous allions attaquer les hors-d'œuvre, une figure connue que j'identifiais comme celle de Brigitte Lahaie se pencha vers nous :

— Ah dites donc les garçons, le hasard fait bien les choses. Je fête aujourd'hui mon anniversaire avec des copines. Vous viendrez boire un verre avec nous.

Nous opinâmes. Après le dessert, nous voilà en train de trinquer avec Brigitte et ses amies. Toutes les trois pompettes et encore plus Brigitte qui, lorsqu'elle quitta la table, se mit à zigzaguer dans le restaurant. Chancel intervint :

— On ne peut pas la laisser prendre le volant dans cet état. Tu ne pourrais pas la raccompagner en voiture ?

Brigitte précisa d'une voix pâteuse qu'elle habitait à 500 mètres de là. Elle me demande la permission de s'asseoir sur la banquette arrière et de l'envelopper dans le plaid dont elle s'est munie parce que, dit-elle, elle est recherchée par la police. Je ne peux plus reculer. Je démarre. Au croisement suivant, deux policiers m'arrêtent : papiers du véhicule. Je m'exécute. Celui qui paraît le chef m'interroge :

— Nous recherchons une folle. Ne l'auriez-vous pas vue ?

Je prends mon air le plus innocent pour affirmer que je ne suis pas au courant. Le second policier pointe alors un doigt sur la banquette arrière.

— Et sous cette couverture qu'est-ce qu'il y a ?

À ce moment-là, je suis sauvé par le gong sous la forme d'un flash. Je dis au second flic :

— Vous, je vous reconnais, je vous ai déjà vu dans « Surprise sur prise ».

Il serait injuste d'omettre, même si cela n'ajoute rien à la gloire d'une belle profession, les paris stupides.

Ainsi Thierry Roland ayant promis à Jacques Chirac – et tenant parole – d'évoquer au moins trois fois le département de la Corrèze lors d'un match opposant le Real de Madrid au Bayern de Munich. Ou des reporters se donnant le mot pour gonfler artificiellement un fait divers.

Par exemple l'affaire Dominici. Certes, le triple meurtre, jamais élucidé, de la famille Drummond et dont on accusait un patriarche rural était beau comme un livre de Giono réécrit par Gaston Leroux. Mais si certains reporters d'un grand quotidien du soir prolongeaient démesurément leur présence à la « Grande Terre » – la ferme des Dominici –, c'était moins pour des raisons professionnelles que des motifs passionnels. Au cours de leur enquête, ils avaient en effet noué des idylles auxquelles leur retour au bercail aurait mis fin.

J'ai participé moi-même à l'un de ses paris stupides, très périodique celui-là car il était lié à la « première » qui avait lieu tous les cinq ans de la grande revue du Lido. La vingtaine de reporters – tous très jeunes – affectée à la relation de ce gala très parisien avait organisé une compétition dotée d'une caisse de champagne. La récompense allait au confrère qui aurait réussi à séduire la dame pipi de l'établissement. En l'occurrence, le soir où je remportai la timbale, un ancien petit sujet du corps de ballet domicilié dans une lointaine banlieue dont les six étages sans ascenseur expliquaient autant que la pratique de la danse, les mollets rebondis.

Cet épisode sans gloire fait davantage partie de mes souvenirs sportifs que de mes exploits sentimentaux.

M'as-tu-vu et compagnie

Je déteste doublement la presse people. Au point, dans mes revues de presse radiophoniques, de ne la citer qu'assez méchamment et au second degré. Mais, parfois, je me demande si le moraliste que je souhaiterais être n'est pas devenu le pipelet du grand immeuble où, à tous les étages, des anonymes trouvent une compensation à leurs bonheurs dérisoires dans les grands malheurs des gens connus.

Ma dilection implicite envers les hommes et les femmes de pouvoir, les écrivains célèbres, les artistes connus risque à tout instant de me faire basculer dans le camp honni.

Née aux États-Unis, la presse people a d'abord été un *house organ* de l'industrie hollywoodienne. Marylin Monroe, qui en fut la plus belle illustration, continue à l'alimenter trente ans après sa disparition.

Si bien qu'elle n'a débarqué en France que dans les années 70, grâce à Roger Thérond qui dirigeait alors *Paris Match* et qui eut l'idée de traduire l'expression anglo-saxonne en français. La rubrique « les gens » était née.

Match avait alors la quasi-exclusivité des reportages sur les vedettes et de leurs confidences. *France Dimanche* et *Ici Paris* se consolaient de leur manque d'accointances en inventant aux mêmes vedettes des amours qu'elles n'avaient pas vécues et des maladies dont elles ne souffraient pas encore. Mais le principal passage se situe en 1990 lorsque les rubriques people sont devenues des magazines du même métal. Un titre d'abord puis deux puis trois puis quatre. Aujourd'hui, les plus austères publications se croient obligées d'évoquer la vie privée des stars.

Comme ces dernières se font de plus en plus rares, les people sont descendus jusqu'aux psychopathes et aux schizophrènes de la téléréalité. Mais, hégémonie cinématographique oblige, les acteurs américains se taillent toujours la part du lion. Et dans leur sillage, des petites comédiennes sexy et peu frileuses dont nous connaissons davantage les mensurations que la bibliographie.

La presse people emploie presque autant d'avocats que de journalistes. Chaque année ses gestionnaires affectent des sommes importantes au poste intitulé « Frais de justice ». Sachant bien avant la parution d'une révélation « sur le compte d'une personnalité » que celle-ci ne manquera pas de porter plainte pour atteinte à la vie privée, les dirigeants du magazine font leurs comptes. Ils inscrivent sur la colonne de gauche les recettes supplémentaires que leur vaudra une enquête forcément litigieuse et sur celle de droite les dommages et intérêts qu'un tribunal les contraindra à verser. Quand la différence positive se situe dans la première colonne, les états d'âme sont promis à publication.

La presse people fait ses choux gras avec six sortes d'événements (dont quatre concernant la vie sentimentale comme on l'a déjà vu [1]) : la rencontre, le mariage, le premier enfant, le divorce, la maladie et la disparition. Entre ces événements, elle peut remplir ses pages et entretenir la

---

1. Voir chapitre « Un métier de transgression dans un État de droit ».

flamme avec des reportages sur le quotidien de têtes d'affiche souvent très fortunées qui, à la faveur d'une semaine entière passée soi-disant avec les photographes, arborent la même chemise sept jours durant.

La rencontre

Si elle est publique, elle a lieu à l'occasion d'un tournage de film ou des représentations théâtrales qui poussent certains acteurs dotés d'une belle conscience professionnelle à jouer des scènes d'amour en dehors des heures de travail. Parfois l'idylle ne dure que l'espace d'un tournage ou d'une série de représentations. Parfois elle est montée de toutes pièces par des attachés de presse inventifs et sentimentaux. Exemple : Claudia Schiffer et David Copperfield. Il a quand même fallu au roi des illusionnistes une bonne année pour faire disparaître le mannequin de sa vie.

Le plus souvent, la rencontre publique se déroule comme celle des citoyens lambda. C'est-à-dire fortuitement et dans un milieu social proche du milieu professionnel : anniversaires et sauteries, mariages d'amis, vacances. Les artistes trouvent fréquemment l'âme sœur à l'occasion d'un festival tandis que les politiques recrutent leur fiancée les soirs de congrès. Les uns et les autres ne font alors aucune difficulté pour poser la main dans la main, voire pour sacrifier au bouche-à-bouche.

La rencontre sauvage, elle, se voudrait discrète pour des raisons d'adultère ou de vie sentimentale compliquée. On parvient à la cacher jusqu'au jour où un paparazzi surprend un tendre baiser à la sortie d'une boîte de nuit ou devant l'immeuble dans les étages duquel la dame va inviter le monsieur à boire un dernier verre.

Lorsque l'idylle est devenue publique et les divorces consommés, les amoureux sauvages rejoignent la longue théorie des amoureux de Brassens qui ont cessé de dissimuler leurs sentiments aux passants honnêtes. À ce moment de la saga des people, amour rime toujours avec toujours et chacun affirme avoir trouvé la femme de ses rêves ou l'homme idéal. En fait, de nombreuses liaisons ne vont pas plus loin, écourtées par la tentation d'en nouer d'autres.

Le mariage

Précédé ou non par des fiançailles qui parfois l'en dispenseront, il réunit dans un cadre somptueux le gratin des people. Les garçons et les demoiselles d'honneur sont de plus en plus nombreux. Soit qu'ils assistent au mariage de leurs parents, soit qu'ils composent des familles recomposées.

Le champagne, offert par la grande marque qui a obtenu la concession des festivités, coule à flots. Le *sponsoring* nuptial est ancien. Je me souviens que les noces de Johnny Hallyday et de Sylvie Vartan furent organisées par un groupe de presse qui, en contrepartie, avait obtenu de placer ses photographes aux meilleurs moments et aux meilleurs endroits.

On jette aux mariés le riz que ne livre plus Bernard Kouchner, on découpe un énorme gâteau, on danse, on chante et, lorsque les nouveaux époux se sont éclipsés discrètement, on jette le beau-père tout habillé dans la piscine.

Le premier enfant

On en parle davantage lorsqu'il intervient après le mariage. Et avant même sa naissance quand la maman fait des échographies mondaines sur une plage.

Suivi par des journalistes obstétriciens, la grossesse peut donner lieu – surtout lorsqu'elle se passe mal – à des bulletins de santé hebdomadaires. À son entrée à la clinique, la future maman n'est pas accueillie que par le personnel médical. À la sortie et après l'accouchement, l'enfant sera montré aux photographes à moins que, comme Carla Bruni, son visage ne soit soigneusement dissimulé jusqu'à sa majorité.

On prolongera l'heureux événement par l'arrivée du bébé dans sa chambre, le CV de la nounou et la célébration du premier anniversaire. Le papa use de stratagèmes pour figurer sur la photo. Ainsi lorsqu'il s'agit de Céline Dion, intervient-il sans nulle gêne alors que son rôle a consisté à aller quérir les éprouvettes dans le congélateur.

Le divorce

Sa possibilité est évoquée avant même que les intéressés s'avisent qu'ils s'entendent moins bien ou qu'ils ne s'aiment plus. Les signes annonciateurs se multiplient. Vacances séparées ; petit coup de canif dans le contrat ; marques d'affection prodiguées à des intérimaires ou à des suppléantes. Il est arrivé que des supputations non fondées au départ deviennent réalité à l'arrivée parce que, comme pour certains mariages, la presse spécialisée avait donné des idées à certaines vedettes ou parce que celles-ci ne voulaient pas faire mentir les journalistes.

Le divorce – sauf lorsqu'il donne lieu également à une fête à laquelle on convie des amis qui, pour une fois, ne seront pas obligés d'acheter un cadeau – est plus difficile à immortaliser par l'image. On estime le sujet bien traité lorsqu'on peut lire le chagrin sur un gros plan ou – mieux encore – voir l'un des deux sortant du domicile conjugal avec une valise. Le moment est alors propice pour recueillir de la bouche de l'un des confidences qui n'ajouteront rien à la gloire de l'autre.

Lorsque le couple se tait, on fait parler ses avocats. On suit le procès avec l'arrière-pensée de couronner le gâteau du divorce d'une cerise correspondant au montant de la pension alimentaire décidée par le juge.

La maladie

Parce que, selon les journalistes spécialisés, elle humanise des privilégiés auxquels, jusque-là, tout semblait avoir réussi, elle est suivie aussi quotidiennement par les journalistes que par les médecins. On n'hésite pas à l'aggraver par des descriptions pénibles et à avancer un pronostic fatal.

La plus cruelle de ces indiscrétions qui consiste à photographier un patient célèbre sur son lit de douleurs n'est pas nouvelle. Il faut remonter aux années 70 pour retrouver la trace d'un reportage concernant l'agonie de Marius Renard, un greffé du rein, dont un photographe à la solde d'un de ces journaux que l'on appelait justement à scandales, n'avait pas hésité à monter sur une échelle et à briser une vitre surmontant la porte de la chambre pour ne pas rater son dernier souffle.

Des pratiques moins choquantes consistent, lorsqu'on n'a pas pu se procurer les analyses de laboratoire, à confesser des chirurgiens ou à séduire des infirmières. Lorsque l'opération est réussie et la maladie éradiquée, on se défoule avec la sortie d'hôpital (cf. Jacques Chirac la dernière année de son quinquennat où l'illustre patient remercie le personnel soignant identifiable grâce à ses blouses blanches avant de serrer la main de Madame Berthe, en blouse grise, qui a fait le ménage de sa chambre).

L'enterrement

Dernière rencontre d'un mort et des vivants. Depuis que le deuil ne se porte plus avec un voile, une cravate ou un brassard mais devant les yeux, les people réunis pour un dernier adieu à l'un des leurs ont toujours l'air d'arriver de la plage. À croire que seules des lunettes de soleil sont capables, en toutes saisons, de cacher un chagrin ou de dissimuler l'absence d'icelui.

Certains people ont dans leur garde-robe des tenues d'enterrement de la même façon que les principaux syndicalistes portent des ensembles « Bastille-Nation » les jours de manifestations. Lors de l'office religieux, les gens du spectacle attachent autant d'importance au siège qui leur est assigné dans l'église qu'à la grosseur de leur nom sur l'affiche. Les places les plus convoitées se situent tout de suite après la famille et, si possible, avant les officiels. L'arrivée à l'église doit être discrète et s'accompagner d'un geste de refus signifiant aux photographes qu'on n'entend pas voler la vedette au disparu. Certains survivants provisoires se montrent plus présents que d'autres dans ce type de cérémonie. Ainsi une légende – à la propagation de laquelle j'avoue avoir un peu participé – assurait que le cher et regretté Jean-Claude Brialy qui, ses obsèques comprises, ne rata pas un enterrement, s'était fait confectionner un goupillon d'argent sur mesure. Mais ce sont là bagatelles de la porte au seuil de l'éternité.

Homme de lettres
à l'heure du courrier

Contrairement à une tenace idée reçue, les lecteurs qui sont bénévoles écrivent davantage que les journalistes qui sont payés pour cela. Et je suis bien placé pour le savoir puisque, en soixante ans de carrière, j'ai reçu des milliers de lettres de lecteurs.

Certaines veuves d'officiers supérieurs déploient une activité épistolaire auprès de laquelle la Marquise de Sévigné n'apparaît plus que comme une analphabète. Ces missives doivent être lues et méditées car elles reflètent souvent, outre des avis personnels, l'opinion d'une majorité demeurée silencieuse. Très peu de journalistes y répondent. Par manque de temps ou défaut de secrétariat, allèguent-ils. En fait, il me paraît relever de la courtoisie la plus élémentaire au moins d'accuser réception des compliments, et encore davantage des critiques, fut-ce avec retard et en quelques lignes, à un « client » qui s'est donné la peine de rédiger une lettre ou un mail.

Les catégories de missives et messages sont variées. Le profil socioculturel du lectorat et la spécificité de la publication les conditionnent. Mais de chacune d'entre elles émane une tendance caractérielle lorsqu'il ne s'agit pas d'une démarche collective et orchestrée par un lobby.

La lettre furibarde

Elle reproche avec véhémence une prise de position qui ne correspond pas à l'idéologie ou aux convictions du furibard. Pour donner du poids à son avis, le scripteur se pose en porte-parole : « Les deux cent trente cinq locataires de mon immeuble et les commerçants du quartier sont tous indignés par votre dernier article. » Lorsqu'il s'agit d'un sujet mettant en cause la religion, le scripteur se définit comme un catholique « pratiquant » n'appréciant pas qu'on traite à la légère le sacré et remarquant *in fine* que le rédacteur incriminé se garde bien de plaisanter avec l'islam. Lorsque le lecteur est vraiment méchant, il adresse sa lettre non pas au journaliste mais à son employeur et en lui demandant de se séparer sans attendre de son employé.

J'ai vécu – parfois douloureusement – ces attaques mettant en cause mon intelligence et mon honnêteté, certaines étant ponctuées d'insultes et dénuées de toute formule de politesse. On m'a affublé de tous les qualificatifs : ignare, pédant, futile, méchant, jaloux, impuissant, et – le pire – bourgeois. Avec une accusation récurrente, et pas totalement infondée, puisque ceux qui refusaient de me louer me traitaient de « vendu ». Vendu à la droite, vendu au patronat, vendu au pouvoir en place. Or, en fait, je n'ai été vendu qu'en kiosque et par abonnement.

La lettre professorale

Postée par un lecteur féru d'histoire ou de syntaxe, elle fustige l'auteur d'une erreur de date ou d'une faute de français. Parfois, il s'agit du spécialiste d'une discipline puisée dans un éventail très large allant de l'archéologie à la zoologie en passant par le rugby ou la préparation des confitures, qui conteste vigoureusement une assertion estimée inexacte. Comme neuf fois sur dix le donneur de leçon a raison, le devoir de l'étourdi ou de l'ignorant est de faire son *mea culpa* assorti de la promesse qu'il ne recommencera plus. Sans céder toutefois à l'injonction faite par le correspondant de rétablir la vérité dans un prochain numéro.

La lettre de félicitations

Il en existe aussi. Elle traduit l'approbation d'un lecteur qui non seulement pense comme le journaliste auquel il écrit mais encore exprime sa gratitude pour avoir su exprimer clairement ce qu'il ne ressent que confusément.

La lettre de renseignements

Le lecteur qui a focalisé sur un nom souhaite qu'on lui communique d'urgence les coordonnées d'une personnalité. On s'en tire en se procurant l'adresse d'un imprésario au d'un bureau de presse qui, eux, ne répondront jamais.

La lettre de fidélité

Recourant généralement à l'aide d'un graphisme agréable et posé, elle apporte au journaliste de précieux encouragements en même temps que l'antidote au poison distillé par d'autres lecteurs moins aimables. Lorsque la lettre commence par « je vous suis depuis vos débuts », j'induis sans trop de risques de me tromper que le correspondant, contrairement à moi, a pris sa retraite.

La lettre intéressée

Après un préambule plein de généralités gentilles, elle passe à un objectif précis : la vie du scripteur sur un manuscrit de six cents feuillets relatant des souvenirs coloniaux ou une idylle très antérieure à l'invention des réseaux sociaux. À la dernière ligne, le mémorialiste demande avec insistance une préface ainsi qu'une recommandation auprès d'un éditeur susceptible de commercialiser son petit chef-d'œuvre. Parfois il s'agit d'un recueil d'aphorismes, de maximes et de bons mots. Quand on répond, et sachant qu'il faudra acquitter outre le prix du timbre les frais de renvoi du manuscrit, il convient de se livrer à un bel exercice d'équilibre ne donnant pas de faux espoirs au correspondant mais se gardant bien d'interrompre brutalement son rêve.

La lettre de mendicité

Lettre adressée simultanément à une centaine de destinataires allant du chef de l'État à Liliane Bettencourt, dans laquelle le correspondant exige qu'on lui envoie toutes affaires cessantes une somme couvrant un arriéré d'impôts, l'achat d'une nouvelle machine à laver, une dette de jeu ou les études du petit dernier. La somme est rarement laissée à l'appréciation du bon cœur du bienfaiteur qu'on sollicite. J'ai mis au point, une fois pour toutes, une circulaire explicitant mon refus de cracher au bassinet par le fait que j'ai déjà à charge mon pays, ma famille et des œuvres caritatives.

La lettre confraternelle

Signée par un journaliste amateur qui aimerait bien voir paraître sa prose, elle s'accompagne d'un petit éditorial ou d'un grand article proposant de nouvelles solutions à un problème vieux comme le monde.

La lettre émouvante

Elle révèle au journaliste, qui ne peut demeurer insensible à un tel aveu, la place qu'il tient dans une existence souvent solitaire et le réconfort qu'on puise dans ses écrits.

La lettre anonyme

Toujours méchante, parfois ordurière, elle offre néanmoins sur les autres un énorme avantage : on n'est pas obligé d'y répondre. On ne s'aperçoit pas tout de suite que certaines lettres sont anonymes car elles excipent d'un nom et d'une adresse. C'est lorsque la poste vous renvoie votre réponse avec la mention « inconnu » qu'on s'avise qu'on a perdu son temps.

La lettre d'un détenu

L'adresse d'un établissement pénitentiaire placée en exergue situe d'emblée l'environnement du correspondant. Souvent cultivé, parfois doué d'humour, il raconte sans acrimonie son quotidien. Visiblement, il cherche un interlocuteur régulier. Il faut lui répondre, une fois mais pas plus, en se souvenant que la France compte aujourd'hui près de soixante-cinq mille détenus.

À tous les courriers, plusieurs types de réponses sont possibles :

– une carte de visite chaleureuse et manuscrite pour remercier les correspondants les plus aimables ;

– une lettre personnalisée, dactylographiée mais assortie d'une formule de politesse manuscrite ;

– une lettre circulaire regrettant le retard apporté à la réponse ;

– une lettre circulaire de remerciements pour la confiance témoignée et les suggestions passionnantes qu'on a portées à ma connaissance.

Ce ne sont pas les plus longues lettres, souvent très bien tournées, qui me touchent le plus. Mais trois mots seulement qui me mettent la larme à l'œil : « Merci pour tout. »

Chers et excellents confrères

J'aime bien les journalistes. Tous les journalistes. Les meilleurs, qui me procurent un plaisir de lecteur, et les moins bons, qui garantissent qu'on n'est pas le plus mauvais.

Ces chers et excellents confrères, cités dans un index qui n'a rien de menaçant, composent, à quelques exceptions près, une rédaction idéale. Je les estime. Je les admire. Je les envie parfois. J'ai souhaité écrire ce que, par timidité, je n'avais souvent pas osé leur dire.

Aphatie (Jean-Michel)

Sans doute est-ce pour faire oublier un patronyme inadapté qu'il a autant développé sa vivacité d'esprit et sa rapidité de parole. Ayant gardé son accent du terroir, il a l'art – contrairement à des confrères plus portés vers la révérence légitimiste et qui trouvent impoli de poser une seconde fois une question à un politicien qui n'y a pas répondu la première – de pousser dans leurs retranchements des invités qui se bousculent pour être malmenés par lui.

Blondin (Antoine)

Il aurait disparu moins jeune et il nous aurait laissé une œuvre plus considérable s'il ne s'était pas servi davantage de la bouteille que de l'encrier. On lui doit, outre quelques jolis romans dont certains ont été adaptés avec succès pour l'écran, un bouquet d'articles superbes souvent inspirés par des sports qu'il ne pratiquait plus depuis longtemps. Et quelques intitulés de notes de frais : « verres de contact » pour la tournée générale dans les bistros et « on n'est pas de bois » pour des subsides accordés aux hétaïres. C'est à la même époque que Guy Walrand, le reporter du *Figaro* chargé de suivre l'affaire dite du gouffre de la Pierre-Saint-Martin, était redescendu de la montagne avec une note de frais qui lui fut réglée rubis sur l'ongle alors qu'il n'avait pas craint d'additionner le coût de l'achat d'un âne avec le montant de sa revente.

Cartier (Jacqueline)

Elle avait été comédienne et un temps pensionnaire de la Maison de Molière puis la fille radiophonique de Raymond Souplex et de Jane Sourza lorsqu'ils formaient la famille Duraton avant de devenir la meilleure chroniqueuse de spectacles. Merveilleusement informée, elle se souvenait sans jamais prendre de notes de toutes les confidences à l'exception des plus méchantes qu'elle préférait oublier.

Cartier (Raymond)

Par le biais de ses grands éditoriaux de *Paris Match*, il fut le maître à comprendre de deux générations de lecteurs. Il ne se passait rien en France et dans le monde sans qu'il sût mettre l'événement en perspective. Son influence était telle qu'on la désignait sous le vocable de « cartiérisme ». Il était très sérieux au bureau. Et un peu ennuyeux à la ville.

Chalais (François)

Grand reporter qui avait roulé sa bosse dans toutes les régions du monde où l'on s'étripait, il finit par se battre en direct dans une émission que je présentais avec Jean-Edern Hallier qui lui avait resservi de vieilles diffamations. Quand ils en sont venus aux mains, j'ai essayé vainement de les séparer. Entre-temps, Chalais avait inventé une nouvelle forme d'interview qui lui permettait de mettre sur le grill des stars de cinéma en leur posant d'un air détaché des questions dont il accueillait les réponses avec un air incrédule. Sa grande force était d'avoir autant de présence sur le petit écran que ses cibles sur les grands. Il avait raconté ses souvenirs avec beaucoup d'humour. Je crois qu'il était un grand misanthrope.

Chancel (Jacques)

Après une dure formation dans les rizières d'Indochine, il aura vécu, une fois revenu en France, d'une autre forme de culture. Épris de grande musique et de beaux textes, il aura réussi à travers son « Grand Échiquier » et ses « Radioscopies » à faire aimer à des millions de Français les chefs-d'œuvre qu'il appréciait personnellement. Depuis plus de cinquante-cinq ans, nous déjeunons ensemble tous les mois ou presque. Il est le frère que mes parents ne m'ont pas donné et que la presse m'a offert.

Coquet (James de)

Aristocrate bordelais devenu par la grâce des grands reportages, puis des comptes-rendus d'audience et enfin des chroniques gastronomiques, une des plus grandes plumes du *Figaro* de l'après-guerre. Doté d'un ego exigeant, ce mousquetaire de la presse était capable de téléphoner de Tokyo où on l'avait envoyé en reportage pour protester contre la grosseur insuffisante des lettres avec lesquelles on avait composé son nom en première page du journal. Durant ses dernières années, il publia des improvisations succulentes à propos de nourritures qui ne l'étaient pas toujours et alors qu'à la suite d'une grave maladie il avait perdu le sens du goût. À 80 ans passés, il évoquait encore librement ses amours en expliquant, avec l'humour *british* du quartier des Chartrons, que le rapprochement physique avec une personne du sexe opposé ne lui posait pas de problème au début mais qu'ensuite « il ne fallait pas qu'elle tousse ».

Dac (Pierre)

Fondateur de *L'Os à moelle* auquel mon père, séduit par la devise de la publication « dans toutes les mains un os », s'était abonné et qui a constitué mon premier contact avec la presse. Nous nous régalions en famille de ses petites annonces comme « Échangerait moulin à café contre café à Moulin », « Cocher paresseux cherche cheval capable de se diriger tout seul » ainsi que de la mythologie : le diplomate Vladimir Peaudemurge, le général de Guerrelasse, Agatha Frichti qui signait des recettes de cuisine immangeables. J'ai rencontré sur le tard ce comique qui ne riait jamais et qui, après nous avoir offert tant de bons moments, s'était donné la mort.

Comme tous les grands humoristes, il était complètement désespéré. Souvent très drôle, dans la vie et sur scène, il ne riait pas davantage qu'Héraclite et Buster Keaton. Il avait échappé à l'occupation et sans doute à la déportation en rejoignant de Gaulle à Londres. Le souvenir de ceux qui avaient eu moins de chance que lui le hantait. Au point qu'il les rejoignit en hâtant l'échéance.

Daninos (Pierre)

Journaliste à *Paris Soir* puis à *France-Soir*, il termina son parcours au *Figaro* avec la publication des *Carnets du Major Thompson* qui devaient devenir l'un des plus grands best-sellers de la seconde moitié du XXe siècle. Chemin faisant, Daninos avait inventé « le pointillisme humoristique », une technique lui permettant de décrire les mœurs contemporaines, qu'il s'agisse des Français ou des Anglais, avec un luxe inouï de détails vrais et irrésistibles. À cette fin Daninos, qui voyageait beaucoup, ne cessait de prendre des notes. À l'organisation de sa vie personnelle il n'apportait pas moins de minutie. Ainsi, Jean-Jacques Gautier, convié par lui un soir à dîner et ayant jeté un œil durant l'apéritif sur « l'agenda » de son bureau, assurait-il avoir lu à la page du jour la nomenclature des bonnes histoires à raconter à ses invités.

Darget (Claude)

Avec lui le journal télévisé était fortement personnalisé car il n'hésitait pas, après chaque nouvelle importante, à donner un point de vue qui s'embarrassait peu du politiquement correct. Ainsi mettait-il en doute les propos d'un ministre ou le programme d'un opposant. Il faut reconnaître – et peut-être déplorer –, que cette défense du consommateur, si répandue dans d'autres secteurs, ait disparu en matière d'information.

Darget entretenait avec Léon Zitrone, autre grande figure du petit écran, des relations conflictuelles, ayant appris à son chien bâtard, baptisé l'Arsouille, à aller uriner sur les bas de pantalon de Léon dès que celui-ci était en direct à l'antenne.

Écorché vif et perpétuel révolté, haïssant l'humanité entière – sauf les amis que, comme Frédéric Rossif et votre serviteur, il retrouvait chaque semaine pour de petites parties de poker –, Darget, qui estimait indigne de son talent qu'on l'eût logé dans un local aussi exigu, avait transporté son bureau sur le palier. Ainsi expliquait-il ses problèmes à toutes les personnes qui empruntaient l'ascenseur.

Dassault (Marcel)

Le démon de midi de cet avionneur richissime fut la presse. Après s'être fait la main avec *Jours de France*, il avait lancé un quotidien dont la formule consistait à n'annoncer que les bonnes nouvelles. En dépit de la razzia des exemplaires invendus que son chauffeur effectuait tous les matins auprès des kiosquiers parisiens, la carrière de ce journal se termina par la (mauvaise) nouvelle de sa disparition.

De Caunes (Georges)

Il aimait les animaux et se méfiait des hommes. Il chercha d'abord la notoriété puis Dieu, qu'il assurait avoir approché durant une opération Robinson Crusoë vécue sur une île déserte et une retraite où, cultivant des fleurs et sa foi, il m'adressait de temps à autre, et de façon comminatoire, l'injonction de me tourner vers la religion. Marié à la charmante Jacqueline Joubert, ce mousquetaire hertzien brilla aussi dans le grand reportage et la présentation des journaux télévisés à laquelle il apportait un zeste d'impertinence.

Desproges (Pierre)

Il avait commencé son parcours en rédigeant des faits divers en trois lignes dans le recoin le plus obscur de la salle de rédaction de *L'Aurore*. Ayant réussi la prouesse, jugée sur le moment diversement, d'introduire des traits d'humour dans la relation d'accidents ou de meurtres, il avait assez rapidement et sans jamais perdre son sérieux obliqué vers l'univers de la rigolade.

Bien avant d'apprendre qu'il était atteint d'une maladie incurable, il était déjà lugubre. En fait, pudique et grave devant le spectacle d'un monde qui lui semblait déboussolé. La dernière fois où il est venu déjeuner chez moi, il était déjà une ombre, à moitié passée dans l'autre monde.

Sa carrière posthume est encore plus brillante que l'autre car, comme celle de Coluche, ses formules ont pris moins de rides que les pisse-froid qui le vouaient aux gémonies.

Devay (Jean-François)

L'un des meilleurs journalistes que j'ai approchés et dont je suis devenu l'ami. « Columniste » très performant, il avait quitté un jour *Paris-Presse* pour fonder un magazine à l'enseigne de *Minute*. Au départ plutôt situé au centre-droite qu'à l'extrême. Durant les premiers numéros, j'y assurais un pseudo-courrier des lecteurs sous le pseudonyme de

Philippard. Et avec la bénédiction de Pierre Brisson auquel j'étais allé demander si cette collaboration ne le gênait pas et qui m'avait répondu : « Continuez comme ça, il n'y aura dans cet hebdo rien de désagréable sur *Le Figaro.* »

Devay, marié avec une petite-nièce de Mistinguett, vivait heureux lorsqu'on diagnostiqua le cancer qui devait l'emporter. Se fondant sur le pronostic des médecins, il tint jusqu'à son dernier souffle un journal intime intitulé *Trois mois pour mourir* qui, paru au lendemain de sa disparition, fut un beau succès de librairie.

Drucker (Michel)

Un demi-siècle d'affection, de complicité, de rencontres, de confidences. Lucide et pas dupe de la comédie médiatique, Michel garde pour lui (et parfois pour moi) ses jugements à l'emporte-pièce sur des célébrités devant lesquelles il a déroulé le tapis rouge mais en leur accordant plus d'amabilités que de considération. Ce qui ne l'empêche pas, je l'atteste, d'être l'un des rares vrais gentils.

Duhamel (Alain)

Le plus doué de tous les politologues. Non seulement il se montre aussi efficace à la radio, à la télévision et dans la presse écrite où il multiplie d'un média à l'autre des chroniques quotidiennes sans jamais se répéter, mais encore il est le seul qui puisse tenir le micro pendant trois minutes sans la moindre note. À l'en croire, son succès tient à une hygiène de vie qui le fait se déplacer sur deux roues la journée et se coucher avant 22 heures le soir.

Il lui faudra sans doute choisir un moins modeste équipage le jour prochain où, revêtu de son bel habit vert à plastron blanc, il s'en viendra siéger à l'Académie des sciences morales et politiques.

Elkabbach (Jean-Pierre)

Journaliste qui dut à sa connaissance de la politique maints contacts au sommet et d'avoir entendu scander méchamment son nom le 6 mai 1981 place de la Bastille. Il restera également dans ma mémoire pour s'être montré très généreux avec les producteurs lorsqu'il présidait France Télévision, pour avoir placé longtemps Europe 1 tout de suite après RTL et pour avoir séduit Nicole Avril, qui devait devenir plus tard son épouse, en l'invitant d'un geste impérieux à descendre de l'autobus où il l'avait aperçue la première fois pour le rejoindre sur le trottoir afin de lui faire partager son coup de foudre.

Ferniot (Jean)

Politologue ayant toujours gardé ses distances avec les politiciens, gastronome, petit mangeur, journaliste de haute lignée et romancier de talent, il avait fait un détour dans la famille Servan-Schreiber avant que Pierre Lazareff, vieillissant et malade, le désigne comme son dauphin à la direction de *France-Soir*. Ferniot avait alors tout quitté, sauf son nœud papillon, pour rejoindre l'immeuble historique de la rue Réaumur. Six mois plus tard, il déclarait forfait. Car il n'avait pas été capable de convoquer un seul collaborateur, faute, pour l'administrateur du journal, de lui avoir trouvé un bureau.

Filipacchi (Daniel)

Étonnant et fabuleux parcours que celui d'un éternel jeune homme, d'abord photographe ensuite animateur de radio puis co-inventeur de la presse moderne, propriétaire de plusieurs dizaines de magazines publiés dans cinquante pays, amateur inconditionnel de jazz et, à des heures jamais perdues, collectionneur d'art contemporain.

Ayant attendu près de quatre-vingts ans pour publier ses confidences, lui qui avait fait recueillir celles des vedettes du monde entier, il est l'un des rares, à ma connaissance, à n'avoir jamais accepté aucune obligation de la société et de la réussite, vivant à l'année sur le bateau de ses rêves ou dans des îles paradisiaques.

Frossard (André)

Il avait connu le succès avant de rencontrer Dieu et siégé sous la Coupole avant de prier dans les cathédrales. Billettiste plein d'humour et de mordant, il épinglait ses contemporains sans distinction de sexe ni de fonction.

Désespérant d'être un mécréant, je l'avais convié une fois à déjeuner afin qu'il m'indiquât le chemin de la foi. J'avais gardé ma question pour la fin du repas. La déception procurée par sa réponse fut à la hauteur de mon attente : « C'est une affaire trop personnelle pour qu'on puisse donner un conseil. » Trente ans ont passé. Je suis toujours au même point.

Gabriel-Robinet (Louis)

Excellent journaliste politique. Il fit ses armes à *L'Echo de Paris* puis devint rédacteur en chef du *Figaro* et directeur à la mort de Pierre Brisson. À la ville, il excellait dans l'à-peu-près, le calembour et la contrepèterie. Dans les colonnes du journal où il signait l'éditorial de ses seules initiales (privilège accordé à ceux qui se sont déjà fait un nom), il terminait une fois sur deux les appels qu'il lançait aux représentants de l'opposition comme – un peu moins souvent – aux gouvernants de la majorité par une formule que personne n'ose plus employer aujourd'hui, « il faut raison garder ».

Gicquel (Roger)

Ancien steward d'Air France brillamment reconverti sur les plateaux de télévision, dernier maillon d'une chaîne de présentateurs-comédiens qui portaient sur leurs épaules tout le poids du monde entre 20 heures et 20 heures 30. On n'est pas près d'oublier « La France a peur ».

Giesbert (Franz-Olivier)

Le plus séducteur et le plus cynique des grands journalistes. Passant sans complexe et sans problème du *Nouvel Observateur* au *Figaro*, à la fois homme de foi et de coups, il sait diriger les rédactions avec une nonchalance affectée. Je me souviens, au début de l'année 2012, de l'avoir rencontré alors que *Le Point* venait de sortir avec la manchette « Nicolas Sarkozy peut encore gagner ». Je lui avais demandé s'il y croyait vraiment. Et il m'avait répondu : « Pas du tout » dans un grand éclat de rire. Ce grand sceptique, qui doute de tout et de lui-même, n'en possède pas moins la foi du charbonnier.

Giroud (Françoise)

Elle avait commencé comme *script-girl* et auteur de la chanson dédiée au Petit Chaperon rouge. Elle devint plus tard la très respectable égérie de la presse intello. Belle carrière assombrie assez ridiculement par une médaille de la Résistance qu'on avait oublié de lui attribuer et par des amours orageuses avec JJSS, volage séducteur qui, non content d'hésiter entre plusieurs femmes, s'était présenté à Nancy pour les législatives alors qu'il était déjà député de Bordeaux. Françoise Giroud abandonna la direction de *L'Express* pour un demi-portefeuille de secrétaire d'État à la Condition féminine sans plus d'éclat que les ministres qui, au sortir d'un gouvernement, tentent de se reconvertir dans le journalisme. Elle avait le mépris extrêmement courtois.

Grégoire (Ménie)

Épouse d'un très austère conseiller d'État, sœur d'un ecclésiastique distingué, elle avait, à l'instigation de Jean Farran promu directeur de RTL, inventé la première rubrique sexuelle, faisant alterner l'aveu des désillusions ou des turpitudes avec des conseils dont le moralisme n'était jamais absent. Bien d'autres sexologues professionnels ou amateurs se sont engouffrés dans la brèche. Aucun, hormis elle, n'est parvenu à faire rimer sexualité avec respectabilité. Elle cessa de présenter son émission en direct un jour où un plaisantin l'avait gratifiée, sans qu'elle pût lui couper la parole, du récit de galipettes *hard* audacieuses pour l'époque. Elle venait de temps à autre nous retrouver aux « Grosses Têtes », sans bien comprendre pourquoi la sexualité nous faisait autant rire ni la raison qui poussait Jacques Martin, lorsqu'elle arrivait directement de l'enregistrement de sa propre émission, à lui demander si elle s'était bien lavé les mains.

Hugo (Victor)

Au fil de *Choses vues*, le génial polygraphe déjà répertorié comme poète, romancier, dramaturge et orateur politique avait montré son don pour le journalisme. Et parfois avec un humour gaulois qu'on ne lui soupçonnait pas. Témoin cette description d'une visite en terre agricole au moment des moissons : « des cultivatrices penchées sur les épis on ne voyait que la première syllabe ». Contrairement à ce que prétendent certains, je ne l'ai pas connu.

Kessel (Joseph)

Pittoresque représentant de l'espèce aujourd'hui disparue des grands reporters-romanciers. Éructant la prose durant la journée et mâchant les verres qu'il venait de vider le soir, il prolongeait chacune de ses enquêtes par un livre à succès attirant le même nombre de lecteurs. Il finit par retrouver à l'Académie française son neveu Maurice Druon avec lequel il avait signé *Le Chant des partisans*.

Labro (Philippe)

Ami de quarante ans, mais fidèle.

Beau parcours multimédia sans faute. Correspondant de *France-Soir* à Washington, présentateur du journal télévisé, directeur de radio, romancier à best-sellers, cinéaste de films cultes et même auteur de chansons pour Johnny Hallyday, il aura tout fait et bien fait. Sans jamais recevoir l'onction du prix Goncourt ou de l'Académie française.

Lazurick (Robert)

L'empereur du textile Marcel Boussac lui avait confié la direction de la rédaction de *L'Aurore* qu'il venait de racheter. Avec mission de créer la polémique et de faire bouger les lignes. Le contrat était parfaitement honoré lorsqu'une ou deux fois par semaine, Lazurick lançait à ses rédacteurs : « Faites-moi pour demain un "Partez !" » Il s'agissait alors, et parfois un peu au hasard, de se payer la tête d'un gouvernant en rappelant ses lacunes et ses turpitudes avant de réclamer une démission qui ne venait jamais mais dont l'annonce faisait vendre du papier.

Mougeotte (Étienne)

Remarquable professionnel ayant dirigé, entre autres, l'information sur Europe 1, *Télé 7 jours*, le *Journal du Dimanche*, TF1 et les rédactions du *Figaro* avant de prendre la direction de la sortie. Des médias fort différents mais les actionnaires des deux derniers mirent soudainement fin à ses fonctions pour la même raison : alors qu'on le disait menacé, il avait affirmé publiquement avoir conservé toute la confiance d'employeurs qui n'imaginèrent pas d'autre façon de lui infliger un démenti.

Ravon (Georges)

Son mètre 65 ne l'empêcha pas de devenir l'une des grandes signatures du *Figaro*. Ses débuts avaient été difficiles qui lui avaient valu d'être congédié du *Petit Journal* pour avoir raconté en détail la traversée transatlantique de Nungesser et Coli, alors qu'ils s'étaient crashés dans l'océan et que personne ne les avait revus. Il termina sa carrière en publiant chaque jour l'article le plus suivi et le plus court dans le journal le plus lu. Lorsque moi-même j'ai exercé cette spécialité, je me suis souvenu de l'angoisse qu'il nous confiait certains matins lorsqu'il « manquait de sujets ».

Rossif (Frédéric)

Ayant fui son Monténégro natal, il avait atterri à Paris où il devint le pape de toutes les images. Cinéaste engagé avec son film sur la guerre d'Espagne, animalier avec des séries que commentait Claude Darges son complice, il se vantait d'avoir mémorisé dix mille plans de cinéma.

Ensemble, nous avons fait des parties de cartes et refait le monde. Il était à la fois prodigieusement intelligent et fabuleusement naïf, puisqu'il n'imaginait pas, pas plus que moi, le mensonge et la malhonnêteté.

Grosse tête au propre comme au figuré, il précisait sans rire à ceux qui lui demandaient plaisamment s'il trouvait des chapeaux à sa mesure qu'il avait légué son opulente cervelle à la soupe populaire.

Rouart (Jean-Marie)

Cet excellent romancier, qui occupa un temps la fonction officieuse de benjamin sous la Coupole, est aussi un pertinent chroniqueur politique en même temps qu'un joyeux compagnon expliquant la permanence de son plaisir de vivre par un célibat obstiné. Placé désormais, comme les prélats, à la droite des maîtresses de maison, il n'aura bénéficié, comme eux, que des faveurs de la femme des autres.

Saint-Simon (Duc de)

Il n'avait pas besoin d'une carte de presse (qui d'ailleurs n'existait pas) pour avoir ses petites et grandes entrées chez le Roi. Comme, en plus de son arbre généalogique, il avait de la branche, et autant d'élégance dans le maniement de la plume que dans le choix du pourpoint, on en fait, avec raison, l'inventeur de la chronique parisienne en même temps – pourquoi pas ? – que du journalisme people. À ceci près que ses portraits n'étaient authentifiés par aucune photo et que la peur de devoir quitter la cour lui interdisait d'évoquer certains jardins secrets.

Sennep (Jean)

Il avait retourné son patronyme pour s'en faire un pseudonyme. Après quoi pendant un demi-siècle il transforma en caricatures assorties de légendes vengeresses l'ensemble de la classe politique. Nous avons fait équipe pendant quelque temps. Notamment à la faveur d'une enquête sur les nuits parisiennes où nous avions atterri dans une boîte de striptease. Comme, durant le spectacle et selon une tradition éprouvée, l'une des danseuses de l'établissement était venue s'asseoir sur ses genoux, il en avait profité pour lui mordre le nez.

Tabouis (Geneviève)

Lorsque j'ai débarqué à RTL en 1967, elle officiait encore sur l'antenne d'une voix chevrotante. Couvrant ses cheveux argentés d'une voilette comme on retient avec un filet les rochers de l'Esterel, elle disposait également de l'aura d'une journaliste qui, à la fin de 1938, avait pu interviewer Adolf Hitler dans son nid d'aigle de Berchtesgaden. Comme après cette entrevue elle avait prédit que tout cela finirait mal, il lui en était resté le surnom de Cassandre qu'ensuite elle ne justifia plus guère. Elle était mariée avec un général haut placé dans la hiérarchie de la station. Elle tendait sa main à baiser aux stagiaires mais sans quitter ses mitaines.

Thérond (Roger)

Le meilleur « cuisinier » à être passé derrière les fourneaux de *Paris Match*. Non content d'acheter professionnellement les plus belles photos, il les collectionnait à titre personnel. Ayant connu le désagrément d'être débarqué de la direction de l'hebdomadaire par Jean Prouvost, il avait bénéficié d'un retour triomphal aux commandes lorsque Daniel Filipacchi avait racheté le titre. Au mur de son bureau figurait, sans cesse complété, le tableau d'honneur des meilleures ventes sous la forme des couvertures qui les avaient suscitées.

Zitrone (Léon)

Journaliste polyvalent et protéiforme. Fils d'un teinturier qui s'était saigné aux quatre veines pour lui faire faire des études de droit, il avait dû s'éloigner de la profession d'avocat à la suite d'un scandale d'hippodrome. Sa deuxième carrière fut beaucoup plus brillante et beaucoup plus longue, qui le vit, sans renoncer aux courses de chevaux mais en se bornant à les commenter, présenter le JT, mettre en perspective les doubles axels du patin à glace, embrasser sur la bouche Léonid Brejnev après une interview menée dans sa langue et traduite presque simultanément par ses soins, jouer les garçons d'honneur au mariage de la reine d'Angleterre et son propre rôle dans toutes les autres occasions. Zitrone entendait non seulement être le premier mais encore le seul.

Sa participation aux « Grosses Têtes » l'a désolennisé. Certes, il se prenait toujours pour Léon Zitrone, mais il était le premier à en rire. Vers la fin, il tolérait toutes les mises en boîte, toutes les plaisanteries. Sauf que Jean Yanne ou Jacques Martin affirmaient au micro que ses activités journalistiques n'étaient qu'une façade et qu'il vivait des mensualités versées par le KGB. Rumeurs fantaisistes mais que lui rappelaient souvent, à Orly, lorsqu'il revenait de Moscou, certains douaniers facétieux.

Économe au point de ne m'inviter à déjeuner que s'il disposait de suffisamment de tickets-restaurant, déférent envers les puissants et pas toujours aimable avec les autres, il fut, durant trois décennies, l'un des principaux personnages de cette galerie de contemporains célèbres qu'il avait pour mission de magnifier. La haute opinion qu'il avait de lui-même culmina lorsqu'on rapporta que, arrivant dans le salon Murat de l'Élysée où il allait présider le conseil des ministres, de Gaule raconta : « Je viens de croiser Léon Zitrone dans les couloirs. Je crois qu'il m'a reconnu. »

Zola (Émile)

Sa lettre à Félix Faure publiée par *L'Aurore* (dirigé par Clemenceau) et appelant à innocenter le capitaine Dreyfus demeure le chef-d'œuvre absolu d'une presse humaniste, généreuse et engagée. Il faudra attendre les années 70 pour qu'une autre plaidoirie s'adresse au Chef de l'État dans les colonnes de *France-Soir*. Cette fois, c'est un grand avocat, maître René Moatti, qui s'en était chargé pour le compte d'un client nommé Alain Delon. Georges Pompidou n'avait pas répondu mais dans les semaines qui suivirent la justice desserra son emprise.

Mon musée personnel ne prétend pas à l'exhaustivité. À la cimaise de mes souvenirs, j'ai accroché les portraits de ceux qui m'ont paru avoir le plus de talents et d'originalité, quitte à m'éloigner un peu du champ. Mais je n'ai pas ouï dire que Goya – excusez du peu – se soit jamais peint à côté de la duchesse d'Albe.

Du marbre aux planches

La scène – beaucoup plus que le grand ou le petit écran – m'a toujours fasciné. Cela a commencé par des petits spectacles avec la famille pour seul public et ça a culminé avec les galas que donnaient « Les Grosses Têtes » en province sous des chapiteaux géants et devant jusqu'à sept mille personnes. Entre-temps, il y avait eu les spectacles de fin d'année au lycée qui couronnaient l'étude du répertoire classique. Ainsi dans *Les Plaideurs*, la seule comédie de Racine, tenais-je le rôle de la comtesse de Pimbêche, Orbéche, etc., puis, l'année d'après, celui d'Agrippine dans *Britannicus*. Des centaines de vers qui encombrent ma mémoire sans que je puisse espérer en placer quelques-unes dans les dîners en ville.

J'avais 16 ans lorsque, avec une troupe composée de mes camarades de lycée, on a représenté deux soirs de suite, et devant nos familles accourues à la salle d'Iéna, une pièce de ma façon intitulée *Page 216* car c'est à cet endroit de mon manuel d'histoire que j'en avais trouvé l'inspiration. À savoir, les petits soupers entre Roués que Philippe d'Orléans organisait durant la Régence au Palais Royal, à l'époque centre névralgique d'un quartier très chaud. Dramaturge en culotte de golf, j'avais suscité des vocations théâtrales dans mon entourage scolaire. Après quoi les mamans de mes acteurs s'étaient mises devant leur machine à coudre pour fabriquer les costumes. La mise en scène était assurée par un sympathique garçon qui se prétendait pensionnaire de la Comédie française mais que nous n'avons jamais réussi à rencontrer que dans la succursale d'une grande banque où il était guichetier. Le principal rôle était tenu par Jacques Kam, grand avocat, qui joua toute sa vie la comédie. Les deux représentations furent triomphales mais il n'y en eut pas de troisième car la location de la salle avait vidé nos tirelires.

Il m'en reste un joli souvenir sous la forme d'un programme où j'apparais sur papier glacé, la tignasse ébouriffée et, pour m'aider à me pousser pour la première fois du col, avec un cache-nez tricoté par ma grand-mère.

J'avais 18 ans lorsque j'essayai de tâter pour la première fois du comique. Dans la taverne située sous le music-hall de l'Olympia, on arrêtait les slows tous les soirs pendant un quart d'heure afin de laisser se produire les jeunes talents. Avec un copain, représentant en aspirateurs et démangé par le même prurit artistique, nous avions créé « Les Débilos ». L'essai fut si peu réussi qu'exceptionnellement l'orchestre enchaîna au bout de cinq minutes. À l'armée, je présentais des galas, plus tard je fus le Monsieur Loyal des « Grosses Têtes ». Mais jamais plus, je n'osai jouer les solistes de la rigolade.

Alors que le cinéma me laisse froid, le théâtre m'est toujours apparu comme un lieu magique. L'endroit où, à quelques mètres d'acteurs en chair et en os, on rit et on souffre avec eux.

À 25 ans, j'étais devenu secrétaire général du Théâtre de dix heures où, sous la férule de Raoul-Arnaud et de sa femme Oléo, se produisaient les chansonniers de la vieille école (alexandrins et smoking) en même temps que des découvertes qui eurent nom Thierry Le Luron et Henri Tisot.

Puis Pierre Lazareff qui avait racheté pour Claude Génia, une de ses amies très proches, le Théâtre Édouard VII me demanda de participer au lancement de *L'Année du Bac* de José-André Lacour qui voyait les débuts de comédien de Roger Dumas et de Sami Frey dans une mise en scène d'Yves Robert. Le soir de la première de cette comédie dont le montage avait coûté beaucoup plus cher que prévu, Lazareff me dit tout à trac : « Si tu renonces au salaire que je t'ai promis, je te donne des actions de la production. » Joueur, j'acceptai. Or ce fut un succès phénoménal et au lieu des modestes émoluments que j'aurais touchés pendant un trimestre, je perçus pendant plusieurs années des dividendes confortables.

J'aimais le théâtre pour son rituel immuable, pour l'odeur un peu aigre des coulisses, pour la fébrilité précédant les trois coups et surtout pour cette enclave de bonheur où la fiction remplaçait la réalité et où le plus malade des comédiens ne sentait plus nulle douleur jusqu'à la fin de la représentation.

J'avais commis nombre de sketches. J'allai plus loin en faisant représenter deux comédies : *Au plaisir, Madame* dont Alice Sapritch était la tête d'affiche et où François Cluzet fit des débuts qui, dit-il, ne le rendent pas particulièrement fier aujourd'hui. Je récidivai avec *Double Foyer* où j'avais distribué certains pensionnaires du « Théâtre de Bouvard » : Muriel Robin, Régis Laspalès, Taxi. Je venais presque chaque soir. Pas seulement pour m'informer de la recette ou noter les réactions du public. C'est une demi-heure avant que mon plaisir commençait lorsque, embusqué derrière la fenêtre d'un café voisin, je voyais arriver les spectateurs.

J'ai retrouvé plus tard, multiplié par dix, ce ravissement mâtiné d'étonnement de me voir attirer un certain nombre de contemporains.

Ado, je nourrissais trois ambitions précises : posséder une bibliothèque avec une échelle et beaucoup de livres ; m'asseoir dans le fauteuil de Pierre Lazareff ; devenir propriétaire d'un théâtre. La bibliothèque et l'échelle ne posèrent pas trop de problèmes. La succession de Lazareff se présenta à *France-Soir* et le théâtre, dont je rachetai même les murs, fut Bobino.

Pas la salle historique située en bordure de la rue de la Gaîté qui avait été démolie pour construire un hôtel mais la salle beaucoup plus spacieuse, reconstruite quelques mètres plus loin. Bobino est à la fois mon meilleur souvenir et ma plus mauvaise affaire. Meilleur souvenir car je pouvais enfin régner sur une parcelle de cet univers factice où tout est démesuré : les voix, les attitudes, les ego, les triomphes et les bides. Mais en quelques jours, je découvris les pesanteurs et les difficultés de l'exploitation d'une salle de spectacles car il ne faut pas composer qu'avec les têtes d'affiche : le plus humble des machinistes se prend pour une vedette. Et les traditions, les rituels, les habitudes, les conventions collectives, l'inspection du travail et les syndicalistes. Sans oublier les taxes. Ni, surtout, l'incertitude absolue qui semble régenter ce type d'entreprise où non seulement on ne peut jamais prédire le destin d'un spectacle mais encore où le mieux accueilli peut tourner à l'échec par suite d'une grève générale ou d'un verglas local.

Naturellement, comme tous les néophytes j'accumulais les bêtises. Partant du principe que je disposais à l'orchestre et au balcon de deux bars de 25 mètres de long, j'engageai un chef barman qui s'empressa d'acheter force bouteilles qu'on ne déboucha jamais car la clientèle était modeste, économe et apportait son eau minérale. Je m'emballai pour des jeunes talents qui ne réussirent pas à percer. D'autres artistes, plus confirmés, n'appréciaient pas l'exiguïté des loges et la vétusté des installations. Heureusement, « Les Grosses Têtes », que j'enregistrais pour TF1, transformaient deux fois par mois *Bobino* en studio très rentable et puis Anne Roumanoff tint la scène pendant trente mois.

Durant quinze ans d'exploitation, ayant apporté autant d'incompétence que d'enthousiasme, j'avais perdu beaucoup d'argent avant de revendre la salle à un ami qui, plus fastueux que moi, en perdit davantage. Mais je n'oublierai jamais ces soirées où, caché dans une encoignure, j'assistais au spectacle en me disant que j'avais créé des emplois, encouragé des vocations et que, grâce à moi, tous les soirs – dans le meilleur des cas –, huit cents personnes riaient et applaudissaient.

Quelques années avant avec le « Théâtre de Bouvard », j'avais vécu une passion plus réussie.

Antenne 2, où j'avais déjà produit et présenté plusieurs émissions, était à la recherche d'un *access prime-time* qui rameuta un maximum de téléspectateurs vers le journal de 20 heures. Ma proposition de consacrer ces vingt-cinq minutes quotidiennes à la découverte de nouveaux talents, fut, au départ, fraîchement accueillie. On admettait difficilement en haut lieu que de parfaits inconnus puissent mobiliser un vaste auditoire. J'emportai le morceau en disant : « Si je ne me trompe pas, ces parfaits inconnus deviendront en moins de quinze jours des vedettes. Si je me suis trompé, nous arrêterons au bout de quinze jours. » La série dura deux ans et demi. Avec un audimat nous accordant 52 %

d'une audience, il est vrai pas aussi fragmentée qu'aujourd'hui par la multiplication des chaînes.

Chaque matin, flanqué de l'énorme téléphone portable qui me reliait à ma rédaction, j'auditionnais de jeunes comédiens qui bientôt arrivèrent de toute la France. Certains ne s'étaient jamais produits nulle part, d'autres avaient déjà tâté du café-théâtre mais tous écrivaient leurs sketchs, les interprétaient et avaient l'ambition de réussir.

L'accueil fut extraordinaire. En l'espace de quelques jours, mes « neveux », comme je les appelais, avaient conquis le public avec leur rapidité et leur impertinence. Non seulement ils disaient davantage de choses sur notre société mais ils les disaient plus drôlement et en moins de temps. Des petites équipes se formaient : Chevalier et Laspalès ; Bourdon et Campan ; et tant d'autres dont je ne vois jamais briller le nom au fronton des music-halls sans une fierté émue.

L'arrivée de Mimi Mathy suscita des problèmes. Séduit par son courage, son brio et son esprit, je l'avais programmée aussitôt après l'avoir auditionnée. Le lendemain de sa première apparition, coup de fil furibard d'un directeur dont tout le monde – moi y compris – a oublié le nom. « Il ne faudrait pas confondre télévision et foire du Trône. On ne peut pas montrer n'importe quoi sur le petit écran. » Je passai outre et j'eus raison car la petite Mimi a un succès qui ne se dément pas depuis vingt ans et figure parmi les comédiennes préférées des Français.

L'affaire prit rapidement une telle ampleur que je dus constituer, par rotation des comédiens, trois troupes : la première assurait notre émission quotidienne ; la deuxième donnait chaque soir sur la scène du Théâtre Saint-Georges puis du Théâtre de la Renaissance un spectacle que j'avais constitué avec les sketchs les plus hilarants ; la troisième jouait le même spectacle mais en province et dans les pays francophones.

Une petite famille s'était créée qui acceptait à la fois ma dictature (si une audition ne m'avait pas fait rire au bout d'une minute je l'interrompais), les suggestions qui prenaient souvent la forme d'ordres et surtout le fait que, ayant le moins de talent de la communauté, j'étais celui dont on parlait le plus et qui gagnait le mieux sa vie.

Pour me faire pardonner, j'ai essayé souvent de devenir leur ami. J'y ai réussi parfois. Le temps qui a passé n'a pas distendu les liens que j'avais noués par exemple avec Philippe Chevallier et Jean-Jacques Péroni que je retrouve presque quotidiennement aux « Grosses Têtes ».

En fait, à la réflexion, je n'ai pas eu grand mérite à découvrir autant de vedettes. Car il en est des comiques comme des vins. Il y a les bonnes et les mauvaises années. La cuvée 82-83-84 était exceptionnelle. Bien sûr je conseillais les jeunes gens qui venaient me voir. Certes, je les faisais travailler. Il n'était pas rare qu'ils me représentassent plusieurs fois un sketch avant que je l'estime assez abouti pour occuper l'antenne mais ils s'étaient déjà tous et quasi complètement « fabriqués » sur le plan artistique avec leurs obsessions, leurs voix, leurs phrasés et surtout les défauts qu'ils devaient transformer en qualités. Sur la centaine que j'ai dû auditionner, soixante ont travaillé régulièrement avec moi, vingt-trois sont devenus de grandes vedettes au point de donner des *one-man* ou *woman shows*. Certains ont mis un peu plus de temps à s'épanouir tel Didier Bénureau que je tiens pour un véritable génie comique. D'autres ont voulu aller du rire aux larmes comme Muriel Robin. Une trentaine d'autres n'ont accédé qu'à la notoriété – qui dure plus longtemps – des seconds rôles mais vivent de leur métier.

Je pense toujours à eux avec affection. Je suppose que certains qui sont parvenus tout en haut de l'affiche n'apprécient pas que j'ai assisté à des débuts difficiles, ont à mon égard des attitudes contrastées mais je crois que quelques-uns, trente ans après, ne m'en veulent pas de les avoir aidés.

En dehors du « théâtre » et avec une autre troupe, nous avons également donné des spectacles en province. Puis, persuadé que, de nos jours, un succès pouvait se décliner sur tous les supports et en usant de tous les moyens d'expression, j'ai adapté les « Grosses Têtes » pour la scène. Il s'agissait d'une espèce de *show*, délirant et fourre-tout, où nous nous défoulions tant que nous n'eussions jamais osé nous produire dans notre propre diocèse. Mais, loin de Paris et dans des ambiances festives où la seule question existentielle était de savoir si on allait bien s'amuser, tout était permis. Je me souviens d'une parodie de « L'École des fans » où je m'évertuais à imiter Jacques Martin tandis que Sim, avec une longue tresse, une robe très courte et des petites chaussures vernies, tenait le rôle du petit prodige de la chanson que ses parents avaient forcé à concourir.

Tout allait bien, comme d'habitude, lorsque, un soir, je me pris les pieds dans le tapis de scène et m'étalais de tout mon long, assez court. Aussitôt et devant un public en délire, la petite fille sauta sur moi et commença à me chevaucher. Je ne savais plus où j'en étais. J'étais à la fois mort de rire et de honte. Sim m'a raconté plus tard que, pour tenter de le persuader d'arrêter son manège, je lui disais : « N'oubliez pas que je suis directeur de *France-Soir.* »

La conclusion du spectacle était digne de l'Exode. Interrompant l'orchestre et imposant silence à mes camarades, je venais sur le bord de la scène et d'une voix lugubre j'annonçai : « Mesdames et Messieurs, un grand malheur vient de se produire dans la coulisse. Notre ami Castelli a été pris d'un grave malaise. Le pompier de service que nous avons appelé en renfort a refusé de lui faire du bouche-à-bouche sous prétexte qu'il avait mangé de l'aïoli. Et sans que nous puissions intervenir, notre ami a rendu à Dieu la belle âme dont aucune femme n'avait voulu. » La ficelle était grosse, énorme mais le public marchait. Et j'enchaînai : « Alors, puisque nous sommes ici ensemble, nous ses amis, ses proches, sa famille, sous ce chapiteau géant qui a les dimensions d'une cathédrale et que nous avons pris la précaution d'emporter nos enregistrements de grandes orgues, nous allons rendre tout de suite un dernier hommage à Philippe Castelli en profitant de la présence de Léon Zitrone, le Bossuet du XXe siècle, dont la devise est : "Mourrez, je ferai le reste." » Et tandis que la régie envoyait une musique triste et sublime, le gros Léon montait en chaire et commençait à psalmodier les mérites du défunt. Le convoi funèbre apparaissait alors : Sim travesti en veuve éplorée et poussant le caddie-corbillard encadré de quatre bougies allumées au fond duquel Castelli était recroquevillé. Toute la troupe suivait tandis que Zitrone brodait interminablement sur le sort funeste qui privait la France d'une des meilleures Grosses Têtes. Au terme de ce que je n'ose appeler une cérémonie, Sim extirpait du caddie une bouteille de champagne dont il déversait le contenu dans une chaussure arrachée à la dépouille de Castelli. Et il buvait à longs traits l'étrange liquide devant un public pleurant moins de chagrin que de rire.

N'appartenant pas personnellement à l'espèce des animateurs comiques, je n'ai jamais tâté du *one-man show*. En revanche, avec un culot magistral, j'ai donné des conférences, un peu partout en France et jusqu'en Suisse et en Belgique. Or, la conférence est un exercice particulier. Elle ne relève pas davantage du théâtre que du music-hall. Elle s'apparenterait plutôt à un étrange match de boxe où l'on se retrouve seul sur le ring face à des centaines de sparring partners qu'il faut veiller à ne pas mettre K.O. Bref c'est la rencontre, généralement après déjeuner, entre un notable ou assimilé que l'organisateur a abandonné devant la table recouverte d'un tapis vert et après avoir dit « qu'il n'était plus besoin de le présenter » et un auditoire si chenu que, dès les premières phrases, il a déjà sombré dans l'euphorie digestive. L'orateur ne peut ignorer les torpeurs proches du coma puisqu'on place toujours ceux qui en sont atteints au premier rang afin qu'ils puissent mieux étaler leurs jambes. Il s'agit alors de réveiller les dormeurs sans assourdir les autres. Le conférencier prend – il paraît que c'est aussi un truc de comédien – un repère dans la salle sous la forme d'un spectateur dont le visage ne trahit aucune réaction. S'il parvient à le faire sourire, c'est gagné.

Il existe trois sortes de conférenciers : ceux qui lisent un texte dont les caractères grossissent avec l'âge, ceux qui improvisent, fût-ce toujours le même discours, et ceux qui savent mêler la lecture et l'improvisation. Le conférencier digne de ce nom doit, entre deux propos sérieux, ménager des paliers de divertissement. Quand le public manque de talent, au lieu de douter du sien, il pense au chèque modeste mais auquel s'ajoutera le remboursement des frais de transport, que le secrétaire général de l'association lui remettra après la causerie qu'il a commencée en saluant une région à laquelle il est spécialement attaché et qu'il terminera en assurant qu'il n'oubliera jamais son passage dans une petite ville dont il n'est pas sûr que tandis qu'il parlait, les murs cessaient de suinter l'ennui. On l'applaudit poliment. Des dormeurs du premier rang viennent l'assurer du plaisir qu'ils ont pris à l'entendre. Une dame patronnesse offre un verre en son honneur. Un journaliste local, arrivé en retard, s'enquiert du sujet qu'il a traité.

J'ai affronté une fois le plus redoutable des publics : celui de l'université des Annales auquel, depuis près d'un siècle – c'est je crois, Yvonne Sarcey, la mère de Pierre Brisson, qui avait créé l'institution –, on propose les derniers professionnels de l'éloquence. Hélas ! Je n'en ai jamais fait partie. Bien sûr, je lançais de temps à autre une formule dont j'avais vérifié l'efficacité mais je me situais plus près de la conversation badine que de l'envolée lyrique. En fait, sur le thème « Le journalisme est-il un métier sérieux ? », j'avais bricolé un long monologue truffé de petits souvenirs et d'idées générales.

J'ai aussi donné – car là c'était gratuit – un « petit cours » aux élèves de l'École nationale d'administration, et s'agissant cette fois, des « rapports entre la haute fonction publique et les médias ». Contrairement aux autres exposés où la partie qui m'amuse le plus réside dans les questions que les participants sont admis à poser, le niveau des interrogations lancées par les futures gloires de la préfectorale ne m'a pas semblé dépasser le niveau du Café du commerce.

Bref, la conférence est un art difficile en même temps qu'un état de grande solitude mais c'est aussi un exercice salutaire, un passage obligé si l'on veut disposer de tous les moyens d'expression. Et puis, comme une séance chez le dentiste, c'est tellement bon quand c'est fini…

De ma bouche aux oreilles

Lorsque pour la première fois on m'a confié un micro, il s'agissait de parler aux Français d'outre-mer de ce qui se passait à Paris dans le domaine des arts et des lettres. En fait je reprenais mes petites chroniques du *Figaro* en les agrémentant de quelques propos plus virulents, m'étant souvenu que si *scripta manent, verba volant*. Profitant d'un étrange espace mi-rédactionnel mi-publicitaire, j'ai également confessé quelque deux mille chefs d'entreprises – souvent très moyennes – auxquels une régie astucieuse faisait payer le droit de répondre à mes questions. Un petit pensum pour l'intervieweur, un grand plaisir pour l'interviewé qui, souvent pour la première et la dernière fois de son parcours, pouvait entendre célébrer ses mérites et les performances de son entreprise.

Mais ma première école radiophonique emprunta la forme d'une participation à une émission à l'enseigne de « La Petite Semaine » où, chaque vendredi sur une station du service public, j'étais admis à évoquer les spectacles, les films, les livres et les contemporains qui me semblaient dignes d'intérêt.

Pendant quelques mois, je n'abusai pas de cette tribune car j'étais tétanisé par la présence des « grands anciens » Max

Favalelli, Jean Oberlé, Georges Ravon, Henri Magnan et Françoise Giroud. Puis je m'enhardis, je citai quelques bons mots glanés les soirs de répétition générale, je risquai des mises en boîte, je lançai des polémiques.

Cette petite expérience me mena ensuite dans les studios de RTL que Jean Prouvost, alors complètement sourd, venait de racheter. On m'engagea pour tenir une chronique quotidienne de deux minutes et demie, logée dans une tranche de divertissement que présentait brillamment Jean-Michel Desjeunes. Comme le joueur de triangle de Walt Disney, j'arrivais au milieu du concert, je jouais mon petit air et je repartais aussitôt. Un jour, je trouvai toute l'équipe en larmes. L'animateur, dépressif depuis longtemps, venait de se défenestrer et n'avait pas survécu. Il fallait assurer l'antenne. Un technicien jeta mi-sérieux mi-caustique : « Puisque Bouvard est là, il n'a qu'à essayer. » J'essayai. Le lendemain, on n'avait pas trouvé de remplaçant. Le surlendemain, on me demanda de terminer la semaine.

Quarante-cinq années se sont écoulées, j'anime toujours les après-midi.

« RTL non-stop » consacra mes vrais débuts rue Bayard. C'était une émission de deux heures et demie en direct qui se voulait vive et diversifiée. J'avais pour mission de recevoir tous ceux qui, dans les domaines les plus variés, « font l'actualité ». Les politiques succédaient déjà aux littérateurs et les comédiens aux sportifs. Le cahier des charges prévoyait également que nos micros méritassent leur nom de « baladeurs ». Un jour nous étions à Rio, un autre à Londres ou à Rome. Mais, curieusement, mon plus beau souvenir de ces « extérieurs radiophoniques » se situe à Paris et sur la berge de la Seine. Nous avions embarqué nos invités dans un bateau-studio qui naviguait entre le pont des Arts et cette réplique miniature de la statue de la Liberté qui ne donne qu'une idée rétrécie de la dimension accordée à la plus précieuse des conquêtes. Côté rive gauche et côté rive droite les berges accueillaient un embouteillage record. J'eus alors l'idée de demander aux automobilistes qui nous écoutaient à bord de leur véhicule de se manifester à l'aide de leur avertisseur sonore. Et ce fut pendant plus d'une heure un énorme tohu-bohu qui, bien que rendant nos propos moins audibles, nous procura notre plus grande fierté. Car grâce à cette interactivité et à cette immédiateté, apanage de la seule radio, nous avions établi le contact direct avec les auditeurs et mené un véritable sondage d'audience.

« RTL non-stop » dura sept ans. Le temps, paraît-il, des principaux cycles naturels et des grands amours. J'enchaînai avec un journal économico-politique entièrement improvisé. J'interdisais tout papier – et jusqu'à la moindre note – où après avoir annoncé les principales nouvelles, j'interrogeais en fonction de leur spécialité les journalistes de la rédaction avant d'interviewer les principaux politiciens. Pour corser l'affaire, j'avais demandé que l'on aménageât une limousine en mini-studio. Un quart d'heure avant de prendre l'antenne, nous nous arrêtions dans un quartier résidentiel ou populaire, je choisissais au hasard des passants de bonne volonté et je leur demandais de venir commenter avec moi l'actualité. Un procédé qui avait accru une liberté de ton qu'en haut lieu on finit par assimiler à de l'impertinence. Or à l'époque, RTL était présidée par un charmant et gastronome haut fonctionnaire qui allait prendre régulièrement ses consignes à l'Élysée. C'est ainsi que s'arrêta la prestation radiophonique qui m'aura causé le plus d'angoisses car investi de la mission – moi le plus futile, le moins diplômé, bref le moins formé à cet exercice – de débattre et d'expliquer les sujets les plus sérieux, j'ai œuvré durant trente mois dans la terreur de m'entendre dire par les politiciens accourus pour lire leur bréviaire que je ne connaissais rien au sujet que je prétendais traiter. Heureusement, il n'en fut rien. Mais moi, qui enlève toujours mes chaussures avant de prendre la parole, je n'en fus pas moins souvent dans mes petits souliers.

Après ce journal, Jean Farran se préoccupa de me trouver une autre place sur l'antenne en me faisant revenir au divertissement culturel. Se souvenant des « Incollables », une émission dite de conversation présentée par Robert Beauvais et qui avait fait les belles heures de la radio d'avant-guerre, il me proposa de prendre la suite. Je devais poser des questions d'histoire, de géographie et de littérature à des interlocuteurs choisis pour leurs savoirs à l'enseigne des « Grosses Têtes ». Pas d'autre public que les techniciens derrière la vitre de la régie. Pas d'histoires drôles. Pas de gauloiseries. Rien que des questions et – assez souvent – des réponses. Une émission complètement intemporelle. Au point que nous avions parfois six semaines d'enregistrement d'avance alors qu'aujourd'hui, assujettis au traitement à chaud de l'actualité, nous travaillons en flux tendu. Je croyais si peu au succès d'une formule qui me rebutait plutôt que Farran me rassura : « Nous commencerons la diffusion le premier avril et, si vraiment ça ne vous plaît pas, on dira que c'était un poisson et on n'en parlera plus. »

On en parle encore aujourd'hui, après avoir égalé en audience l'ensemble des radios, « Les Grosses Têtes » réunissent deux fois plus d'auditeurs que leur concurrent le mieux placé. Durant ces trente-six années, les virages n'ont pas manqué. Il a fallu négocier entre la modernité des uns et le conservatisme des autres. Hélas ! On ne parcourt pas un aussi long chemin sans laisser des amis sur le bord de la route : ceux qui ont disparu et qu'on écoute toujours grâce aux ressources d'une prodigieuse sonothèque constituée au fil des confidences et des boutades ; ceux qui se sont éloignés parce qu'ils ont pris leurs distances avec la vie active et ceux, souvent très brillants au demeurant, qui sont venus nous rejoindre et sont repartis presque aussitôt car ils étaient trop gentils ou trop méchants ou imprégnés par d'autres cultures. On ne saurait mieux comparer « Les Grosses Têtes » qu'à un de nos vieux autobus. Les sociétaires dissertent joyeusement sur la plate-forme tandis que les impétrants courent derrière en essayant de se hisser à côté d'eux. S'ils courent aussi vite que le véhicule roule – ce qui n'est déjà pas facile –, ils ne parviendront jamais à faire partie de l'équipe. D'autant que ceux qu'on appelle « panélistes » en jargon d'audiovisuel réagissent comme tous les membres de club. Les anciens ne voient jamais s'approcher un nouveau sans méfiance et ne l'aident pas toujours à surmonter les difficultés de l'examen de passage.

Si j'ose la comparaison, c'est que les bandits manchots m'ont souvent dévalisé : « Les Grosses Têtes » constituent le jackpot de la radio. Une véritable petite institution qu'à l'après-midi de leur trente-cinquième anniversaire, le chef de l'État a tenu à célébrer. Fort de cette habitude, initiée par les Anglo-Saxons, de décliner un succès obtenu sur un support précis sur tous les autres supports, l'émission phare de RTL a donné lieu à une demi-douzaine de livres, à une douzaine de disques, à cinq ans de *prime time* sur TF1, à quatre ans de captation sur Paris Première, à la diffusion quotidienne et en direct depuis vingt ans sur Bel RTL, à des T-shirts, à des cahiers de textes, à des galas qui n'avaient plus grand-chose à voir avec la formule radiophonique mais qui permettaient aux auditeurs de rencontrer physiquement ceux qui ne sollicitaient ordinairement que leur oreille. Sans oublier un cahier de vacances et, surtout, un almanach qui vient de sortir pour la cinquième fois.

Tout allait pour le mieux dans la meilleure des radios lorsque, au moment de passer dans le troisième millénaire, la vieille dame de la rue Bayard devint parkinsonniène. Une nouvelle direction était arrivée aux commandes et prétendait marquer son territoire en bouleversant la grille des programmes. Et en oubliant que la radio est, par excellence, le média de l'habitude et donc de la fidélité. Je venais d'avoir 70 ans. J'étais en fin de contrat. Certes, l'audience et la recette publicitaire étaient à leur zénith, mais je n'aurais pas eu à me plaindre si on avait mis les formes à mon éloignement. Il aurait suffi d'une reconnaissance des bons et loyaux services que j'apportais déjà à la station depuis plus de trente ans. Une petite émission hebdomadaire programmée dans la nuit de dimanche à lundi vers deux heures du matin aurait constitué une « petite retraite-chapeau » en me donnant l'impression de continuer à exister.

Au lieu de quoi mon sort fut réglé en quelques minutes : le nouveau directeur qui, au temps où il n'était qu'adjoint, m'embrassait fougueusement à chaque bon sondage – c'est-à-dire tous les trimestres –, se montra aussi laconique que distant : « Votre contrat ne sera pas renouvelé. » Je ne m'y attendais pas vraiment car j'avais déjeuné une semaine plus tôt avec le président de la station qui n'avait fait aucune allusion à mon possible départ. Mais c'est la vie des entreprises. Plus rien à espérer. Aucune indemnité à attendre. Mon bourreau se contenta de me souhaiter « Bonne chance », cruauté supplémentaire lorsque la formule s'adresse à un septuagénaire qu'on vient de lourder. Puis il me raccompagna jusqu'à l'ascenseur afin de s'assurer que j'allais bien débarrasser le plancher.

Sur le trottoir de la rue Bayard, je rencontrai un confrère affecté à la rubrique radio d'un quotidien national. À ma tête, il comprit qu'il se passait quelque chose. Je lui fis part de mon renvoi. Il me demanda ce que je pensais de ceux qui avaient pris cette initiative et prenant exemple – toutes proportions gardées – sur le Général qui n'affrontait jamais un nouveau problème sans exhumer un vocable très ancien, je déclarai posément : « Ce sont des gougnafiers. »

Comme la grande actualité sommeillait cette semaine-là, j'eus droit le lendemain à la manchette sur toute la largeur de la première page : « Bouvard viré par des gougnafiers ». Des confrères qui ne me portaient pas jusque-là dans leur cœur mais qui détestaient encore davantage les nouveaux dirigeants de la station prirent le relais. Bien sûr, j'avais largement dépassé l'âge de la retraite mais les sondages et la *vox populi* attestaient que je n'avais pas démérité.

Dans une ambiance tendue et tristounette, je terminai les derniers enregistrements de la saison : sans savoir encore ce qu'il adviendrait de l'émission et surtout de ceux qui, au micro ou dans la coulisse, y participaient avec moi. Lorsque, ma dernière émission bouclée, je quittai la station – moi qui avais cru plaisant de répondre quelques mois plus tôt, à un journaliste qui me demandait pourquoi j'étais toujours là, qu'il fallait imputer ma fidélité aux murs au fait qu'il y avait eu tellement de travaux depuis mon arrivée que je ne trouvais plus la sortie –, je n'eus droit en guise d'adieu qu'à la poignée de main d'un vigile.

Quelques jours plus tard, Jérôme Bellay qui dirigeait Europe 1 m'appelait. Il me proposait une chronique humoristico-politique le matin à 7 heures et demie, la meilleure heure. Je n'aurais pas à me déranger, on tirerait une ligne spéciale jusqu'à mon bureau, situé au-dessous de ma chambre à coucher, et je pourrais intervenir en direct et en pyjama. Je devais de surcroît me mêler, sous la houlette de Laurent Ruquier, à son émission quotidienne qui, par pur hasard, était diffusée à la même heure que « Les Grosses Têtes ». J'acceptai, encouragé par mon vieux chauffeur :

« Nous serons mieux rue François Ier, on stationne plus facilement. » Apparemment, je me bornais à traverser l'avenue Montaigne. En fait, je changeais d'univers. Plutôt bien accueilli, je posai derechef au milieu des vedettes de la station pour la grande affiche de rentrée.

Christophe Dechavanne, aux côtés duquel j'avais travaillé pendant un an sur TF1 et qu'on avait désigné pour me remplacer sur RTL, m'invita à déjeuner. Comme je l'aimais bien, je ne lui cachai pas la difficulté de l'entreprise. Non pas de me succéder mais de prendre les commandes d'un divertissement exploitant des références culturelles dont je n'étais pas certain – pâle euphémisme – qu'il les possédât. Il m'écouta attentivement tandis que je déroulais le cahier des charges de l'émission. Certes, on pouvait modifier la formule mais il fallait avancer doucement en ne détruisant pas tous les fondamentaux. « En somme, me dit-il, vous me déconseillez d'y aller ? » J'opinai. « Eh bien, conclut-il, c'est trop tard car j'ai signé mon contrat hier. »

Alors qu'il arrivait à RTL, je commençais à prendre mes marques à Europe 1. Pour la chronique matinale, il n'y avait pas de problème sinon que je m'insérais dans un contexte très sérieux et qu'un auditoire, très exigeant car très informé, n'eut pas laissé passer le moindre dérapage. Et puis, il y avait ces cent cinquante secondes qui m'étaient quotidiennement imparties. Un temps très court à l'aune de la durée d'une journée. Un espace interminable lorsqu'il s'agit de développer une idée et une seule, selon la loi du genre. À 5 heures du matin, j'étais déjà debout relisant le texte si je l'avais écrit la veille ou le rédigeant fébrilement si, après avoir écouté les premiers bulletins d'informations, j'avais choisi un sujet plus chaud. Et puis il y avait l'épreuve du direct. Non pas dans les studios qui m'accueillaient habituellement mais à mon propre domicile. Me croira-t-on si je précise que j'enfilais une robe de chambre avant de me lancer, comme si l'image eut accompagné le son ? C'est pourtant la vérité.

La chronique, version parlée du billet que je publiais dans la presse écrite – depuis des années – s'installa plutôt bien. Il n'en fut pas de même l'après-midi avec la bande à Ruquier. D'abord parce qu'on parlait surtout de sport et que je n'y connaissais rien. Ensuite parce que Ruquier prenait plaisir à m'humilier en remarquant, *in petto*, et contrairement à la vérité, que j'avais quitté le bateau des « Grosses Têtes » alors qu'il faisait naufrage. Je finis par lui mettre le marché en mains : « Si vous continuez à dire pis que pendre de mon ancienne émission, je dirai à propos de la vôtre que je n'ai jamais participé à une émission réunissant aussi peu d'auditeurs. » Nous en restâmes là mais je savais qu'il coupait assez systématiquement au montage mes interventions.

Rue Bayard les affaires périclitaient. Près de deux millions d'auditeurs avaient quitté la station l'après-midi. Les annonceurs se faisaient rares. Les copains qui avaient si efficacement soutenu l'animateur à la télé au moment de « Coucou c'est nous » n'étaient pas plus à l'aise que lui à la radio. On vit arriver de nouvelles têtes. On lança sur l'antenne de nouvelles rubriques. Rien n'y fit : le ver était dans le fruit et les auditeurs plus à l'écoute.

Trois mois ne s'étaient pas écoulés que Dechavanne était sur le départ. RTL arrêta les frais en janvier. Et se mit à reprogrammer mes anciennes « Grosses Têtes » que Bel RTL, notre partenaire belge, n'avait jamais cessé de diffuser. Le directeur de la station suivit Dechavanne. Un autre fut nommé à sa place – Robin Leproux –, qui, le soir même de son entrée en fonction, vint me voir chez moi alors que je disputais une partie de poker avec des amis, accompagné par Jean-Charles de Keyser, un talentueux camarade avec lequel j'avais œuvré et noué des liens d'amitié, afin de me proposer de reprendre ma place sur l'antenne.

L'invitation me prit d'autant plus au dépourvu que mon contrat avec Europe 1 courait encore pour cinq mois. Dès le lendemain matin, j'allai voir Jérôme Bellay et lui fis part de la proposition. Il réfléchit quelques minutes puis me dit : « Mon cher Philippe, oubliez votre jeune maîtresse et retournez chez votre vieille épouse ». C'était à la fois drôle, sage et émouvant. Je lui envoyai, en guise de remerciements, un gros coffret de cigares et retraversai l'avenue Montaigne.

Je me souviens de ces retrouvailles : la rue Bayard remplie d'auditeurs au point d'interrompre toute circulation. Les confrères venus recueillir mes états d'âme. Et votre serviteur bouleversé, au bord des larmes, serrant à son retour des centaines de mains alors qu'à son départ il n'avait eu droit qu'à cinq doigts.

« Les Grosses Têtes » purent reprendre leur cours normal avec la bénédiction des auditeurs (j'ai mis six mois à répondre à leurs missives de soutien puis de félicitations) et les commandes des publicitaires affluèrent de nouveau. Naturellement, j'avais profité de mon retrait pour me repasser toutes les séquences des « Grosses Têtes » et pour imaginer les moyens de les renouveler. Le retour se fit donc sous le signe de l'innovation. J'inventai des rubriques, je recrutai des talents. Je m'évertuai à réaliser l'équilibre entre rigolade et culture en ne laissant nulle place de l'actualité où l'investigation impertinente ne passât et repassât.

Mes absences de l'antenne ont été rarissimes : une après-midi en 1970 pour cause d'extinction de voix rebelle. Et en 2008, je suis intervenu depuis mon lit d'hôpital, où je subissais des examens, pour lancer l'émission. Le lendemain, j'ai présenté de bout en bout « Les Grosses Têtes » depuis mon domicile et sans qu'aucun auditeur ne s'aperçoive de rien.

Douze années se sont écoulées. Je me demande certains jours si mon escapade forcée sur Europe 1 a vraiment eu lieu et si, dans l'histoire de l'entreprise française, il y a eu un autre exemple de septuagénaire mis à la porte puis réengagé cinq mois plus tard et bénéficiant de nouveaux contrats jusqu'à la quatre-vingt-cinquième année de son âge ?

Je livre en ville

Je n'étais pas fait – sauf pour la taille – pour le petit écran. La radio m'avait annexé parce que je m'étais concocté une petite réputation dans la presse écrite. La télé vint me chercher parce qu'on m'entendait beaucoup à la radio. Mais j'avais fréquenté, avec la fonction d'assistant, deux émissions récurrentes où je n'apparus jamais.

D'abord les « Trente-six Chandelles » de Jean Nohain, fils du poète Frans Nohain et frère du comédien Claude Dauphin, lui-même pionnier du divertissement hertzien qui, chaque semaine sur son plateau, réunissait les plus grandes vedettes françaises et internationales en les rendant méconnaissables à force de maquillage et de travestissements.

Puis je passai à la quotidienne de la mi-journée que présentaient Roger Féral (frère de Pierre Lazareff) et Jacques Chabannes en compagnie de l'infortuné Jacques Angelvin dont la carrière devait être écourtée par la découverte de quelques kilos de drogue logés dans la carrosserie d'une voiture américaine qu'il avait amenée de France aux États-Unis. J'étais plus spécialement chargé de « préparer les poches ». Il s'agissait de glisser dans les vestons de Féral et Chabannes des prospectus ou des placards dont la partie supérieure, offerte à la caméra et évoquant les fournisseurs ou les amis des deux compères, pouvait être déchiffrée par les téléspectateurs. Sans le savoir, le duo venait d'inventer la publicité clandestine et le message subliminal.

Si j'excepte quelques participations éphémères à des émissions qui n'ont pas laissé grande trace dans l'histoire de l'audiovisuel, je dois remercier la productrice et présentatrice Michèle Arnaud, à l'origine interprète de chansons à texte, et son réalisateur Jean-Christophe Averty de m'avoir donné ma première chance et en excellente compagnie puisque je me suis retrouvé costumé en boy-scout à côté de Jacques Charron et de Robert Hirsch qui, entre deux représentations classiques à la Comédie française, multipliaient les travestis hilarants.

En 1960, Michèle Arnaud souhaitait que je transposasse à la télé mes interviews piquantes du *Figaro* et de RTL non-stop. Ravagé par le trac, au point qu'une partie de mon cachet était transformé en élixir parégorique, je m'efforçai de lui donner satisfaction en faisant dire aux invités autre chose que ce qu'ils étaient venus dire. Le *talk-show* était en train de naître. La télé était si récente qu'il fallait tout inventer. Averty créait le scandale en passant des bébés en celluloïd à la moulinette. Moi, je m'essayais à l'insolence.

Je lançai le premier concours de sosies de vedettes avec une fausse Bardot plus vraie que nature et un faux Sardou qui vivait des galas qu'on lui confiait lorsque le vrai n'était pas libre. Peu à peu je m'enhardis. Comme j'avais découvert qu'on ne souffrait plus du trac dès lors que, menant une émission, on savait mieux que personne ce qui allait se passer, je pris la responsabilité globale des émissions que j'animais.

Qu'on me permette d'ouvrir ici une parenthèse : en dépit de mes innombrables incursions dans l'audiovisuel et, contrairement au distinguo imposé parfois par certaines instances, j'ai toujours été journaliste. Et uniquement un journaliste puisqu'à la radio et à la télévision, j'ai assumé des responsabilités identiques à celles que j'exerçais dans la presse écrite : définition d'une formule ; choix des sujets ; sélection des interviewés.

En 1970, l'émission « Samedi soir », qui exploita, durant sept années, ce qu'aujourd'hui on appelle un « concept », emprunta des titres différents pour faire oublier que rien ne changeait. Elle aura été, je crois, le premier *talk-show people.* Il s'agissait d'abord d'informer les téléspectateurs de province de ce qui se passait à Paris.

J'avais choisi le décor de chez Maxim's car c'était à l'époque le restaurant le plus célèbre du monde en même temps qu'un lieu inaccessible si l'on ne possédait pas fortune et notoriété. Dans ce décor conçu uniquement à l'époque pour le plaisir des convives par Suzanne Lalique, je faisais évoluer les vedettes. Toutes les vedettes. Des vedettes qui sans moi ne se seraient sans doute jamais rencontrées. L'une de mes fiertés est d'avoir assis un soir Coluche entre Salvador Dalí et Isabelle Adjani. Il importait également de rompre avec la monotonie des apparitions promotionnelles. Certes, j'ouvrais la devanture du grand magasin d'informations dont j'étais l'étalagiste à tous ceux qui commercialisaient un spectacle ou lançaient un livre. Mais donnant donnant. Car je leur demandais de payer leur écot en parlant avec une franchise totale de leur famille, de leurs ambitions et de leurs rêves.

Partant du vieux principe, dont j'ai souvent vérifié la réalité, selon lequel si la gentillesse s'improvise, l'agressivité (la méchanceté n'a jamais fait partie de mon vocabulaire personnel) se prépare, je n'hésitais pas à parcourir une documentation de plusieurs dizaines de pages pour poser quelques questions. Je cherchais – je cherche toujours – la faille de la carcasse, le défaut de l'armure. Pas pour blesser l'invité mais pour qu'un peu de poil à gratter le démange. Ainsi m'est-il souvent arrivé de mettre le doigt sur des secrets importants, sur des révélations graves qui, étalés devant des millions de gens auraient pu modifier une image, infléchir le cours d'un destin, voire briser une carrière. Je ne l'ai jamais fait. Parce que je ne suis pas un policier ni un juge. Parce que je ne veux du mal à personne. Je veux le bien à ceux qui me lisent, qui m'écoutent et qui me regardent. Je laisse donc à d'autres, qui s'y emploient admirablement, le journalisme d'investigation pour ne pratiquer quant à moi que le journalisme de divertissement.

« Samedi soir » prit rapidement son essor. Sur le trottoir de la rue Royale, un groom portant au-dessus du front l'enseigne de l'établissement ouvrait la porte à la buraliste de Pézénas et au garagiste de Tourcoing. Nous avions installé caméras et micros au premier étage. En alternant plantes vertes et plantes grasses. Les plantes vertes étaient louées à un fleuriste voisin, les plantes grasses, qui ne méritaient pas toujours ce qualificatif, venaient d'une agence de mannequins. Ce n'était pas désagréable que d'être entouré d'une douzaine de jolies filles. Sauf que, la plupart du temps d'origine scandinave, elles ne comprenaient pas un mot des propos qui s'échangeaient et ne riaient donc jamais.

Le champagne et le whisky coulaient à flots, gommant les timidités, réduisant les complexes et suscitant quelques audaces. Je me souviens d'un soir où l'excellent Bernard Franck, convié pour vanter les mérites de son dernier roman et ayant, pour se donner du courage, forcé préalablement sur les libations, se retrouva placé à côté d'une ravissante « plante grasse ». Alors que je tardais un peu à l'interroger, sa main s'égara sur la cuisse de la demoiselle et le message littéraire fut un peu brouillé.

Comme, me défendant de vouloir blesser et n'ambitionnant que d'égratigner je posais souvent des questions indiscrètes et en apparence saugrenues, certaines chanteuses partaient ravies et ne se fâchaient que le lendemain lorsque leur entourage leur expliquait que je les avais roulées dans la farine.

Bref, lorsque la série s'arrêta au bout de sept ans, m'étant moqué peu ou prou de tout le monde, je risquais de me retrouver seul devant la caméra.

Je mis ensuite à profit le principal enseignement de la formule : les confidences varient du tout au tout selon qu'elles sont consenties par les invités qui, étant placés devant une table basse, ne pensent qu'à baisser leur jupe ou à remonter leurs chaussettes ou par des invités auxquels on donne la possibilité de mettre les coudes sur une table où l'on a placé de quoi boire et grignoter.

L'occasion se présenta de perfectionner ce dispositif avec « Passez donc me voir », émission quotidienne de la mi-journée sur Antenne 2 dont les invités n'étaient pas seulement des vedettes mais également ces personnages pittoresques dont je suis toujours friand. J'avais fait reconstituer minutieusement le décor d'un bistrot parisien. Rien ne manquait. Ni le zinc surmonté d'un robinet d'où s'écoulait la bière à la pression ni le percolateur fonctionnant en live ni les guéridons de marbre ni les chaises cannelées. Un brave réfugié politique roumain que j'avais baptisé Léon assurait le service tandis que je passais de table en table d'un historien à un petit inventeur ou d'un ecclésiastique à un rockeur. La parole était d'autant plus libre et l'ambiance détendue que, selon mon vœu, aucun micro ni aucune caméra n'étaient visibles. Au bout de quelques minutes, mes invités oubliaient donc qu'ils se trouvaient sur un plateau de télévision, que leurs propos et leur image parvenaient en direct à des millions de contemporains.

Jamais, je crois, je n'ai mieux assuré mes fonctions de confesseur laïque. Jamais on ne m'a répondu aussi franchement. Jamais je n'ai obtenu d'ambiance plus amicale entre gens qui, quelques minutes plus tôt, ne se connaissaient pas. Le « petit noir » et le « petit blanc » avaient fait des miracles. Les techniciens aussi qui avaient réussi à cacher le matériel destiné à capter le son et l'image.

Je me souviens d'un jour où, bousculant notre très léger service d'ordre, des syndicalistes en colère avaient fait irruption dans notre studio. Ils s'insurgeaient contre une nouvelle loi ou des vieux patrons, je ne sais plus exactement. Mais ils n'étaient pas contents et cherchaient une tribune. Au lieu d'arrêter l'émission en attendant qu'ils soient partis, je les accueillis le plus gentiment possible. « Naturellement on va vous donner la parole mais en attendant, laissez-moi vous offrir un verre. » Et ils s'étaient retrouvés piégés, sirotant les boissons offertes par le service public. Il avait fallu que je leur demande les raisons de leur colère pour qu'ils s'expriment enfin. Après quoi, comme ils voulaient s'en aller, je les avais retenus en leur demandant d'assister au reste de l'émission. Je suppose qu'avec des micros et des caméras visibles – et rien à boire – ce retournement de situation n'eût pas lieu.

Mais 1981 arriva. Changement de régime et grand ménage dans l'audiovisuel. Je m'attendais à être victime de la chasse aux sorcières. Il n'en fut rien. Marcel Julian qui dirigeait Antenne 2 me donna au contraire de l'avancement en me confiant « Bouvard en liberté », une grande émission de soirée qui se déroulait entièrement en direct.

Il s'agissait d'évoquer en détail et plaisamment le parcours d'un invité recruté parmi les principales têtes d'affiches du spectacle – de Gilbert Bécaud à Serge Gainsbourg. Pour ce faire, je concevais et faisais construire une vingtaine de mini-décors correspondant chacun à un épisode important de la carrière de l'invité. Nous passions de décor en décor. Nous asseyant sur des bancs d'école afin de reconstituer une scolarité souvent difficile. Ou sur un lit pour évoquer – très convenablement – la vie sentimentale. Ainsi reconstitué, le passé revivait vraiment avec son cortège d'émotions, de regrets, de remords parfois. Au bout de deux heures et demie, je refermais l'album de famille avec l'impression d'avoir fait mieux connaître un personnage connu.

Je pense qu'aujourd'hui on ne prendrait plus le risque du direct pour ce type d'émission. L'habitude s'est installée d'enregistrer très au-delà de la durée prévue pour la diffusion afin de ne conserver que le meilleur. Or, ce qu'on coupe grâce au montage n'est pas toujours le plus mauvais. Je garde la nostalgie du direct qui galvanise les compétences, sublime les talents et incite au dépassement de soi-même. Une grâce d'état partagée en régie et en coulisse car si durant un enregistrement les petits incidents techniques ne sont pas rares, en direct ils disparaissent presque complètement.

J'ai failli oublier de citer l'émission qui fut la moins regardée et la mieux rétribuée : « Le Bar des ministères », une demi-heure quotidienne à commenter l'actualité entre grandes gueules et joyeux drilles et encore dans le décor d'un bistrot.

Robert Hersant venait de racheter « La Cinq ». Il apportait à ce nouveau défi beaucoup d'enthousiasme, pas mal d'argent et peu d'émetteurs. Nous ne devions pas beaucoup être regardés car personne en dehors de lui ne donnait l'impression de suivre la chaîne. Notre performance était pourtant considérable : un kiosquier des Champs-Élysées me livrait chaque matin à 5 h 30 tous les journaux sortis des rotatives. À 6 h 30, je dictais les textes, largement inspirés par l'actualité, que les comédiens devraient apprendre vers 9 heures afin d'être prêts à enregistrer deux heures plus tard.

Nous avons beaucoup ri, nous nous sommes bien amusés. Dommage que nous ayons été les seuls.

Sans Michel Drucker, « Les Grosses Têtes » ne seraient sans doute pas passées aussi allègrement de la radio à la télé car c'est lui qui, nous invitant durant plusieurs semaines dans son émission dominicale, avait permis de visualiser pour la première fois notre psychodrame. Les dirigeants de TF1 durent trouver la tentative réussie puisque nous fûmes priés d'adapter le « concept » au petit écran.

La formule retenue pour des interventions mensuelles et parfois bimensuelles fut très différente de celle que nous développions chaque après-midi. D'abord le décor : un amphithéâtre de cirque reconstitué sous la voûte de Bobino dont j'étais devenu propriétaire. Ensuite des participants davantage choisis parmi les fantaisistes et les comiques. Enfin nos improvisations habituelles remplacées par seize sketches ou chansons qu'il nous fallait écrire et répéter à chaque fois.

J'en profitai pour faire faire à de nombreux participants ce qu'ils n'avaient jamais fait : Stéphane Bern se travestit en Reine d'Angleterre ; Pierre Bellemare devint manager de boxe ; Francis Perrin et Sim composèrent, pendant les cinq années que dura la série, un extraordinaire duo burlesque. Un autre jour et sans m'en avoir préalablement prévenu, je fus déguisé en Jordy et sommé de m'agiter en play-back sur une de ses chansons de bébé.

Bref, chacun avait à cœur de prendre de nouveaux risques, de se montrer comme on ne l'avait jamais vu. Un vrai gala de l'Union qui nous valut jusqu'à treize millions et demi de téléspectateurs. Si je pris la décision d'arrêter, en plein succès, c'est parce que nous n'en pouvions plus, car nous avions la sensation d'avoir tout fait, tout dit, et ne voulions pas donner l'impression de bégayer.

Je tentai de ressusciter le « Théâtre de Bouvard » sur France 3 et sous le label toujours aussi modeste (mais il était devenu la première exigence des directeurs de chaînes) de « Bouvard du Rire ». Hélas ! la seconde cuvée n'était pas à la hauteur de la première. Je dénichai quelques bons comédiens mais on ne vit poindre aucune nouvelle star à l'horizon.

On me confia encore quelques « spéciales » comme un réveillon de fin d'année que j'animai avec Michel Drucker et Jacques Martin. Pendant quinze jours, nous répétâmes, Michel et moi, ces trois heures d'antenne, Martin, lui, trouvait chaque jour une excuse pour échapper à ce rituel de la « préparation » qu'il exécrait. Lorsqu'il nous rejoignit enfin, le grand soir venu, il n'était au courant de rien et il fut le meilleur.

Contrairement à d'autres, je n'ai jamais fait mes « adieux » à la télévision – on m'y voit encore d'ailleurs sur Paris Première –, mais j'ai pris mes distances. Si la radio me passionne toujours autant, je suis moins enthousiaste à l'idée de montrer à mes contemporains, surtout aux heures des repas, une bobine qui pourrait leur couper l'appétit. J'en supporte moins bien certains impératifs comme le maquillage et les projecteurs. Enfin, la télé m'apparaît, en dépit de l'évolution des mœurs, comme un peu guindée à l'époque où à la radio on ne craint pas de s'exprimer comme dans la rue ou dans les cours de récréation. J'en accuse les contraintes engendrées par une image dont on ne se préoccupe pas – et pour cause – lorsque l'on a seulement en face de soi un micro. J'en fais porter également le chapeau à cette notion de « Voix de la France » que le président Pompidou avait appliquée voilà quarante ans à la télévision de service public mais qui, mal comprise, colle encore trop souvent à la peau des journalistes et des animateurs du secteur privé.

Mon chant du cygne s'est présenté avec une grande rétrospective sur France 2 – « Cinquante ans de rires » – qui m'a permis de réunir, outre mes amis les plus chers, un maximum de spectateurs, ainsi que de revoir de nombreuses séquences mémorables mais que j'avais complètement oubliées. Enfin il y eut le documentaire « Empreinte » sur France 5. Très bien réalisée par Jacques Pessis, le plus doué de mes « fils spirituels », et qui me donna l'occasion de revenir sur mon enfance, d'avouer mes turpitudes, de regretter mes échecs, de déplorer mon égoïsme et de méditer publiquement sur un parcours sans gloire mais sans honte. Ce n'est pas tout car ces deux ultimes émissions m'ont accordé le privilège assez rare d'assister, encore vivant, à ma propre nécrologie.

La recette pour cuisiner « Les Grosses Têtes »

On m'a souvent demandé – ces chers confrères pas forcément originaux, comme le public, toujours curieux – comment réussir une émission capable d'occuper les ondes plus de trois décennies durant. La recette est simple.

Vous prenez une vedette ou assimilée du théâtre, du cinéma, de la littérature, du sport ou de la politique.

Vous lui lancez votre invitation.

Si elle l'accepte, vous essayez de lire :

a) d'abord son livre si c'est un auteur ;

b) ensuite le dossier établi à l'aide des articles qui lui ont été consacrés.

Vous laissez reposer pendant quelques jours.

Puis, avec les réponses figurant dans votre documentation, vous imaginez les questions qui permettront à votre invité, lorsqu'il aura évoqué ce qu'il est venu vendre, de parler de lui. Et si possible avec une franchise complète.

Après quoi, vous prévoyez un invité surprise moins important que l'invité d'honneur et n'ayant aucun rapport avec lui.

Vous préparez une revue de presse à l'aide des quotidiens du matin et, le mercredi, des deux hebdomadaires satiriques

(*Canard Enchaîné* et *Charlie Hebdo*) autorisant la diffusion de méchancetés que vous n'auriez jamais osé proférer vous-même.

Vous demandez à l'un de vos chers complices de préparer un « coup de sang », c'est-à-dire une chronique où il s'attaquera à un politicien en vue, à un phénomène de société ou à tout autre sujet excitant sa verve et motivant sa vindicte.

Vous ajoutez sous forme de « lanterne » le traitement d'un sujet d'actualité ayant besoin d'être explicité.

Vous saupoudrez avec des réparties spirituelles et vachardes.

En guise de dessert, vous proposez une histoire drôle.

Vous servez très chaud. Sans jamais oublier que cette collation d'après-midi constitue un goûter pour les oreilles et ne doit pas peser sur l'estomac. Quand il s'agit de vacheries mémorables, vous régurgitez de temps à autre.

Clip-clap-clop

J'ai dirigé un théâtre, je suis monté – enfant – sur des planches précoces, j'ai montré ma bobine à la télévision, mais aussi, eh oui, connu des instants mémorables devant la caméra du cinéma. Pas forcément au point de marquer la rétine – même si j'imprimais la pellicule –, mais bon. Bref, profitant et abusant de la confusion qu'engendre la proximité à la télévision et à la radio entre l'artiste et le journaliste, j'ai cédé parfois à la tentation de jouer à la vedette avec les moyens très réduits du bord.

Ma première apparition survint dans le seul film tourné par Roger Pierre et Jean-Marc Thibault. Il s'agissait d'une figuration inintelligente puisque j'étais l'un des concurrents d'un concours de demeurés animé par Francis Blanche. J'ai retrouvé une photo me montrant les yeux vagues, la lèvre pendante et, autour du cou, une pancarte avec mon nom.

Avec *Vacances explosives*, j'eus droit à la parole. Et à un rôle de jeune premier. En fait, je ne devais apparaître au générique que comme le loueur de la grosse voiture américaine décapotable qui transportait le couple vedette. Mais le comédien professionnel étant tombé malade à la veille du premier tour de manivelle, c'est moi qu'on choisit en désespoir de cause pour le remplacer.

J'avais peut-être le physique de l'emploi mais pas le moindre talent. Si ce dernier avait été contagieux, j'aurais pourtant été pourvu car le scénario m'avait donné comme parents Arletty et Robert Vattier. Avec la première, grande comédienne, femme spirituelle, libérée et admirable qui, durant la dernière partie de sa vie, réconfortait par téléphone les non-voyants alors qu'elle était elle-même atteinte de cécité, je conservai bien après le film des rapports amicaux. Et je ne rencontrerais jamais Vattier sans l'appeler encore « Papa ».

On m'avait offert pour épouse Ginette Pigeon qui, ensuite, disparut des écrans. On n'entendit plus jamais parler du metteur en scène. Le producteur se donna la mort. J'ai revu ce trop long métrage un soir sur une chaîne câblée. C'était vraiment exécrable mais ma voiture américaine était belle.

J'assistai de nouveau à un tournage mais, cette fois, comme dialoguiste. C'était un film d'espionnage réalisé par Christian-Jaque et j'étais chargé de faire parler, entre autres, Bourvil, la tête d'affiche. Chaque matin en se maquillant il m'interrogeait sur la façon dont je voyais son personnage et sur la signification de certains des propos que je lui prêtais. Une belle leçon de conscience professionnelle.

Mais c'est *L'Aile ou la Cuisse* de Claude Zidi qui me valut mon plus grand rôle et le seul emploi que je sois capable de tenir : celui d'un journaliste frondeur et parfois indiscret. Ainsi, pendant près de trois semaines, me rejoignaient quotidiennement Louis de Funès et Coluche. Louis de Funès, déjà très malade, se réfugiait entre deux prises dans une roulotte médicalisée. Sur le plateau, il apportait à l'interprétation d'un affairiste survolté un cœur qui n'était déjà plus en parfait état de marche. Coluche, lui, avait retrouvé la timidité de ses débuts, tétanisé par la présence de l'acteur préféré des Français.

Cette longue incursion dans les coulisses et les secrets du septième Art a produit sur moi un effet inattendu et irréversible. Je n'assiste plus jamais à une projection sans voir latéralement ce qu'on cache au public. À savoir les comédiens qui, sous l'œil indifférent des maquilleuses, répètent leur texte jusqu'à la dernière minute, le réalisateur qui s'énerve, les assistants qui rameutent, la script qui rappelle que dans le plan précédent le notaire n'avait pas le col de la chemise déboutonnée et portait un nœud papillon, les cafouillages, les plaisanteries, les prises de vue qu'il faut recommencer parce qu'un avion est passé au-dessus du décor ou qu'un machiniste a éternué. J'aperçois aussi le producteur qui regarde sa montre, le comptable qui prépare les chèques qu'il distribuera le soir venu à toute la troupe, le photographe de plateau qui fixe certaines images animées, le chargé de presse qui cornaque un journaliste en lui expliquant qu'il s'agit du chef-d'œuvre du siècle. Bref, un luxe de détails qui me détourne du principal. Bref, un film à l'affiche et qu'en principe je suis venu voir.

Je me souviens d'eux…

J'aurais connu, sinon la terre entière, au moins la plupart des têtes d'affiche, des seconds rôles et des troisièmes couteaux. Certains, qui n'étaient pas toujours les plus séduisants ou les plus talentueux, m'ont impressionné durablement par leur fantaisie. Voilà un demi-siècle, ils tenaient plus de place dans la ville parisienne qu'aujourd'hui dans les nécropoles. D'autres – pas la majorité – ont survécu provisoirement. Tous ont droit à un coin privilégié dans ma mémoire. Et parfois dans mon cœur.

Achard (Marcel et Juliette)

Couple vedette des années 60. Lui, auteur à succès (à la première de *Patate*, le public avait applaudi vingt-deux minutes montre en main) avant de devenir académicien ; elle, épouse d'auteur et d'académicien. Décrite par la jolie comédie en vers intitulée *Les Glorieuses* qu'André Roussin avait consacrée à ces petites femmes que l'on trouve toujours à l'ombre des grands hommes.

Marcel œuvrait rue de Courty à 50 mètres du Palais Bourbon dans un bureau situé tout au fond d'un vaste appartement, comme la reine des abeilles dans sa ruche. En le voyant ainsi travailler en pyjama, j'avais conçu l'ambition de faire de même, réalisée l'âge venant.

Les Achard étaient de toutes les fêtes. Chaque jour, Marcel signait des préfaces, donnait des interviews, improvisait les bons mots. De temps à autre, il acceptait de participer à une fiesta organisée à l'étranger. Ces jours-là, Juliette, qui n'était pas du voyage, l'accompagnait jusqu'à la passerelle de l'avion où elle recommandait à la jeune femme qui devait la remplacer durant quelques jours, de « ne pas oublier de faire prendre ses pilules à Marcel ».

André (François)

Petit paysan venu d'un département dont le nom offrait une rime riche à la dèche, il avait bâti en quelques décennies l'une des premières fortunes de France. Sa belle stature l'avait d'abord mené vers les pompes funèbres en qualité d'ordonnateur. Ayant remarqué qu'après une inhumation, les survivants de la famille avaient soif, il s'était acoquiné avec un bistrot installé tout près du cimetière vers lequel, moyennant une honnête commission, il dirigeait ses clients. Par la suite, il rencontra Eugène Cornuché, un ancien maître d'hôtel de chez Maxim's, avec lequel il jeta les bases ludiques et hôtelières de ce qui constitue aujourd'hui « La chaîne Barrière ». Après la guerre, tenant la promesse qu'il avait faite à un camarade de tranchée tué sous ses yeux, sa première visite avait été pour la Baule où vivait la fille du disparu. En sortant de chez elle, il s'était avisé que d'énormes terrains bordant la plus belle plage d'Europe étaient à vendre pour presque rien et il avait tout acheté, devenant ainsi l'unique propriétaire d'une station promise à un beau développement touristique.

Il m'avait pris en affection et, comme les pratiques du *Figaro* étaient aussi les siennes qui allaient de Deauville à

Cannes et d'Ostende à Menton, je ne l'ai guère quitté. Il était marié avec une ancienne modiste qui, paralysée, faisait pousser sa chaise roulante jusqu'à une table de roulette où elle jouait contre son mari. Je me souviens de l'empereur des casinos trônant en haut de l'escalier du Salon des ambassadeurs à Deauville la tête couronnée par un panama et tenant son parapluie bicolore en guise de sceptre. Les grands de ce monde venaient s'incliner devant lui qu'il gratifiait – y compris les Rothschild – d'un protecteur « Merci mon petit ».

Audiard (Michel)

Issu du journalisme actif qui, selon lui, consiste à livrer les journaux à vélo tandis que les journalistes passifs ne bougent pas de leur bureau, il sut transformer sa gouaille naturelle et son impertinence foncière en filon cinématographique. Fabriquant à la chaîne de bons mots promus répliques cultes, il n'avait pas son pareil pour faire parler Gabin à l'écran comme Gabin s'exprimait à la ville.

Il habitait Dourdan à 50 kilomètres d'un Paris qu'il ne fréquentait, la casquette vissée sur la tête et portant souvent des pinces à vélo, que pour signer des contrats et les soirs de premières. Débordé de propositions qu'il ne pouvait pas toutes accepter, il avait persuadé un producteur de me confier l'écriture d'un dialogue. Huit jours plus tard, je l'appelai triomphant : « J'ai travaillé toutes les nuits, le dialogue est prêt, je vais le livrer aujourd'hui c'est-à-dire avec deux mois d'avance. » En m'entendant, il était descendu de sa chère bécane pour monter sur ses grands chevaux : « Tu es fou, petit malheureux. Livre plutôt ton travail avec deux mois de retard. Autrement, les producteurs trouveront qu'ils t'ont donné trop d'argent ou que tu as bâclé le boulot. »

Aznavour (Charles)

Jean Yanne l'admirait pour être « le seul homme capable de monter debout dans une Rolls Royce » et Thierry Le Luron prétendait que « l'enroué vers l'or » se gargarisait chaque matin avec des oursins. Et moi j'admire toujours la fulgurance d'une réussite obtenue en dépit d'un physique et d'un organe vocal qui ne le prédestinaient pas à se hisser tout en haut de l'affiche.

En fait, ce n'est pas seulement le talent qui a fait le succès d'Aznavour. C'est l'intelligence avec laquelle il a mené sa carrière et a construit son image. Celle qui perdure encore aujourd'hui d'un des rares chanteurs français à pouvoir s'exporter dans tous les pays, d'un plus qu'octogénaire qui ne détellera jamais et d'un patriarche pas du tout vieux con.

Mesuré, réfléchi, prudent, prenant plus de plaisir à lancer les modes qu'à les suivre, mélodiste inspiré, poète adroit, sachant à merveille transformer un problème de société en refrain populaire, il n'aura cédé qu'à une seule faiblesse : sa passion pour les maisons. Fidèle à son épouse, il ne se sera montré volage qu'avec les bâtisses dont il s'est amouraché avant de s'en détacher très vite, parfois sans avoir eu le temps de les habiter. Seule vedette de la chanson à ne pas accepter les « rappels », passant pour ne jamais mouiller sa chemise alors que les autres se vantent de leurs sudations, il a poussé le sens de l'organisation jusqu'à recruter en la personne de Levon Sayan un imprésario non seulement efficace mais encore un peu plus petit que lui.

Nous ne nous sommes jamais tutoyés, bien qu'éprouvant une certaine complicité intellectuelle. Je compris que je pouvais me compter au nombre de ses amis lorsque, de passage à Amsterdam avec lui le temps d'une émission, il m'offrit, après un bon dîner, non pas un de ces havanes sur lesquels je me forçais à tirer, mais la plus experte des *call-girls* du quartier rouge. C'était il y a si longtemps que je suis incapable de dire si j'ai accepté le cadeau.

Baker (Joséphine)

Elle avait enflammé Paris puis le monde avec la « Revue Nègre », fait vibrer Georges Simenon et mis à la mode la ceinture de bananes. Quand je l'ai rencontrée sur le tard, auréolée par ses exploits dans la Résistance, la pécheresse endiablée avait fait place à une vieille dame très digne et décorée, mais qui poursuivait sa guerre contre le racisme et l'égoïsme. En foi de quoi, elle avait décidé avec son mari, le chef d'orchestre Jo Bouillon, d'adopter des enfants. Une douzaine au total qu'elle logeait dans le château des Milandes, havre de paix et gouffre financier dont l'entretien l'obligea à travailler jusqu'au jour de sa mort.

Barclay (Baron)

Il était aristocrate comme j'aurais pu être archevêque et descendait des rois d'Irlande ainsi que Geneviève Poirot descend des Fontenay par le RER. Rien ne le distinguait que son culot, sa cape et une amitié de circonstances avec la très vieille Cécile Sorel. Il aura été, sans aucune justification par la naissance, le talent, l'intelligence, l'un des premiers people.

Barclay (Eddie)

De son vrai nom Édouard Ruault, il avait commencé dans la vie en servant des bières à la pression au comptoir du café familial près de la gare de Lyon. Puis il était devenu musicien, pianiste, chef d'orchestre et bientôt éditeur de disques. À la faveur d'une escapade aux États-Unis, il avait rapporté le premier microsillon qui devait révolutionner le marché. Et avec sa femme Nicole – le véritable « cerveau » du tandem, disait-on –, il avait créé une entreprise si petite que son stock tenait dans la baignoire de son appartement. Mais l'homme avait du brio, du panache et une certaine classe naturelle. Il avait bientôt pris sous contrat toutes les grandes vedettes de son époque même s'il ne sut pas toujours les conserver.

De surcroît, en 1958, il m'avait engagé, en compagnie de Franck Ténot, en qualité de « conseiller en communication ». Comme j'étais très pris à partir de midi par mes obligations journalistiques, je n'étais disponible que le matin et comme Eddie, sortant de boîte vers 5 heures, n'apparaissait jamais au bureau avant 14 heures, je ne l'ai pas rencontré une seule fois pendant toute l'année que dura notre collaboration.

Je demeurai en revanche son ami jusqu'à la fin. Ainsi ne ratais-je – il ne put pas en dire autant – aucun de ses mariages en étant, à plusieurs reprises, son témoin, l'habitué de ses déjeuners avenue de Friedland à Paris où l'esprit fusait d'un bout à l'autre de la table sans qu'il participât autrement que par un petit sourire ravi. Comme également à Saint-Tropez, dans ce domaine où l'on dînait au bord de la mer des plats acheminés depuis la cuisine par une petite voiture. Eddie organisait les soirées blanches soit pour présenter une nouvelle femme soit pour chercher la suivante. Toutes celles qui portèrent son nom – et parfois le gardèrent – devaient se plier à un rythme infernal puisqu'après sa longue grasse matinée, Eddie enchaînait les rendez-vous, les voyages, les premières, mélangeant étroitement vie privée et vie professionnelle. À la veille du mariage, chaque épouse devait signer un petit contrat privé par lequel elle s'engageait à ne jamais livrer aux médias ce qu'elle aurait observé et entendu tandis que, parallèlement, étaient fixées les indemnités accompagnant un départ inéluctable.

Cher Eddie, si gai, si fraternel, si généreux. Vers la fin il était encore flanqué de deux jolies filles qui le soutenaient tant bien que mal, tandis que, pantoufles aux pieds, il allait encore de temps à autre au restaurant. Mais il ne parlait déjà plus et donnait l'impression d'avoir quitté ce monde dont il avait été l'un des piliers.

Barnard (Christiaan)

Lorsque ce jeune chirurgien originaire d'Afrique du Sud qui venait de pratiquer la première greffe du cœur débarqua à Paris, je fus chargé de suivre son séjour dans la capitale. Il avait manifesté deux souhaits à la réalisation desquels j'assistai : d'abord rencontrer Gina Lolobrigida dont le palpitant était si grandement logé ; ensuite visiter les coulisses du Crazy Horse Saloon, privilège très rare. Je me souviens de lui, conversant avec une pensionnaire de l'établissement qui venait de sortir de la cabine de douche. Saisi par l'érotisme du lieu ou rattrapé par les automatismes de l'auscultation, il triturait les tétons de la belle en lui posant de très sérieuses questions sur son métier.

Barre (Raymond)

Il aura fallu qu'il entre au Club des cent pour qu'à la faveur de nos déjeuners du jeudi, je m'avise que l'austère professeur, qui avait été le meilleur économiste de France avant d'en devenir le Premier ministre, pouvait être un joyeux compagnon. Rarement j'ai rencontré quelqu'un qui aimât avec autant d'intelligence et de culture la table. Car il eût pu enseigner aussi la gastronomie tellement il était incollable sur les recettes et sur le cursus des grands chefs. Une culture qu'il avait peaufinée lorsqu'il était maire de Lyon, capitale de la bonne chère.

Barrière (Lucien)

C'est parce que François André, son oncle, l'empereur des casinos n'avait pas de descendants directs que cet ingénieur agronome s'est retrouvé patron de centaines de tapis verts.

François André, qui l'avait fait venir de leur Ardèche natale pour se familiariser avec les jeux, attendit longtemps avant de l'informer qu'il serait son héritier. Et durant cette période probatoire, il multiplia les petites humiliations. Je me souviens qu'un jour où Lucien nous avait rejoints sur les planches à Deauville, très fier d'étrenner un blazer à boutons d'argent, il le renvoya se changer sous prétexte qu'il ne possédait pas le yacht qui eût justifié cette tenue et qu'il ne devait pas s'habiller comme les clients.

Lucien avait épousé Martha, une ancienne danseuse acrobatique dont il adopta Diane, la fille, après avoir « négocié » avec son père biologique, joueur impénitent et décavé. Passionné de foot, il disparut à la suite d'une intervention ratée de ballonnets. Diane, qu'en dépit d'une maîtrise de gestion, il avait toujours maintenue à l'écart de son groupe, en prit la tête jusqu'à ce que la panne d'essence du monomoteur qu'elle avait préféré, par économie, à un bimoteur la laissa seule survivante et tétraplégique du crash qui s'en suivit. Durant les six années de son calvaire, je suis allé la voir presque toutes les semaines. De son lit de douleur, elle dirigeait sa myriade de casinos, de palaces et de restaurants.

Aujourd'hui c'est son mari, Dominique Desseigne, ancien notaire, qui tient bon la barre en attendant qu'Alexandre, son aîné, soit capable de le remplacer. Je pense souvent aux drames vécus par cette famille qui a cumulé toutes les fortunes et toutes les infortunes.

Béart (Guy)

Brillant ingénieur et dernier auteur de « La chanson de texte ». Enfermé dans son bunker de la banlieue parisienne avec ses disques, ses souvenirs, son piano et la radio qui maintient son contact avec l'extérieur, il me téléphone régulièrement. Par exemple pour se plaindre que lors de la rediffusion nocturne des « Grosses Têtes » la nuit, les intermèdes musicaux soient d'origine anglo-saxonne, pour vitupérer les politiques, assassiner les autres chanteurs et clamer que « tout était mieux avant » dont je me démarque pour fuir une nostalgie que j'ai peur d'éprouver parfois aussi.

Bécaud (Gilbert)

J'avais été le premier prévenu par mon ami Louis Amade, préfet et poète : « J'ai déniché un jeune chanteur qui ira loin. Il s'appelle Silly. » Quelques mois plus tard, Silly devenait Bécaud. Et tandis qu'il tapait furieusement sur son piano, ses fans cassaient les sièges de l'Olympia.

Je l'ai souvent revu dans sa propriété près de Versailles où, au fond du jardin, il s'était fait construire un petit studio. Puis à bord de la péniche qu'il avait amarrée au pied de la tour de la Défense où il s'était acheté un appartement d'où il dominait Paris.

On l'appelait « Monsieur 100 000 volts ». Le whisky et la cigarette l'ont fait disjoncter. Il me reste de lui quelques microsillons et trois de ses fameuses cravates à pois qu'il portait toujours en scène.

Bellemare (Pierre)

Pionnier de l'audiovisuel ayant mis le pied à l'étrier à Laurent Fabius lors d'une épreuve d'équitation, alchimiste étant parvenu à transmuter sa voix de bronze en un argent trébuchant qui lui a permis de devenir gros propriétaire terrien dans le Périgord, Pierre a, entre-temps, inventé des jeux, suscité des élans de générosité et publié force livres qu'il prendra le temps de lire lorsqu'il sera à la retraite. Il s'agace qu'à son propos on évoque toujours le téléachat dont il fut aussi le précurseur. Mais il n'en conserve pas moins sa fibre commerçante lorsque, à la belle saison, autour de son domaine, il loue avec succès des chambres d'hôtes.

Belmondo (Jean-Paul)

Il débarque chez moi avec, dans les manches de sa pèlerine, deux teckels transformés en chiens de manchon. Je tente de le faire parler sur son dernier film qui va sortir dans quelques jours. Il élude. Je bifurque sur un projet théâtral. Pas plus de succès. En fait, il est venu me voir pour qu'on rende justice à son papa le sculpteur, Paul Belmondo, auquel il estime que les Français n'ont pas porté suffisamment intérêt. Par la suite, il a troqué les teckels contre une jeune femme belge qui vint également manger dans sa main avant qu'elle partît avec ses colliers.

Bernheim (André)

Grand imprésario de la Belle Époque. On le comparait à un vautour en raison de son profil d'oiseau de proie ou à un requin se nourrissant de cachets d'artistes. Plus tard, s'étant considérablement enrichi en vendant très cher les prestations des acteurs, il leur rendit un peu de la manne lorsqu'il eut racheté le Théâtre de la Madeleine.

Avec Hélène Rochas, veuve du couturier qu'il avait épousée, il forma longtemps un couple vedette. Vers la fin de sa vie, il eut deux faiblesses : d'abord, de vendre le manuscrit de l'Appel du 18 Juin, tombé mystérieusement entre ses mains et que racheta Alain Delon pour l'offrir à l'Ordre de la Libération ; ensuite, de m'inviter à des tête-à-tête tous les mois pour m'informer des coucheries du Tout-Paris que je gardais pour moi, faute de disposer d'une rubrique appropriée.

Berri (Claude)

Un acteur, un auteur, un producteur mais avant tout un personnage qui avait su conter sa vie en ne faisant pas appel à d'autres interprètes qu'à lui-même. À la fois joyeux et désespéré, richissime et misérable, il aura connu le plus étrange des destins qui le mena d'une boutique de fripes du Sentier à un salon où il collectionnait sans se lasser des toiles de maîtres entièrement blanches.

Blanche (Francis)

Le plus doué de tous les amuseurs de l'après-guerre puisqu'il était avec autant de bonheur comédien de théâtre, acteur de cinéma, chansonnier, pionnier du *one-man show*, compositeur, parolier, homme de radio et de télévision, dramaturge et, sous le pseudonyme de Monsieur Macheprot, grand farceur devant l'éternel.

Avec autant de dons, il ne pouvait se contenter d'un seul ménage. Il en eut donc trois, installés dans le même quartier. Le soir, il passait chez le premier pour manger un potage. Chez le second, il s'octroyait le plat de résistance. Le troisième assurait son dessert. Situation sentimentale qui ne favorisait pas la cure d'amaigrissement qui devait emporter celui qui disait : « Mourrez gros, mourrez maigre. La différence est pour les porteurs. »

Un an après m'avoir reçu dans sa thébaïde d'Èze Village, il m'avait remercié de l'article que j'avais publié dans le *Figaro* par ces quelques lignes : « Le fisc a beaucoup apprécié ton papier. Notre sympathique déjeuner m'aura coûté trois millions. »

Bleustein-Blanchet (Marcel)

Il avait inventé la réclame avant d'être le père de la publicité moderne, lancé « Radio-Cité », créé Publicis, conseillé les chefs d'État et les grands patrons. Il avait pratiqué l'aviation à l'époque où, faute de plan de vol et d'instruments, il fallait parfois se poser dans un champ pour demander son chemin aux paysans. Il avait rejoint très vite la Résistance. Qui lui avait offert son second nom. Et moi je lui devais beaucoup.

C'est lui qui avait dit un jour à Pierre Brisson qu'il devrait me confier des fonctions importantes. Je n'ai jamais oublié et, alors qu'il s'était écarté de Publicis, je le rejoignais chaque mois dans son grand appartement surplombant l'hippodrome d'Auteuil. Le menu du déjeuner changeait souvent mais la conversation était immuable : rappel des années difficiles, dévotion pour le Général et puis les trente Glorieuses. L'été, il m'invitait aux Issambres pour une promenade sur un bateau dont il prenait bien soin de préciser qu'il le louait pour la saison, ce qui revenait beaucoup moins cher que de le posséder. Au large, nous déjeunions d'une salade de tomates avant de revenir humer les roses du jardin. Cent fois j'ai entendu – sans jamais me lasser – le conte de fées moderne qui avait fait de lui l'un des hommes les plus influents du pays. Son culte du souvenir allait jusqu'à avoir récupéré la porte de l'humble bureau où, faubourg Montmartre, il avait fait ses premières armes et qu'il avait enchâssée à la place d'honneur de son quartier général à côté du portrait dédicacé de De Gaulle.

Le hasard a fait que je descendais les Champs-Élysées le jour où un incendie commença à consumer l'immeuble de Publicis. J'arrêtai ma voiture et je le rejoignis sur le trottoir où nous attendîmes ensemble les pompiers. Très vite les flammes ravagèrent la rotonde du dernier étage. Sans manifester d'émotion, il commenta sobrement : « C'était mon bureau. » Tout l'immeuble y passa. Trois jours plus tard, le lundi suivant, il avait mobilisé ses collaborateurs, trouvé d'autres locaux, installé des téléphones et les affaires reprenaient déjà.

Bourdon (Sylvia)

Comme elle était à la fois la star du porno et une grande intello, j'avais transgressé les tabous de l'époque en l'invitant à « Samedi Soir ». Elle était venue, pas du tout sexy, habillée comme une duègne et notre entretien fut, je crois, un modèle de pudeur et de retenue. J'aurais pu en rester là. Mais j'estimais nécessaire d'émettre une conclusion : « En somme, Madame, vous avez eu une existence bien remplie. » Elle saisit la balle au bond : « Oui, et par tous les orifices. » La boutade était devenue une saillie. En direct, ça ne se rattrape pas. Je fus interdit d'antenne pendant un mois.

Brassens (Georges)

Seul artiste auquel, à ma connaissance, le succès n'ait pas fait changer le train de vie. Alors qu'il remplissait les salles de spectacles en grattant à la guitare des accords plus complexes qu'il n'y paraissait et seulement chaperonné par son bassiste moustachu, il continuait à habiter la chambre que mettait à sa disposition cette Jeanne qu'il avait chantée. Jamais je n'avais vu installation aussi simple pour ne pas dire rudimentaire. Mais il s'y trouvait bien. Car le grand confort n'était pas son affaire. Et puis il pouvait aller à pied à Bobino, bien avant que je rachète la salle.

Brialy (Jean-Claude)

Je l'ai connu lorsqu'il avait 20 ans sur une plage cannoise où il jouait les starlettes, ambitionnant de profiter pleinement d'un système dont il n'était déjà pas dupe, fils de colonel parfaitement armé pour la vie civile, excellent dans les bons mots, content de lui mais s'intéressant aux autres, et particulièrement à l'égard de son ami Jacques Chazot qu'il recueillit jusqu'à sa fin dans son ravissant petit château de Monthyon alors qu'il était très malade.

Et pendant un demi-siècle, nos chemins n'ont cessé de se croiser : soirées, voyages, interviews, galas, il aura été un de mes interlocuteurs favoris au fil d'une carrière qui le vit triompher partout au théâtre, au cinéma, dans les librairies et même aux « Grosses Têtes » auxquelles il mit un point d'honneur à participer jusqu'à l'avant-veille de sa disparition. La vie nous avait rapprochés. La mort ne devrait pas nous séparer puisque, par le plus grand des hasards, ma dernière demeure se situe à quelques mètres de celle qu'il occupe déjà. Informé de ce voisinage il m'avait dit : « Comme ça, je pourrai encore te surveiller. »

Cardin (Pierre)

Petit tailleur italien exilé à Paris et lancé par Marcel Achard qui lui avait commandé son habit d'académicien, nombriliste et touche à tout, Cardin pousse depuis plus d'un demi-siècle la méfiance jusqu'à signer sur le tréteau lui servant de bureau tous les chèques de son entreprise et à ne laisser à personne qu'à lui-même le soin de vanter son génie et ses réussites.

Ayant ouvert dans le quartier du faubourg Saint-Honoré des boutiques qui ne marchaient pas toujours mais dont la valeur vénale progressait mécaniquement, il est devenu l'un des rois de l'immobilier. Il a, de la même façon, racheté l'hôtel particulier de cinq étages sis rue Royale et abritant Maxim's, le restaurant le plus célèbre du monde, dont il a fait un établissement désert même plus ouvert à l'heure du déjeuner.

Dérive prévisible puisque le jour de son acquisition et alors que je l'interrogeais sur ses goûts gastronomiques, il m'avait confié sans malice : « Pour moi, il n'y a pas mieux que les deux œufs sur le plat que je me fais tout seul lorsque je rentre chez moi le soir. » Après quoi, allant au bout de la chaîne alimentaire, il a apposé sa griffe sur du papier toilettes.

Carmet (Jean)

Talentueux, émouvant, pittoresque et désespéré, il n'avait pas besoin de forcer le trait pour incarner au cinéma le Français moyen. Tout au plus lui fallait-il gommer ce qui le distinguait du commun : sa propension, les jours de grand cafard, à se diriger vers une gare et à monter dans n'importe quel train seulement équipé du grand sac dans lequel il avait entassé pêle-mêle un pyjama, le script d'un film qui attendait son accord pour se tourner, du pâté de tête, une bouteille de Bourgueil et des bons de la Semeuse. Après quoi, il descendait n'importe où, se faisait des amis dans les bistrots les plus proches et reprenait le train pour Paris.

Délicat, il avait fait aménager devant sa villa une « niche à homme » où il allait dormir lorsque, rentrant tard et éméché, il ne voulait pas troubler le sommeil de sa compagne.

Il avait mis au point un comique qui n'appartenait qu'à lui et qui consistait à sublimer le ratage, l'inabouti, le dérisoire. Il nous faisait hurler de joie lorsqu'il décrivait sa vie quotidienne : « J'entre dans un café. Une jolie femme est au bar. Je lui offre un verre. Elle me répond “Casse-toi minable !”… encore un souvenir… » Il m'avait dit un jour, à la fin d'un de ces déjeuners qui ne se terminaient jamais avant cinq heures de l'après-midi : « Les meilleurs moments de ma vie, je les aurai passés au fond d'une chopine. »

Carol (Martine)

Sa beauté explique qu'aujourd'hui des centaines de sexagénaires françaises portent son prénom. Elle était adorable, photogénique, pas bête et peu farouche. Mais presque toute sa vie le destin s'acharna à lui faire payer très cher ce que lui avait offert la nature. On la repêcha dans la Seine, les divorces et les ruptures se multiplièrent tandis que les contrats se raréfiaient, des malfrats la kidnappèrent. On aurait pu tourner plusieurs films rien qu'avec ses mésaventures. Et puis un jour, elle rencontra un Anglais bien de sa personne et encore mieux de son compte en banque. Un authentique milliardaire qui l'installa dans un hôtel particulier londonien proche de Picadilly où j'eus l'idée d'aller prendre de ses nouvelles. Elle me reçut aimablement, vêtue comme une lady mais toujours aussi charmante, me fit admirer à la cimaise de son salon une douzaine de tableaux de maître. Elle m'offrit un verre, en but quelques-uns, me détailla son nouveau bonheur en ne me cachant pas qu'elle croyait avoir trouvé le dernier homme de sa vie. Aussi ai-je été pris d'un doute lorsque, à quelques semaines de là, on annonça qu'elle s'était donné la mort.

Carton (Pauline)

Pendant plusieurs décennies, elle tint les rôles de concierge ou de domestique acariâtre dans les films de Sacha Guitry. J'étais allé l'interviewer dans la chambre du petit hôtel où elle avait débarqué venant de sa province un demi-siècle plus tôt. Au milieu de la chambre trônait une énorme malle débordant de vêtements : « Je ne les ai jamais rangés dans l'armoire car je ne savais pas si j'allais rester. » Elle avait 87 ans lorsqu'elle enregistra son premier disque. Avec une chanson qui s'intitulait : *J'ai un faible pour les forts.*

Cau (Jean)

Il avait été le secrétaire de Jean-Paul Sartre puis un grand journaliste avant de devenir un écrivain important. Il était aussi un joueur de poker que je retrouvais chaque semaine chez le cinéaste Roger Leenhardt. Un soir, à la fin d'une partie, il nous dit :

« Vous n'allez pas me voir pendant un an. J'ai loué une petite maison en Espagne et là, tout seul, je vais écrire le prochain prix Goncourt. »

Ce qui se révéla rigoureusement exact.

Chanel (Coco)

Dictatrice de la mode et des modes, elle avait imposé ses petits tailleurs, le bronzage et les bijoux fantaisie. Je me souviens de déjeuners en face de ses ateliers de la rue Cambon, dans la suite du Ritz qu'elle louait à l'année et avait meublée de paravents de Coromandel. Le rituel était immuable. Un maître d'hôtel en gants blancs annonçait « Madame est servie ! » avant de proposer des mets choisis auxquels elle touchait à peine, étant trop occupée à déchirer à belles dents « ces messieurs du gouvernement » et ses homologues de la haute couture auxquels elle déniait tout talent. À l'heure du café, l'octogénaire décharnée venait s'asseoir sur les genoux de Jacques Chazot (à qui je devais d'avoir mes entrées chez elle) et allumait une cigarette à bout doré. Tandis que lui caressant le front, il lui disait : « Tu fumes trop ma petite fille. » Au moment de prendre congé, elle indiquait qu'elle avait apprécié notre compagnie à l'aide d'une formule sibylline tant que l'on ne s'était pas familiarisé avec son jargon : « Venez me demander à manger. Je vous enverrai mon mécanicien. » Traduisez : le jour où vous aurez envie de me voir, mon chauffeur viendra vous chercher.

Chazot (Jacques)

Il m'appelait « Ginette ». Je lui disais « Ma tante ». Quand il avait bu quelques whiskies, il me menaçait : « Tu y passeras comme les autres. » Sans doute est-il mort trop tôt pour que sa formule – dont j'ai fait mon épitaphe – se concrétise.

Familier des Pompidou, parrain du fils de Françoise Sagan, il faisait rire jusqu'à François Mauriac et même les femmes du monde snobinardes qu'il caricaturait à l'aide de son personnage de « Marie-Chantal ». Sa carrière de danseur étoile à l'Opéra-Comique avait connu des fortunes diverses dont il était le premier à s'esclaffer en racontant que les soirs où il était à l'affiche, on ramassait sur la scène assez de petits légumes pour qu'il pût se faire des potages durant la semaine.

Nous formâmes, un temps, un duo télévisé placé sous le signe d'une totale improvisation. Le samedi, on le rencontrait à Deauville, à Cannes et dans toutes les soirées où il fallait être vu mais le dimanche était sacré. Il le consacrait à faire valser les petites vieilles dans les salons de l'hôtel de ville de Paris.

J'ai eu – en tout bien tout honneur – un vrai coup de cœur pour ce garçon dont tout me séparait, sauf l'envie de dire n'importe quoi sur n'importe qui. Je pense souvent à lui comme à un grand frère disparu trop tôt en emportant l'art des piques spirituelles dans un au-delà où l'on ne doit pas rigoler tous les jours.

Chevalier (Maurice)

L'un des très rares Français à avoir fait la conquête du public américain avec un accent anglais à couper au laguiole. Il sortait de Belleville et ne manquait jamais de le rappeler. Couvert d'or et de femmes, il s'était offert à Marne-la-Coquette un charmant domaine qu'il avait baptisé « La Louque » du surnom affectueux donné à sa mère. Il passait injustement pour être avare car, à sa table, on mangeait fort bien et je n'ai pas souvenir qu'il eût imposé le choix entre fromage et dessert. Au fond du parc, il y avait une petite maison blanche dont il était interdit d'approcher. Des rumeurs prétendaient qu'il logeait là une jolie demoiselle, beaucoup plus jeune que lui.

Clay (Philippe)

Je l'avais connu alors que j'allais danser à la taverne de l'Olympia. Nous débutions tous les deux : lui dans la chanson, moi dans le tango. À l'entracte, tandis que nous offrions une orangeade à l'âme sœur, il interprétait « Le noyé assassiné ».

Quand je suis devenu journaliste, nous nous sommes souvent revus. Je suivais sa carrière de chanteur et de comédien, j'appréciais son amour des vieux châteaux qu'il restaurait en bricolant l'installation électrique et son engagement politique. Je le réconfortais après ses déconvenues dans l'astaciculture dont il avait cru faire le plus rentable des filons.

Il était mon invité récurrent aux « Grosses Têtes », toujours aussi maigre, aussi excité, aussi imprévisible. Je l'avais perdu de vue depuis un certain temps lorsqu'un matin j'entendis sa voix au téléphone : « Mon médecin m'a dit que je mourrais ce soir. Comme tu es mon plus vieux copain, je suis venu te dire adieu. » Le lendemain, il n'était plus.

Comte (Auguste)

Mort longtemps avant ma naissance, je n'ai connu ce philosophe qu'à travers son « catéchisme positiviste », petit bréviaire à l'usage des jeunes agnostiques dont je faisais alors partie. Il avait mis au point un véritable culte. Ce grand prêtre avait tout prévu, jusqu'à faire figurer en annexe à la fin de son bouquin, le plan du Temple dédié à l'humanité... où il avait indiqué de sa main les toilettes du concierge.

Cuevas (marquis George de)

Grand d'Espagne d'1 mètre 75, né avec une cuillère d'or dans la bouche, il a trouvé de surcroît dans sa corbeille de noces tout l'argent des Rockfeller. Puis, faisant d'une troupe de ballet sa danseuse, il parcourait le monde avec de brillants spectacles dont il était à la fois le mécène, l'inspirateur et le spectateur le plus enthousiaste.

Drôle et taquin jusqu'à son dernier souffle, il me reprocha, alors que j'étais allé le voir alité dans sa villa cannoise, de ne pas m'être fait accompagner par un photographe : « Il aurait fait mon dernier portrait. » Il est mort deux jours plus tard.

Dalí (Salvador)

Il fut à la fois un dessinateur de génie, un grand peintre, un as de la communication et un pitre inspiré. Je lui dois ma première interview à la télévision. Comme je ne l'avais jamais rencontré, il m'avait averti de son mode d'emploi : « Vous pouvez me poser n'importe quelle question, je réponds toujours à côté. »

Par la suite, je me suis souvent mêlé à la petite cour qui se formait chaque année autour de lui lorsqu'il prenait ses quartiers de printemps dans une suite de l'hôtel Meurice. Il y avait là, pêle-mêle, unis dans l'admiration pour le maître, Amanda Lear qui faisait office d'auxiliaire familiale avec la bénédiction de Gala, l'épouse, une commerçante du XVe arrondissement à laquelle Dalí avait offert une perruque et qu'il présentait comme « Louis XIV », un nain de bonne famille, le capitaine Moore qui servait de factotum, un belluaire loué pour la durée du séjour avec son lionceau et quelques pique-assiette. Proférant les pires énormités, Dalí gardait un sérieux imperturbable. Sa jubilation intérieure se traduisait pour les initiés par un léger tremblement de la lèvre supérieure amplifié par les moustaches gominées chaque matin. Après trois semaines de cirque parisien, Dalí, que le roi d'Espagne avait fait marquis de Puebol, regagnait son château de Cadaqués, encore un peu plus riche et méritant pleinement le surnom, en forme d'anagramme, que lui avait conféré André Breton « Avida-dollars ».

Dalida

Maîtresse femme qui mourut de ne pas avoir su choisir ses amants. Vingt ans après avoir été élue « Miss Égypte », elle était toujours aussi belle. Elle entretenait son accent aussi soigneusement que sa chevelure, elle battait tous les hommes lorsqu'elle s'asseyait à une table de poker mais avait moins de chance dès qu'elle se retrouvait allongée auprès d'un seul. Sans doute François Mitterrand que, première de ses groupies, elle accompagna en 1981 au Panthéon, fut-il celui qui la fit le moins souffrir. Les autres étaient suicidaires et certains, de surcroît, mariés. Comme elle m'exposait assez librement ses problèmes, je me permettais parfois de lui donner quelques conseils. Elle me disait : « Merci Papa ! » et nous n'en parlions plus. Car il fallait la suivre et j'avais souvent une passion de retard. Sa tenace gloire posthume s'explique peut-être, comme celle de Marilyn Monroe, à ce qu'ayant disparu alors qu'elle était encore jeune, elle est restée dans notre mémoire.

Dard (Frédéric)

Le temps qui s'est écoulé depuis sa disparition ne s'est pas arrêté puisque je le mesure à tout instant en consultant sur mon bureau la pendule qu'il m'avait offerte pour mon soixantième anniversaire. Cher Frédo, à la fois si simple et si génial, si rieur et si désespéré.

J'avais fait sa connaissance chez un éditeur commun à un dîner qui n'engendrait pas la mélancolie. Pourtant en rentrant chez lui, Dard descendit dans sa cave, monta sur une chaise et, pour échapper à un mariage qu'il ne supportait plus, se passa la corde au cou. Il dut la vie à la mauvaise qualité de ce funeste accessoire qui ne supporta pas longtemps sa surcharge pondérale. Il m'assura plus tard que secouru, réconforté et réinstallé dans sa chambre, il ouvrit au hasard la Bible posée sur sa table de chevet et lut « Repens-toi ! »

Il inventait les mots qu'il déplorait de ne pas avoir trouvés dans le dictionnaire. Il vécut le reste de son âge en Suisse dans une ferme, entouré par sa seconde épouse, des enfants adoptifs et des animaux familiers.

Il ne passait jamais par Paris sans venir me voir. Un jour – c'est l'une de mes principales hontes –, je remarquai qu'alors qu'on venait de lui servir le gigot, il éprouvait de grandes difficultés à le découper puis à le porter à sa bouche. Je lui en fis la remarque. Il l'admit, sans plus d'explication ni de commentaire. Alors, emporté par mon affection et mon désir parfois maladroit de me rendre utile, je lui dis : « Tu ne peux pas rester ainsi. » Il esquissa un geste vague que je pris pour un encouragement. Du coup, j'appelai un ami, Philippe Druelle, qui était à l'époque le meilleur kinésithérapeute de Paris. Je lui expliquai que j'avais à ma table Frédéric Dard et que celui-ci avait des problèmes de bras. Rendez-vous fut pris. Dard ne s'y rendit jamais et j'appris plus tard que ce que j'avais considéré comme un trouble passager était du, en réalité, à une malformation de naissance.

Decaux (Alain)

J'avais 30 ans, une grosse voiture américaine. Il était 3 heures du matin lorsque cette dernière tomba en panne sur le chemin de la commune dortoir de luxe où je gîtais. Impossible de repartir. Une autre grosse américaine s'arrêta alors. Le conducteur allait à Chatou mais fut assez obligeant pour pousser un peu plus loin afin de me déposer chez moi. Il se présenta : « Alain Decaux, historien ». Je déclinai mon identité journalistique. La semaine d'après, nous nous revîmes. Nous sommes amis depuis cinquante ans.

Delarue Jean-Luc

Nous n'avions en commun que des activités télévisuelles et un acupuncteur aux aiguilles duquel il se confiait afin de venir à bout de ses insomnies chroniques. Et puis, un jour, il me demanda de participer dans l'une de ses émissions en vue de traiter d'un sujet qu'il estimait de ma compétence. Je m'enquis du cachet. Il n'avait rien prévu. Je lui rappelais que je n'avais rien sollicité, que je n'avais rien à vendre et que, journaliste professionnel, je vivais de ma plume et de ma langue. Sa fin de non-recevoir fut une vraie trouvaille : « Payer votre témoignage serait une malhonnêteté et lui retirerait toute crédibilité. » Nous en restâmes là. Je ne savais pas qu'il subirait un calvaire semblable à ceux qu'il évoquait depuis si longtemps et auquel la mort elle-même ne parviendrait pas à mettre un terme.

Delon (Alain)

Nous nous tutoyons. Mais pas souvent. Et principalement les jours où il ne parle pas de lui à la troisième personne.

Beau, aimé des femmes, adulé des foules dans le monde entier, intelligent, devenu richissime par son talent et par ses placements, il avait tout pour être heureux. Il faut croire que la délectation morose lui procurait plus de plaisir que le bonheur puisqu'il a choisi, très tôt et une fois pour toutes, de se ronger les sangs.

Le lendemain d'un jour où il avait étalé dans les gazettes le drame de sa solitude, les soucis que lui donnait une existence à laquelle il paraissait de moins en moins attaché, je lui adressai par l'entremise du *Figaro Magazine* une lettre ouverte et amicale au fil de laquelle je tentais de lui remonter le moral. Avec des propositions aussi simples que celle de s'installer à la terrasse d'un bon bistrot pour regarder passer les filles en dévorant une côte de bœuf et en éclusant un vieux Bordeaux. À la fin de ma missive, j'avouais une joie de vivre ne devant rien au physique, à l'intelligence, à la fortune et à la séduction.

Une heure après la parution, le téléphone sonnait :

— Allô ? C'est Alain.

Sans préciser lequel alors que l'on ne s'était pas parlé depuis deux ans. Et tout de suite la question de confiance :

— Quel est ton secret ?

Désireux d'aider un ami dans la peine, j'évoquai principalement mon habitude de « positiver » comme le disent certains publicitaires de la grande distribution. Je refusais de voir le mauvais côté des choses pour n'en retenir que les bons aspects. Je faisais des blagues. J'avais des fous rires.

Alain insista :

— Te réfères-tu à une philosophie ? À combien d'heures de méditation quotidiennement t'astreins-tu ? Quelles sont tes pratiques transcendantales ? Es-tu zen ?

J'avouai, à ma grande honte, que ma petite méthode ne devait rien à personne et que le yoga m'était aussi inconnu que les manuscrits de la mer Morte. Il me dit au revoir sur le ton de quelqu'un qui s'est trompé d'interlocuteur.

Depardieu (Gérard)

Il n'a pas encore 30 ans. Il débarque un été, juché sur l'un de ses deux roues qu'il n'abandonnera jamais, dans ma petite maison de Valbonne. Tout en déjeunant, je confesse celui qui, non content d'être la coqueluche du public français, entame une carrière internationale. Il est pléthorique et exubérant, primaire et cultivé. Il se nourrit moins des côtes d'agneau qu'il mange avec ses doigts avant de les essuyer sur sa chemise que des grands auteurs qu'il a déjà joués ou qu'il souhaiterait interpréter. Il me raconte ses débuts difficiles dans la vie, ses mauvaises fréquentations à Châteauroux et puis sa rédemption grâce au théâtre et au cinéma : « C'est parce qu'on m'a confié des rôles de malfrats que je n'ai pas été un délinquant. »

Desmarets (Sophie)

Fille du directeur du Vélodrome d'hiver qui avait annoncé sa naissance aux spectateurs des Six Jours Cyclistes, passée par la Comédie française, devenue marquise par son mariage avec un séduisant et volage critique cinématographique elle fut, pendant une décennie, la bonne conscience féminine de notre équipe de machos. Car autant elle était mesurée et prude à la ville, autant elle se déchaînait au micro en racontant les histoires les moins convenables. Les impératifs de l'âge et ses attaches provinciales l'éloignèrent peu à peu de nous. Elle vendit sa boutique de brocante, découvrit l'art d'être grand-mère, fit ses adieux définitifs au théâtre et ne tourna plus que sa grande cuillère en bois dans ses bassines de confiture.

Doris (Pierre)

Humoriste et masochiste français, inventeur de la dilection pour le bide. Auteur de formules provocatrices comme « Tout petit, je volais dans la sébile des aveugles. Pas vu, pas pris », « Regardez un jeune saule dans un cimetière : on dirait un cercueil qui pousse », il était un provocateur né. S'étant donné pour mission de choquer le bourgeois, il n'était jamais plus hilare en sortant de scène que lorsqu'il n'avait fait rire personne.

J'ai apprécié en lui le porte-parole inspiré de toutes les méchancetés que je n'osais pas proférer envers une société dont j'ai eu souvent le tort de ne pas parvenir à oublier qu'elle me faisait vivre.

Druon (Maurice)

Mousquetaire qui avait bien servi la république des Lettres et la République tout court, il fut à la fois secrétaire perpétuel de l'Académie française et ministre de la Culture. Il renonça à la perpétuité de la première fonction quand vint le grand âge et aux responsabilités de la seconde non sans avoir lancé un jour dans l'hémicycle du palais Bourbon et à l'adresse de trublions gauchistes, avides de subventions : « Il faut choisir entre la sébile et le cocktail Molotov. » Il était passé de la même aisance des *Grandes familles,* qui lui avaient valu le prix Goncourt, aux *Rois maudits* qui lui avaient ouvert les petits écrans. Fastueux, guitrysant volontiers du phrasé, de la vêture et du geste, il avait conservé l'esprit cavalier acquis à Saumur et provoqué en duel – sans aller jusqu'au pré – un quidam ayant manqué de respect à son épouse. Alors que Thomas Corneille avait attendu la mort de son frère Pierre pour entrer à l'Académie, il y avait voisiné de son vivant avec Joseph Kessel, son oncle.

J'avais pour son personnage et son talent beaucoup de considération. Et une certaine reconnaissance pour l'intérêt qu'il m'avait témoigné à deux reprises. D'abord en estimant – avec Henri Troyat et Jean Dutourd – que je pourrais un jour coiffer le bicorne. Ensuite en adressant au grand chancelier une belle lettre manuscrite où il s'étonnait, lui, le grand-croix, que je ne fus pas encore chevalier.

Dutourd (Jean)

Il fut durant toute ma vie d'adulte, mon ami en même temps que mon maître à écrire. Best-seller après la guerre avec *Au bon beurre*, il avait rejoint l'équipe des « Grosses Têtes » deux ans avant de poser sa candidature à l'Académie.

À quelques immortels qui lui avaient fait savoir qu'il fallait choisir entre la coupole et le micro, il répondit qu'il ne quitterait pas « Les Grosses Têtes ». Il tint parole et n'en fut pas moins élu triomphalement.

Doué d'une culture immense et d'une mémoire exceptionnelle, il savait tout sur tout et dans l'ordre. Parfaitement bilingue, il était resté franchouillard c'est-à-dire très rouspéteur, ronchon, gentiment misogyne et, à la fin de sa vie, vitupérant les gouvernants qui l'empêchaient d'allumer sa chère bouffarde en public. Il avait tâté de façon aussi éphémère du cinéma où, à l'occasion de l'adaptation à l'écran de son *Au bon beurre*, il avait incarné un client en béret basque sortant d'une boulangerie avec une baguette sous le bras, que de la politique après s'être présenté sans grande conviction et sans avoir mobilisé les électeurs, à une législative.

Il affectionnait les bons auteurs. Sa femme Camille avait sacrifié une prometteuse carrière d'écrivain pour taper à la machine les manuscrits de son grand homme. Il adorait la cuisine française, les histoires gauloises, bref la vie. Il a perdu cette dernière, lui dont les idées ne s'étaient jamais embrouillées, en se prenant, chez lui, les pieds dans un tapis.

Faure (Edgar)

Homme Protée de la politique française, il fut député, président de l'Assemblée nationale, ministre des Finances, président du Conseil et à d'autres heures, qui n'étaient pas perdues, essayiste, auteur de romans policiers qu'il signait du pseudonyme transparent d'Edgar Sanday, parolier, pianiste et compositeur. Il fut sans doute aussi notre dernier orateur. En dépit d'un cheveu sur la langue qui perdura alors que tous les autres avaient déserté son crâne, il était capable d'improviser brillamment sur tous les sujets. Grand séducteur – son truc consistait après un dîner en ville à entraîner la plus jolie femme de la table sur le balcon où, en lui récitant des poèmes, il l'invitait à admirer la lune et plus si affinités – il avait dû composer pendant plusieurs décennies avec la jalousie de Lucie, son épouse. Après sa disparition, il s'offrit un week-end en galante compagnie dans un hôtel de luxe dont le directeur, qui le connaissait bien, lui glissa à l'oreille après avoir toisé la personne qui l'accompagnait : « Elle est moins jolie que les précédentes. » « Je sais, répondit Edgar, mais je suis en deuil. » De son passage au ministère de l'Agriculture, il avait tiré cet enseignement : « Quand on tue le cochon, tout le monde est content. Sauf le cochon. »

Floriot (René)

Il méritait doublement son titre d'avocat de la défense car il avait investi une partie de l'argent que lui valaient ses plaidoiries dans l'achat de vieux ivoires qui décoraient son cabinet. Étant intervenu dans plusieurs centaines de procès en divorce, il en avait déduit que le mariage était un dangereux traquenard et s'était, durant toute sa vie, contenté de belles divorcées auxquelles il offrait tout, sauf son nom.

Mais ce pêcheur devant l'éternel était aussi un chasseur frénétique. C'est à lui que, dans les années 60, les avocats français durent de changer de ton. Bannissant les citations littéraires dont jusque-là ils ornaient leurs propos, les chers maîtres adoptèrent la méthode Floriot qui consistait à traiter le dossier et lui seul. Ayant tourné définitivement le dos à l'éloquence classique, Floriot s'exprimait surtout en cour d'assise, devant les jurés populaires, avec les mots simples qu'emploient les justiciables et si peu la justice. Il possédait de surcroît un « truc » presque infaillible. Dans la première partie de son exposé, il imaginait point par point, et avec beaucoup de vraisemblance, ce que seraient les arguments de son adversaire ou lorsqu'il se manifestait après lui, il paraissait s'incliner devant les raisons invoquées par l'autre partie, puis venait le grand moment, la « phrase charnière », attendue par tous les jeunes avocats qui se pressaient pour l'entendre dans les prétoires : « Il n'y a qu'un malheur... ». À partir de quoi, le maître du barreau faisait basculer l'échelle que ses confrères auraient appuyée contre un mur de certitudes qui, selon lui, ne tenait pas debout. Lorsqu'il s'arrêtait enfin, il avait retourné la vérité, les magistrats, les jurés et le verdict.

Il fait partie des contemporains célèbres dont je suis devenu proche parce que les touchait l'admiration que je leur portais. En aurais-je connu de ces potentats vieillissants et préférant se regarder dans les yeux d'un jeune journaliste plutôt que dans le miroir de leur salle de bains !

Franck (Maurice)

Je le présentais comme mon oncle mais comme mon père et ma mère étaient enfants uniques, il n'était en réalité que mon cousin. J'en étais très fier car il était chef d'orchestre à l'Opéra de Paris. J'allais le voir de temps en temps pour lorgner les ballerines et surtout pour que, parcourant en sa compagnie les couloirs de l'illustre maison, je l'entendisse appeler « Maître » par tous ceux que nous rencontrions.

François (Claude)

La mort ne l'a pas effacé du monde des vivants et il continue à fasciner des générations qui ne l'ont pas connu.

Sans doute parce que le personnage vibrionnait autant que l'artiste. Autocrate des variétés, il régnait sur un parc aux cerfs baptisé les clodettes, un journal, une agence de mannequins et un répertoire. Je me souviens lui avoir fait une mauvaise blague en le persuadant, durant une émission en direct où, sans que cela soit précisé, il chantait en play-back, qu'il était inutile de remuer les lèvres et que, tandis que le disque tournait, nous pouvions bavarder devant la caméra. Un petit traquenard indigne dont il ne me tint pas rigueur puisque l'année d'après il me rapporta d'un voyage en Chine un plant de kiwi qui ne poussa jamais dans mon jardin si peu exotique du Vésinet.

Gaulle (Philippe de)

Si la sagesse populaire affirme que les chats ne font pas des chiens, l'histoire contemporaine atteste qu'un général peut engendrer un amiral. Les conversations au micro des « Grosses Têtes » et en coulisse, à l'occasion de la publication de ses mémoires, m'ont consolé d'avoir raté ma rencontre avec l'homme du 18 juin : même physique, même culture, même phrasé, même idée de la France, même humour ravageur. Écrasé par la légende paternelle, il s'est desolennisé, à l'aide de quelques anecdotes mi-plaisantes mi-signifiantes en notre compagnie. Plus tard, j'ai reçu de sa part des messages qui m'ont beaucoup touché.

Gide (André)

J'avais 16 ans. L'auteur de *La Porte étroite* était ma référence. Lorsque ma première pièce fut jouée par une troupe de lycée et devant les familles, je lui adressai une invitation avec un programme où figurait ma photo. Deux jours après je reçus une réponse manuscrite. Le grand homme déplorait de ne pouvoir assister à la représentation. Mais il me conviait à venir le voir un jour rue Vaneau. Invitation à laquelle je ne me suis jamais rendu, préférant l'œuvre à l'homme.

Guth (Paul)

Passé du professorat de Lettres au statut de romancier de service, il assurait la matérielle en effectuant deux cents séances de signature de livres par an. Allant de festivals en fêtes votives, flanqué de Yeyette, son épouse, le créateur du personnage du « Naïf » – ce qu'il n'était pas – fascinait par une pilosité nasale qui remontait jusqu'à des sourcils qu'il avait pompidoliens et par un débordement de gentillesse, généralement intéressée, qui frisait l'obséquiosité. Il se consolait d'avoir été recalé par l'Académie française en constatant qu'on lui adressait quai de Conti de nombreuses lettres et en disant : « Il est aussi gratifiant qu'on croit que j'en suis que d'en être. » Lorsque je recevais une missive commençant par « Mon cher et talentueux Philippe », je savais qu'il se préparait à sortir un bouquin.

Hallier (Jean-Edern)

Le meilleur écrivain de tous les temps selon lui, un bon romancier selon moi. Fils d'un général breton, il n'accepta jamais de rentrer dans le rang. Il publia un mensuel au vitriol à l'enseigne de *L'Idiot international*, signa une *Lettre au colin froid* où il ridiculisait Giscard puis un brûlot où, le premier, il dévoilait l'existence de la fille cachée de Mitterrand que des pressions policières empêchèrent finalement de paraître avant de se prétendre victime d'un rapt qu'il avait lui-même organisé. On n'avait pas voulu de lui comme ministre, il fut anar. À la télé, il assura un temps une émission littéraire à la fin de laquelle, prenant un à un les livres qui venaient de paraître, il les jetait derrière lui en expliquant que leur manque de talent ne méritait pas d'autre traitement.

Nous n'avions rien pour nous comprendre mais nous nous retrouvions assez souvent. Dans mes émissions où il faisait le « buzz » comme on ne disait pas encore, il tonitruait. Il lançait les pires accusations – toujours sans preuves – contre les puissants de ce monde. Je me souviens du retour d'une signature de livre que nous avions faite en province. Une journée harassante ponctuée de dédicaces et d'interviews. Dans le wagon du train qui nous ramenait vers Paris et en compagnie d'une trentaine d'autres écrivains, il s'était soudainement endormi, la bouche ouverte et retrouvant lui, le vieux trublion, les mimiques de l'enfance.

Même sa fin aura été originale. Alors que quasiment aveugle il venait d'inaugurer une exposition de ses dessins à Deauville, il décida d'aller faire un tour à vélo. La promenade lui fut fatale. Il est mort sur les planches. Comme Molière.

Iglesias (Julio)

Je me souviens qu'alors que sa voix faisait chavirer tous les cœurs j'étais allé l'interviewer un jour vers midi dans sa suite d'un palace parisien. Tandis que, dans la chambre à coucher au grand lit défait, il prenait son petit déjeuner et moi des notes, une créature blonde en déshabillé sortie de la salle de bains avait traversé la pièce bientôt suivie par une autre créature, brune celle-là, mais dans le même appareil. C'est l'unique jour de ma pauvre existence où j'ai regretté de n'être pas chanteur de charme.

Lamoureux (Robert)

Il fut mon ami jusqu'à ce que je décide de lui consacrer une grande émission. Il accepta le principe de cet hommage à condition qu'il se déroulât près de son domicile. Nous troquâmes donc le studio des Buttes Chaumont contre un hôtel particulier contigu au sien loué à grands frais. Il n'assista jamais aux répétitions en alléguant des problèmes de famille et de santé. Le soir du direct, il ne se présenta pas davantage. Quarante ans plus tard, je cherche toujours la raison d'un forfait qu'il n'a pas pu m'expliquer lui-même car nous ne nous sommes jamais revus.

Lang (Jack)

Il remâche place des Vosges le chagrin de ne pas avoir été député de ce département où, après Blois, Paris et Boulogne, il espérait se poser. Les médias ont perdu avec lui le plus disponible des interlocuteurs. La politique se prive des talents d'équilibriste d'un homme de gauche qui se serait bien vu ministre de Sarkozy si les gens de droite ne s'étaient montrés hostiles à sa nomination. Il lui restera en guise de consolation la promenade annuelle de la Gay Pride et le souvenir d'un ministère de la Culture où, bien après son départ, il continua à marquer à la culotte ceux qui se prétendaient ses successeurs.

Lorsque je l'invitais, il savait que nous nous moquerions de lui. Mais le plaisir de paraître lui faisait accepter de s'entendre reprocher d'avoir donné ses lettres de noblesse au graffiti qui défigure les bas-côtés de notre réseau ferroviaire.

Lasso (Gloria)

Chanteuse à accent au début en concurrence avec Dalida, ensuite réfugiée dans la chronique people qu'elle défrayait en épousant périodiquement un jeune chômeur vigoureux et assez souple, assurait-elle pour se précipiter sur elle en sautant du haut de l'armoire.

Le Commandant et le Commodore

Ils n'avaient rien en commun sinon deux titres militaires aux origines incertaines et la place qu'ils tenaient dans ce qu'on appelait « la vie parisienne ». Le Commandant répondait à la ville au nom de Paul-Louis Weiler. Après une guerre qui lui avait valu son grade, il était devenu si riche qu'on le créditait rien qu'en France d'une centaine de résidences qu'il mettait à la disposition de jeunes actrices, de préférence italiennes, à condition que de temps à autre il pût pousser la porte de leur salle de bains. Drouilly, lui, avait été surnommé le Commodore après un réveillon qui l'avait coiffé d'un képi galonné en papier. Il était beaucoup moins riche que le Commandant mais tout aussi amateur de tendrons. À force de chercher une demoiselle de compagnie, il avait dégotté une donzelle à laquelle il avait passé la bague au doigt devant mille invités réunis au Pré-Catelan. Et l'on avait applaudi cette union de la beauté et de la fortune. On ne découvrit que quelques jours plus tard que la jeune mariée avait levé définitivement le pied quelques heures avant la nuit de noces. Pour échapper au ridicule

Drouilly eut l'idée de convier et toujours au Pré-Catelan les mille invités de son mariage à célébrer son divorce.

Le Luron (Thierry)

Il m'avait écrit le jour de son seizième anniversaire pour me proposer ses services comiques. Je lui avais bêtement répondu – mais répondu tout de même – qu'il reprenne contact avec moi lorsqu'il aurait décroché son bac. Il n'en tint heureusement aucun compte, vint à Paris où sa « déchabanisation » fit les beaux soirs du Théâtre de dix heures.

Par la suite, imitateur rapidement mieux payé que les vedettes qu'il parodiait et faisant oublier une absence de ressemblance physique à l'aide d'un chapeau, d'un boa, d'une paire de lunettes et d'un organe vocal exceptionnel qui lui permettait de faire durer une voix beaucoup plus longtemps que ses homologues, il mena grand vie dès sa vingt-cinquième année : Rolls Royce blanche conduite par un chauffeur de couleur, hôtel particulier boulevard Saint-Germain où il recevait les Rothschild et le tout-Paris.

Je me souviens d'un anniversaire de Chirac où il s'était moqué joyeusement du maire de Paris avant de l'asseoir sur le piano. Pendant les quinze années de sa brève et brillante carrière, il a été mon interlocuteur favori, ma vedette fétiche. Je n'ai jamais lancé d'émission dont il ne fût le premier invité.

Chaque soir, il modifiait un tiers de son spectacle (coécrit avec Bernard Mabille) en fonction de l'actualité de la journée. Arrivé tard au théâtre avec le labrador qui ne le quittait pas, il se préparait deux œufs au plat qu'il dégustait tranquillement devant le public. Sa réussite atteste la décadence d'une civilisation qui, comme celle des Romains de l'Antiquité accorde davantage d'attention à l'imitation qu'à l'original.

Sa disparition m'a fait beaucoup de peine et il ne s'est pas écoulé de semaine depuis lors sans que je pense à lui. Je crois que s'il est mort aussi jeune c'est parce qu'à 34 ans, il avait déjà tout vu, tout entendu et tout compris.

Lolobrigida (Gina)

Un soir de Festival où nous l'avions entraînée au casino de Cannes, elle s'était assise à une table de roulette. L'opulente poitrine à laquelle elle devait son nom de cinéma débordait tellement du corsage qu'elle s'en vint couvrir le numéro 36. Le chef de partie murmura alors à mi-voix : « Si le 36 sort, je ne sais pas comment on arrivera à la payer. »

Mabille (Bernard)

Je l'ai connu lorsqu'il était à la fois l'auteur, le commensal et le souffre-douleur de Thierry Le Luron qui, parfois, ne le traitait pas mieux que son chien. Et puis il apprit à voler de ses propres ailes, à être son propre interprète et à déchaîner l'hilarité sans perdre son propre sérieux. Voilà une vingtaine d'années, l'ayant programmé à Bobino, le music-hall de la rive gauche que je dirigeais, j'avais eu l'idée de faire décompter par un huissier présent dans la salle, la fréquence des rires qu'il provoquait. Puis j'avais fait du chiffre établi par l'officiel ministériel le leitmotiv de la promotion : il ne s'écoulait pas plus de vingt secondes entre deux explosions de joie du public. Aujourd'hui, grande vedette à part entière et l'une des rares à susciter les soirs de ses galas l'installation à la hâte de sièges supplémentaires, il est devenu le principal pilier du temple des « Grosses Têtes ». Compte tenu des flèches assassines que recèle son carquois, je l'aurais bien vu défendre les couleurs de la France à Londres dans cette vénérable épreuve de tir à l'arc où l'on crie « douleur » chaque fois que l'on touche la cible.

Maccione (Aldo)

Je l'avais découvert sur la scène de l'Olympia où il participait à un trio comique intitulé « Les Brutos », appellation justifiée par le fait qu'aidé de son deuxième complice, il n'arrêtait pas de gifler le troisième, un hurluberlu qui ressemblait au roi George VI et qui feignait chaque fois de s'évanouir sous les coups. Lorsqu'il devint soliste, j'admirais sa caricature du mâle italien et sa façon ridicule et hilarante de se déplacer devant les caméras.

Je l'ai perdu de vue pendant une vingtaine d'années. Et puis l'autre jour, dans un restaurant de Monaco, alors que je me préparais à sortir, un convive que je n'avais pas remarqué s'est mis à genoux devant moi, époussetant mes chaussures avant de me baiser la main. C'était Aldo que je ne reconnus pas tout de suite car il avait pris du poids tandis que ses courbettes dissimulaient son visage. Il était accompagné d'une jolie femme et menait, m'a-t-il expliqué, la vie paisible d'un retraité de la rigolade.

Madame Claude

J'avais invité à la télévision la plus célèbre entremetteuse de France. Elle avait accepté le principe de l'interview à condition de n'apparaître qu'en ombre chinoise. Dommage car elle était encore assez jolie et j'avais rarement reçu une personne aussi convenable avec son petit chapeau, sa voilette et ses mitaines. Ayant maille à partir avec le fisc puis avec la justice, elle était sur le point de s'expatrier aux States, où dans une boulangerie-pâtisserie, elle troquerait contre la vente des croissants le commerce des miches. Pendant un quart d'heure, j'évoquai à mots feutrés l'activité qui l'avait rendue à la fois célèbre et sulfureuse. Sans pouvoir en tirer d'autres aveux que : « J'ai présenté des jeunes filles à de vieux amis. »

Manouche

Elle fut la version féminine de Papillon puisque, comme lui, elle tira sa célébrité d'un passé orageux et de mauvaises fréquentations. Son principal titre de gloire était d'avoir partagé le lit du fameux gangster Carbone. Avec des intonations de poissarde, elle m'avait volontiers avoué qu'elle avait été séduite par ses tatouages : « Quand nous faisions l'amour, je ne me suis jamais ennuyée. J'avais toujours de la lecture sur son torse. »

Marchais (Georges)

Tonitruant secrétaire général du Parti communiste français qui fut à la fois le comique préféré des Français (tout de suite après Coluche) et la terreur des journalistes depuis que, lors d'une mémorable interview, il avait lancé à son interlocuteur : « Taisez-vous Elkabbach ! » Sa gouaille faisait parfois oublier son idéologie. Chaque fois que je l'invitais dans le journal de 13 à 14 heures que je présentais sur RTL, je tremblais à la perspective de me voir renvoyé dans les cordes par un grasseyant et impitoyable « Vous dites des conneries, Bouvard ! » Quand il n'allait pas prendre ses consignes à Moscou, il vivait paisiblement dans un pavillon de banlieue entre le chauffeur mis à sa disposition par le Parti et une épouse dont nous connaissions tous le prénom depuis qu'à la veille des vacances, il lui avait ordonné : « Liliane, fais les valises ! »

Marenches (Comte Alexandre de)

Cet aristocrate gascon qui, après une carrière militaire, prit la tête de nos services de contre-espionnage, est l'un des plus étonnants personnages qu'il m'a été donné de côtoyer. Un physique colossal, une mémoire d'éléphant, le panache de d'Artagnan et une connaissance de la plupart des secrets d'État. Au cours des déjeuners qui nous réunissaient dans la maison azuréenne de Robert André-Vivien, il imitait tous les chefs d'État en exercice y compris Giscard qui était à l'époque président mais qui, parce que ses analyses ne coïncidaient pas avec les siennes, avait cessé de lui accorder audience.

Je me souviens aussi du jour où j'étais allé le voir boulevard Berthier dans son énorme bureau de la Piscine au mur duquel un planisphère piqueté de petits drapeaux indiquait la localisation de tous les honorables correspondants. Il entretenait les meilleures relations avec tous ses homologues des autres pays, amis ou pas. Il avait sous ses ordres directs deux régiments qu'il pouvait à tout moment transformer en corps expéditionnaire. Il aurait mérité dix biographies, au moins un film. Qui se souvient encore de lui ?

Mariano (Luis)

Loin des espagnolades à succès que lui fabriquait Francis Lopez, il s'était installé tout près de lui au Vésinet. Aussi drôle à la ville qu'il était charmeur sur scène, il usait de sa voix comme d'une arme absolue de séduction. Ma dernière visite en voisin eut lieu alors qu'il souffrait déjà du mal qui devait l'emporter, une hépatite virale qu'il annonçait comme une « hépatite virile ». Peu après, il retourna à Arcangues, sur sa chère côte basque, il y est resté.

Martin (Jacques)

Il lui aura fallu déployer beaucoup de talents pour se faire un nom avec un patronyme aussi courant. Mais il était à la fois un amuseur, un chanteur, un animateur, un comédien et un cuisinier. Faute d'avoir publié un grand-livre qu'il annonça toute sa vie sans jamais commencer à l'écrire, il prodiguait les formules. Ainsi, lorsque sa dernière épouse accoucha alors que s'approchait son soixantième anniversaire, commenta-t-il sobrement : « J'ai décidé de faire mes petits-enfants moi-même. » Amours, argent, popularité : il avait tout pour être heureux. Sauf qu'il était inapte au bonheur. Sa dépression chronique obérait nos rapports humains, toujours entachés d'une gêne que je ressentais aussi bien lorsque, venant de nous préparer dans sa cuisine un excellent repas, il refusait de s'asseoir à table sous prétexte que le tournage des sauces lui ôtait l'appétit, que lorsque, au milieu d'une improvisation drolatique, il s'arrêtait brusquement tandis que son visage était envahi par une tristesse indicible. Il aurait voulu être à la fois Sacha Guitry, Caruso, Bocuse, et Mozart. Il ne fut que Jacques Martin. Ce n'était déjà pas si mal.

Mathieu (George)

Grand prêtre et sans doute seul pratiquant de l'abstraction lyrique. Paré du titre de « Premier calligraphe du monde occidental » que lui avait décerné André Malraux, il s'était offert les moustaches de Salvador Dalí. Comme le peintre espagnol, imprévisible, fantaisiste mais toujours digne, il me conviait de temps à autre à une séance de création qui, dans un immense atelier, le voyait prendre son élan pinceau à la main jusqu'au moment où les couleurs s'écrasaient sur la toile.

Mireille

Elle formait avec le philosophe Emmanuel Berl un couple étrange, surprenant et solide. Elle avait composé ce que l'on n'appelait pas encore des tubes avec Jean Nohain pour parolier avant d'ouvrir un petit Conservatoire d'où sortirent de grands talents. Elle morigénait des élèves souvent deux fois plus grands qu'elle d'une voix acidulée. Très injustement les producteurs de « Star Academy » et de « The Voice » ont oublié de rendre l'hommage qu'elle méritait à celle qui, la première, considéra que la découverte de nouvelles vedettes pouvait constituer un grand spectacle populaire.

Monaco (Rainier III et Albert II de)

Rainier avait été longtemps l'une de mes têtes de turc. Je brocardais sa minuscule principauté et ses résidents aussi galetteux que chenus. Au point que l'on m'avait fait savoir que si je continuais mes sarcasmes, je pourrais être interdit sur le territoire monégasque et – la loi le prévoyait – dans le département des Alpes-Maritimes où j'avais déjà des attaches régulières. La sourdine s'imposa d'elle-même après le grand chambardement de 1981, lorsque Monte-Carlo m'apparut soudain comme le conservatoire d'un certain art de vivre menacé par le socialisme. Et je demandai audience à Rainier pour l'informer de mes nouveaux états d'âme. Il sembla surpris et rassuré. Je redevins *persona grata* sur le Rocher. Mais un soir où je jouais sur une table du Sporting Club, le prince me fit savoir qu'il souhaitait bavarder avec moi. L'enfer du jeu l'emporta sur le paradis fiscal. Je refusais de quitter le casino et Rainier m'en voulut de nouveau.

Son fils, Albert II, est le dernier monarque absolu, paraît-il, d'Europe. Le garçon que je connais est rieur, gastronome, sportif ex-champion de bobsleigh devenu membre du comité olympique, bilingue, séducteur, ayant appris à lutter contre sa timidité et aussi bon gestionnaire de sa principauté que Rainier III, puisqu'il a compris qu'il vaudrait mieux faire confiance à l'avenir aux banques qu'aux casinos et qu'on pouvait gagner davantage sur la mer que sur les joueurs.

Montand (Yves)

Comédien et chanteur très populaire, aigri dans le succès. Partenaire très méchant aux tables de poker où il semblait assouvir une revanche sur la vie qui pourtant ne lui avait pas ménagé les cadeaux. Il me détestait, et je le lui rendais bien.

Hollywood et la politique l'avaient traumatisé. Hollywood où il s'était amouraché de Marilyn Monroe. Idylle qui dura peu alors que la surveillance exercée ensuite par Simone Signoret s'étala sur plusieurs années. Politique où, s'étant mis dans la tête qu'il pouvait devenir président, il égrena ses convictions et suggéra son programme à l'intention de téléspectateurs qui ne découvrirent que plus tard qu'il avait touché un gros cachet pour venir leur parler de la précarité. À la demande d'une pseudo-fille qui lui ressemblait fort mais possédait un ADN différent, son dernier repos fut troublé par des rappels posthumes.

Mourousi (Yves)

Le plus doué des improvisateurs avec Jacques Martin. Et refusant comme lui toute répétition, toute préparation préalable. Il arrivait sur le plateau de la télévision trois minutes avant le début de son journal de la mi-journée. Dans l'ascenseur, un assistant lui avait résumé en quelques mots les grands titres de l'actualité qu'il devrait développer. Apparemment, il savait à peine de quoi il s'agissait. Mais une fois la petite lampe rouge allumée sur la caméra, il dissertait du sujet comme s'il y eût consacré une thèse, apportant la contradiction aux ministres, rectifiant ou complétant l'exposé des spécialistes. Le tout avec une décontraction qui le fit un jour dialoguer en direct avec le président de la République, assis face à lui sur un coin de bureau.

Noailles (Marie-Laure de)

Richissime mais habillée comme une pauvresse, chaussée de vieilles sandales et trimballant un vieux cabas, elle ne s'était réservée, dans son somptueux hôtel particulier de la place des États-Unis à Paris, qu'une modeste chambre aux murs de laquelle, et sans doute pour rompre avec la majesté des tableaux de maîtres qui ornaient ses salons, elle épinglait les cartes postales de vacances envoyées par des amis délicats ou facétieux. Elle semblait avoir trouvé l'équation du déjeuner plus que parfait lorsqu'elle asseyait côte à côte un jeune *torero*, une vieille duchesse, un peintre de renom, un académicien, un homme d'Église, un jeune chroniqueur du *Figaro* et un travesti de bonne famille. Je suppose qu'il y avait quelque part un vicomte de Noailles pour payer le chef et le maître d'hôtel. Mais je ne l'ai jamais vu.

Noiret (Philippe)

Pur produit du talent français et de l'élégance anglo-saxonne, il avait toujours refusé mes invitations. Un jour, je pris à deux mains mon courage et ma plume pour lui demander : « Il y a un demi-siècle que je vous attends. Quand viendrez-vous ? » Il répondit le lendemain : « Réfléchissons encore un demi-siècle. » Le mois suivant, il disparaissait.

Olive (Philippe)

Chancelier et comédien dont l'insolence dépassait le poids pourtant considérable. Je me souviens qu'à l'enterrement de Mitty Goldin, propriétaire du music-hall de l'ABC qui, miséreux dans sa Roumanie natale, avait fait fortune à Paris, il déclara devant une famille et des proches médusés : « Si Goldin s'en va, c'est vraiment parce qu'il n'y a plus d'argent à gagner en France. »

Papillon (de son vrai nom Henri Charrière)

Il avait commis les pires forfaits, avait été condamné au bagne, s'en était évadé avant de connaître la rédemption dans les librairies. Un personnage fascinant et insupportable dont on ne pouvait éviter le tutoiement ni les leçons et pas peu fier d'avoir exigé de Robert Laffont, son éditeur, de voyager en première classe alors que les deux hommes se rendaient à New York pour la sortie de la traduction américaine. Car dans le compartiment des premières s'était trouvé, par le plus grand des hasards, un important producteur de cinéma qui n'avait pas lu le livre mais dont Papillon fit pendant le vol la conquête et qui décida de porter le bouquin à l'écran.

Paradis (Vanessa)

C'est la première fois que le nom de cette fille charmante, ex-petit prodige de la chanson excellemment reconvertie dans la comédie, apparaît sous ma plume. J'ai un peu honte de la raison ayant motivé cet ostracisme : elle avait 18 ans, venait de vendre deux millions de disques de *Joe le taxi* et j'avais tout naturellement ambitionné de publier son portrait dans *Paris Match*. La réponse avait été positive mais assortie d'une condition que je n'avais pas acceptée : la présence de la maman durant toute l'interview. Je n'ai jamais évoqué non plus François Cavanna, humoriste pour lequel j'éprouvais quelque considération, jusqu'à ce que, s'étant engagé à participer à « Samedi Soir », il se décommandât la veille pour aller chez Bernard Pivot parce qu'on lui avait dit qu'il faisait vendre davantage de livres que moi. Enfin, je m'interdis de parler de certains histrions par simple hygiène bucco-dentaire.

Pascal (Jean-Claude)

Il tint pendant vingt ans les plus belles femmes du cinéma entre ses bras. Un peu moins à la ville. Il avait le goût des belles choses et une certaine attirance pour les monstres. Vers la fin de sa vie, il accepta la proposition d'un éditeur de donner son sentiment sur la société française. L'ouvrage s'intitula tout naturellement *Les Pensées de Pascal*.

Il possédait à la fois la beauté physique, le sens de l'autodérision et une élégante impertinence. Il aura été mon Chazot-bis.

Pasteur Vallery-Radot (Louis)

Petit-fils du grand Pasteur, professeur de médecine et académicien, on l'appelait « Maître » à la ville et « Sioul » (l'anagramme de son prénom) dans l'intimité. Il était si petit que c'était l'un des rares contemporains, avec Le Luron et Aznavour, vers lequel je devais me pencher pour engager la conversation. Révérant son génial grand-père inventeur du vaccin contre la rage, il avait mis au point une thérapie très personnelle à laquelle il attribuait sa forme et sa longévité : l'absorption quotidienne d'une vingtaine de comprimés d'aspirine dont il emportait les tubes à l'intérieur d'un attaché-case spécial lorsqu'il partait en voyage.

Petrus

Le plus célèbre produit, et le plus cher naturellement, du vignoble bordelais mais aussi un extraordinaire souvenir. Un de mes amis, promoteur immobilier en vue, traversait une série noire : épouse envolée, mauvaises affaires, contrôle fiscal, poursuites judiciaires. Au point que j'appris qu'il avait décidé d'en finir avec une vie qui ne lui apportait plus rien que des ennuis. Et comme il possédait chez lui une collection d'armes, j'avais pris l'affaire au sérieux. J'allai donc frapper à sa porte afin de le dissuader de son funeste projet. Nous bavardâmes longtemps. Il se faisait tard. De sa fortune passée, il avait gardé une boîte de caviar et une bouteille de Petrus que nous partageâmes fraternellement. Quand la bouteille fut vide, il était redevenu le plus joyeux des hommes. C'est depuis ce jour-là qu'au-delà de toute considération œnologique, je me suis habitué à classer les vins en deux catégories : ceux qui rendent heureux et les autres.

Peyrefitte (Alain)

La nature, qui l'avait doté de grandes oreilles, lui avait offert en prime celle du Général. Il avait l'onction d'un prélat, les sourcils de Pompidou, une culture acquise rue d'Ulm et un téléphone qui le reliait directement au rédacteur en chef du journal télévisé en compagnie duquel il en arrêtait le sommaire. Il fut le premier à s'aviser, après quelques voyages en Chine, du retour du « Péril jaune ».

Peyrefitte (Roger)

Après des années de diplomatie servile, il s'était reconverti dans la médisance littéraire en publiant des bouquins où il semblait parfois recycler les notes blanches des Renseignements généraux. Il était beaucoup plus gai que son cousin Alain. Il adorait les vieux bronzes et les jeunes gens qu'il présentait à la ronde comme ses neveux. L'un d'eux, Alain-Philippe Malagnac (qui plus tard épousa ma chère Amanda Lear et périt brûlé dans sa maison), produisit *Au plaisir Madame*, la comédie que j'avais écrite pour Alice Sapritch.

Raynaud (Fernand)

Le plus malheureux des grands amuseurs. L'angoisse de ne plus faire rire le poussait à interpeller méchamment les spectateurs qui ne paraissaient pas réagir suffisamment à ses drôleries. Après chaque sketch, il disparaissait en coulisses afin d'écluser un verre de ce vin blanc qui constituait sa drogue favorite. Je me souviens d'un soir où, après un gala donné à Nice, il m'avait ramené à Cannes. L'autoroute n'existait pas à l'époque et nous avions dû emprunter l'étroite Nationale 7. En haut de chaque côte et en dépit de la ligne jaune, il dépassait les véhicules qui le précédaient. Ce jour-là, j'ai eu aussi peur en voiture que d'habitude en avion. Je n'ai pas été tellement surpris lorsqu'il s'est tué, au volant de son beau cabriolet blanc, en s'écrasant – son dernier gag – contre le mur d'enceinte d'un cimetière.

Renaud (Line)

Que de chemin parcouru entre *Ma cabane au Canada* et *Harold et Maud* ! Entre la petite chanteuse façonnée par Loulou Gasté et la comédienne qui, à quatre-vingt-cinq ans, règne plus que jamais, et avec une intelligence qui ne se limite pas à celle de son métier, sur le théâtre, le cinéma et la télévision. Jeune journaliste, je l'avais choisie comme tête de turc en même temps que Mireille Mathieu. Journaliste confirmé, j'avais oublié que je vieillissais en même temps qu'elle et prétendais qu'on avait fixé son âge véritable en la datant au carbone 14. Aujourd'hui, elle est une amie très chère dont je révère le courage, la lucidité et le talent.

Ricard (Paul)

Il était bien davantage qu'un industriel ayant fait fortune dans les spiritueux : un homme simple et fastueux à la fois, un portraitiste amateur qui obligeait ses employés à poser pour lui, un entrepreneur débordant d'idées sociales qu'il communiquait à des gouvernants qui n'en tinrent jamais compte.

Je me souviens d'un déjeuner dans son domaine du Castelet. Sa secrétaire m'avait indiqué le chemin au bout duquel se trouvait le porche monumental sous lequel je devais m'engager : « Regardez votre compteur. La maison de Monsieur Ricard est à 17 kilomètres de l'entrée. » De fait, avant de parvenir devant le château, j'avais traversé des cultures expérimentales, des villages ouverts au personnel, des hameaux destinés aux amis.

Après le repas, Paul 1er m'avait emmené, à bord d'un petit bateau qu'il pilotait lui-même, visiter Les Embiez où il avait installé un centre de recherche océanographique, un hôtel touristique, deux restaurants et des ateliers dédiés aux plus anciens artisanats où les touristes pouvaient voir par exemple travailler un souffleur de verre. Puis nous avons mis le cap sur Bandol où il avait édifié la résidence d'été familiale.

Patrick, son fils, disparu prématurément l'année dernière, avait construit sur la base anisée du vrai Pastis de Marseille le deuxième groupe mondial de vins et de spiritueux. Dirigeant avisé et patron social, formé aux affaires par Charles Pasqua, il avait conservé la tradition du mécénat sportif en lui adjoignant des actions culturelles plus élitistes.

Rivers (Dick)

Né Hervé Forneri à Nice et américanisé peu à peu jusqu'à faire figurer sur sa carte d'identité son nom de scène inspiré par un personnage qu'Elvis Presley avait incarné au cinéma. Aujourd'hui, il continue à déambuler droit dans ses santiags, banane sur le front, conduisant toujours une « belle américaine », marqué à jamais par le rock et le nouveau monde. J'ai toujours été fasciné par les contemporains qui caracolaient dans la pampa alors que je me contentais d'aller déjeuner à Neuilly.

Rocard (Michel)

Chaque fois qu'il vient aux « Grosses Têtes », nous constatons qu'il se bonifie en vieillissant, car si l'esprit est toujours aussi alerte, la parole est devenue moins rapide, plus compréhensible. À 80 ans passés, il a trouvé le temps de publier un petit manuel d'instruction civique à l'intention des jeunes tentés par la politique entre une conférence à Bombay et une escapade sur la banquise où, avec titre d'ambassadeur, il représente la République auprès des manchots empereurs. Il faut souhaiter d'être aussi bien employé à la pléthore d'anciens présidents de la République et d'ex-Premiers ministres que va nous valoir l'augmentation de l'espérance de vie dans un milieu où l'on attend toujours la mort de ses adversaires et de ses amis.

Rossi (Tino)

Peut-être le plus grand séducteur de la chanson française bien que je mette un peu en doute la légende qui prétendait que ses admiratrices s'aplatissaient sous les roues de sa voiture car leurs formes demeuraient plutôt rebondies. Il accueillait ces hommages, parfois encombrants, avec le sourire paisible d'un homme qui n'ignore pas que les meilleurs moments qu'on passe au lit sont ceux consacrés à la sieste. Sur scène, il s'avançait à petits pas et lorsqu'il s'adressait au public n'abusait pas de son éloquence. Chaque année, « Petit Papa Noël » déposait beaucoup de royalties dans ses souliers. C'est parce que nous étions clients de la même banque que je fus le premier dépositaire de cette phrase qui ensuite fit le tour de Paris : « Ils m'ont montré mon relevé de compte. Je suis tout juste à un milliard. » Puis il avait soupiré : « Aujourd'hui, je repars de zéro. »

Rothschild (Nadine de)

Depuis trente ans, elle est mon interlocutrice préférée, dès lors qu'il s'agit d'évoquer ce qu'elle appelle « les bonnes manières ». Avec l'âge, elle a perdu sa taille de guêpe mais elle est demeurée fine mouche. Fille de concierge, elle a conquis le cœur du plus riche des Rothschild en le faisant dîner comme un pauvre dans sa cuisine. Par la suite, devenue spécialiste des bonnes manières, elle a enseigné aux jeunes filles que l'homme était fait pour gagner l'argent et la femme pour le dépenser. Cynique mais fidèle, elle aura beaucoup fait pour le retour à la vertu en vantant aux épouses les avantages de la mono clientèle.

Rothschild (Philippe de)

Le plus pittoresque de la famille. Non content de produire l'un des meilleurs Bordeaux, il avait construit un théâtre avant d'en épouser une ouvreuse, il s'était illustré comme pilote dans la course automobile, il avait été le traducteur du poète anglais Christopher Fry et, alors qu'il était très bien portant mais soucieux de son confort horizontal, il recevait – je l'ai vu – volontiers ses visiteurs sans quitter son lit. Un seigneur.

Rubinstein (Arthur)

Immense pianiste d'un mètre soixante-cinq, il appartenait à ce clan de génies sémites qui nous donna Albert Einstein, Charlie Chaplin et tant d'autres. Couvert d'honneurs et suivi à la trace par une meute d'admiratrices de plus en plus chenues, il menait grand train, cigare aux lèvres et verre d'alcool à la main dans son hôtel particulier de l'avenue Foch. Mais pendant ses concerts donnés aux quatre coins du monde, l'épicurien faisait place à un artiste transfiguré par les notes qui s'échappaient de ses doigts bagués.

Sablon (Jean)

Premier chanteur à micro en même temps qu'archétype d'un certain physique d'acteur hollywoodien : cheveux tirant sur le violet, fine moustache blanche, sourire éclatant, beaucoup d'allure, de prestance et de muscles. Sa sœur, Germaine, vedette de la chanson elle aussi, avait créé le « Chant des partisans » co-écrit par Joseph Kessel et Maurice Druon. Jean ne s'était pas marié et n'eut pas d'enfant. Jusqu'à la fin, je le rencontrais dans les dîners en ville avec un pianiste qui ne l'accompagnait pas seulement sur scène.

Sagan (Françoise)

Chazot m'avait fait faire sa connaissance peu après le coup de tonnerre de *Bonjour Tristesse* qui en avait fait le petit monstre de l'édition française. Je l'avais revue de temps à autre au Casino de Trouville où, après avoir perdu pendant des mois, elle avait gagné en une soirée au baccara de quoi s'offrir le manoir d'Equemauville où elle reçut fastueusement des amis qu'elle hébergeait tant qu'ils le souhaitaient en prenant de surcroît leurs pleins d'essence à sa charge. Et puis les choses se gâtèrent.

En dépit d'un phrasé saccadé qui rendait souvent ses confidences inaudibles, j'en avais fait le pilier d'une de mes émissions. Or, un jour, elle ne vint pas, empêchée par une visite rendue la veille à un paradis artificiel. Ulcéré (aujourd'hui, je ne le montrerais plus), je ne l'ai plus revue qu'une seule fois, bien longtemps après et peu avant sa disparition dans un petit casino de province où elle avait échoué, comme moi, parce que la sous-préfecture n'offrait pas d'autre havre vespéral. L'âge lui avait fait perdre du poids et des centimètres. Elle était comme recroquevillée à côté du croupier de la roulette. Et elle posait sur le tapis vert des jetons qui ne revenaient jamais. Quand elle s'est levée, à la fois accablée par la malchance et presque rassérénée d'avoir, une fois encore, apporté son offrande propitiatoire au dieu Hasard, j'ai compris qu'elle achevait de se suicider.

Sapritch (Alice)

Dans sa jeunesse, elle avait monnayé sa beauté en posant pour les peintres de Montparnasse à la Grande Chaumière. À partir de la cinquantaine, elle fit de sa laideur un véritable filon. Je suis devenu ami avec elle après qu'elle a joué *Au plaisir Madame*, une comédie de ma façon. Elle adorait Thierry Le Luron mais elle supportait de moins en moins que, dans ses spectacles, il l'imitât. Depuis que son mari s'était éloigné, elle vivait très seule. On la voyait de temps à autre à Saint-Germain-des-Prés bandeau noir sur le front et long fume-cigarette aux lèvres. Elle fut l'inoubliable Follecoche dans l'adaptation de *Vipère au poing*. Elle nous a fait beaucoup rire. Elle a été très malheureuse.

Sébastien (Patrick)

Nous étions très copains. Nous ne nous parlons plus. Je ne saurai jamais pourquoi puisque nous avons cessé de nous parler.

Serrault (Michel)

J'ai toujours considéré que si les autres comédiens possédaient du talent, il était le seul à faire preuve de génie.

Notre première rencontre remontait à l'époque où il présentait des petits sketches avec son déjà inséparable Jean Poiret au Théâtre de dix heures dont j'étais le très novice secrétaire général. On ne riait pas seulement dans la salle car en coulisses les deux compères continuaient leur numéro, multipliant les canulars et les déclarations délirantes. Quand ils passèrent à la Tête de l'Art, ils donnèrent tellement libre cours à leur fantaisie qu'au bout d'un mois il n'était pas rare qu'au désespoir de l'exploitant qui devait payer force heures supplémentaires aux machinistes, le spectacle ne s'achevât que bien après minuit.

Leur séparation mit un terme à un brillant parcours de duettistes qu'ils échangèrent contre deux triomphales carrières de solistes. Jean devint un auteur à succès joué un peu partout tandis que Michel accédait au grade de star. Sans jamais abandonner l'épouse qui avait renoncé à sa vocation de comédienne pour le chaperonner, la petite maison de Neuilly dans le jardin de laquelle au petit matin il sonnait du cor de chasse ni ces foucades débridées, imprévisibles, périlleuses qui, à partir d'un déclic mystérieux, transformaient la tête d'affiche en terroriste des plateaux.

Car Michel était capable de tout pour faire rire. Y compris, lorsqu'il estimait que l'ambiance faiblissait ou qu'on ne lui posait pas les bonnes questions, de baisser brusquement son pantalon devant la caméra ou même seulement devant un micro à condition que l'enregistrement fût public. Il passait alors dans son regard une lueur de folie que je n'ai plus décelée que dans les yeux de Didier Bénureau.

Parfois, ses plaisanteries me faisaient rire jaune. Ainsi, alors que pour les besoins de « Samedi Soir » je l'interrogeais en direct et en *prime time* comme on ne disait pas encore, tandis que je parlais, il sirotait à petites gorgées le contenu du verre d'eau placé devant lui. Et alors que je venais de lancer une vanne, guère plus fine que les autres, il avait feint de s'esclaffer mais en expulsant vers moi tout le liquide qu'il avait stocké dans sa bouche. Me voilà donc, moi qui m'étais fait poudrer et avais vérifié longuement la propreté de mon costume, avec une goutte perlant au bout du nez comme si j'étais enrhumé et des tâches noirâtres un peu partout. Bref ridiculisé devant cinq millions de téléspectateurs. Dilemme : comment ne pas perdre la face alors que la sienne n'est plus présentable ? Comment mettre les rieurs de son côté ? Pas plus de dix secondes pour réfléchir et prendre une décision. La mienne a consisté en un fou rire alors que j'avais la rage au cœur. Quand je suis sorti du studio, encore humide, j'ai regretté de ne pas avoir répondu à l'agression en donnant le signal d'une de ces batailles d'eau minérale qui, plus tard, devaient rafraîchir « Les Grosses Têtes ».

Sim

Je l'avais remarqué alors qu'il n'était encore qu'un « comique visuel » et se travestissait sous les atours de la baronne de la Tronche-en-biais. Je l'avais choisi comme partenaire puis comme ami. Je n'eus qu'à me louer de lui avoir pour la première fois donné la parole car ce petit bonhomme d'une agilité de l'esprit qui ne le cédait en rien à la souplesse du corps, avait tous les dons. Il imitait aussi bien les pleurs des bébés que le TGV roulant dans la campagne, il était dessinateur et peintre, il était bricoleur et assez bon comédien pour avoir été engagé par Fellini. Ayant trouvé le temps d'écrire ses mémoires, il me donna à lire le manuscrit. Je fus tellement séduit que je décidai de le faire porter sur le champ à Robert Laffont, mon éditeur de l'époque. Le chauffeur, auquel verbalement je confiai la tâche, entendit Flammarion, mon éditeur actuel. Le bouquin qui parut sous ce dernier label fut le grand succès de librairie de l'année. À la suite de quoi Laffont acheta un mouchoir et Flammarion envoya au chauffeur une caisse de champagne.

Simenon (Georges)

Balzac du polar, catalogué parmi les grands écrivains alors qu'il usait du style le plus banal, il n'était pas un homme ordinaire.

Notre première rencontre avait eu lieu en marge d'un festival du film à Cannes. Tandis que je buvais un verre avec lui à une terrasse de la Croisette avant de procéder à une interview en règle, une créature sublime était passée. Sans se préoccuper de ma présence, son épouse lui avait dit alors : « Georges, je crois que c'est une fille pour toi. » Il s'était levé et je ne l'avais plus revu.

Par la suite, j'eus droit à des entretiens plus aboutis. Dans son bunker d'Épalinges en Suisse qu'il avait façonné à sa mesure : énorme bibliothèque où on entreposait ses romans traduits en quatre-vingts langues ; bloc opératoire où cet hypocondriaque pouvait subir, en cas d'urgence, une intervention ; chambre d'accouchement à l'intérieur de laquelle il se cloîtrait durant les dix jours que durait l'écriture d'un roman sans voir âme qui vive et s'alimentant grâce aux plats qu'on déposait devant un guichet qu'il n'ouvrait que lorsque la cameriste s'était éloignée. Quand il avait terminé un livre, son chauffeur le déposait en ville devant un bar où celui qui devait se vanter d'avoir possédé dans sa vie dix mille femmes s'offrait le repos de l'écrivain.

Sa vie de famille ne fut pas plus réussie que sa vie amoureuse puisque l'une de ses épouses dut être internée, sa fille se donna la mort et son fils mourut ravagé par l'alcoolisme. Je me souviens l'avoir vu une dernière fois dans la minuscule maison près de Lausanne où il vivait, désormais sans écrire, sous la férule de Thérésa, l'ancienne femme de chambre promue compagne. Le lieu était modeste et sinistre. Le soir, il fumait encore la pipe devant la pelouse où il avait répandu les cendres de sa fille. Mais il ne parlait plus. C'est Thérésa qui répondait à sa place. Je n'ai pas insisté.

Simon (Michel)

Je l'ai pas mal fréquenté, encore plus fasciné par le personnage que par l'acteur. Tantôt je poussais jusqu'à la villa du Raincy où il logeait dans le cadre hétéroclite qu'il s'était aménagé avec un matériel d'imprimeur, son premier métier, des valises de linge qu'il n'avait pas vidées depuis son arrivée de Suisse et toutes sortes d'objets plus ou moins érotiques. Le fond sonore était assuré par un couple de mainates dont la femelle avait été dressée pour interrompre toutes les conversations par la sonnerie du téléphone et dont le mâle se chargeait de dérouler un chapelet d'insanités.

Tantôt il m'invitait à déjeuner dans une bonne brasserie de la porte Saint-Martin. Après le repas, nous descendions tous les deux la rue Saint-Denis jusqu'au Châtelet. Très lentement car devant chaque porte d'hôtel il y avait une connaissance qui, l'ayant salué d'un « Bonjour Monsieur Michel ! », avait la fierté de s'entendre appeler par son prénom et demander des nouvelles de ses enfants. Bref, une revue de putes plus patriarcale que perverse. Parfois il évoquait le souvenir d'une ancienne : « Clara travaillait près du Palais de Justice. Elle a arrêté le métier parce que les magistrats étaient tous de vieux cochons. »

Une légende tenace rappelait ses caprices et son influence. Il avait refusé un soir d'entrer en scène du Théâtre Antoine en exigeant que la directrice vienne lui faire une gâterie. Et quand on lui demandait si elle avait déféré à son souhait, il se contentait de dire : « On a levé le rideau à l'heure. »

Simon (René)

Il avait été le plus détestable acteur de la troupe de l'Odéon. Il fut le meilleur professeur d'art dramatique du demi-siècle. Non seulement son hôtel particulier du boulevard des Invalides était trop petit pour accueillir tous ceux qui ambitionnaient de devenir ses élèves, mais les spectateurs se bousculaient pour assister à ses cours. Il avait repris à son compte la méthode d'Henri-Georges Clouzot (à moins que ce fût l'inverse) qui consistait à faire souffrir et si possible pleurer les comédiennes. Ainsi, avant chaque scène du répertoire classique qu'on devait lui présenter en guise d'exercice, démolissait-il le physique des candidates aux auditions qu'il trouvait trop grosses, trop maigres, trop gauches, trop laides et, d'une façon générale, inaptes à la carrière qu'elles prétendaient embrasser.

Tapie (Bernard)

Je me souviendrai toujours de notre première rencontre. Comme il commençait à faire parler de lui en « sauvant » des entreprises dont il avait su amadouer les syndicats, j'étais allé le voir dans ses bureaux de l'avenue de Friedland pour faire son portrait dans *Paris Match*. Et j'avais été séduit par le brio, la faconde, le cursus du personnage et par une intelligence rapide, limpide, ne devant rien aux grandes écoles. À la fin de l'entretien et alors qu'au début il avait décidé que nous nous tutoierions, il me regarda : « Dis donc, toi, tu sais que tu es bien habillé ? À ta place, je lancerais ma ligne de vêtements. » Ce n'est que redescendu dans le hall de l'immeuble et me découvrant dans un immense miroir que je compris à quel point il s'était payé ma tête.

J'ai souvent eu du mal à le suivre : reprise d'Adidas, élection à la députation, nomination comme ministre de la Ville, démission du gouvernement, retour au gouvernement. Il avait l'oreille de François Mitterrand à qui Michel Charasse l'avait présenté et qu'il savait faire rire. Et puis les choses se gâtèrent et il se retrouva en prison, quasiment ruiné. Et avec tout le loisir de lire une presse qui lui faisait payer cher de l'avoir encensé et en partie fabriqué. Tout autre se serait logé une balle dans la tête. Il tint le coup.

À sa sortie, il devint comédien. Non seulement dans des séries télé, ce qui est presque à la portée de tout le monde, mais aussi sur la scène d'un des plus grands théâtres de Paris et dans un rôle écrasant. Longtemps confiné dans trois pièces de son hôtel particulier de la rue des Saints-Pères, il avait peu à peu réoccupé la totalité des lieux. Certes, il devait beaucoup d'argent au fisc qui ne le lâchait pas mais il promettait qu'il rembourserait tout le monde lorsqu'il aurait fait rendre gorge à la banque qui avait revendu Adidas à son détriment. Et l'improbable se produisit. Il fut de nouveau riche. Et, de ce fait, considéré.

Aujourd'hui, après s'être offert un yacht encore plus long que le Phocéa et un groupe de journaux régionaux, il jure qu'il ne fera plus jamais de politique et que son seul métier est de jouer la comédie. Comme s'il y avait contradiction entre ces deux activités.

Tcherina (Ludmila)

Sous ce nom de famille hérité, disait-elle, d'un général compagnon du dernier tsar, coexistait la plus sophistiquée des danseuses, fière d'avoir conservé une taille de guêpe lui permettant d'assurer que son alliance lui servait de ceinture, et Monique, bonne vivante qui raffolait de vin rouge, de fromage fermenté et de blagues égrillardes. Elle avait séduit, sans qu'on sût jamais si elle avait succombé à leurs avances, des hommes aussi différents qu'André Malraux, Roger Garaudy et un ancien président de la République dont on prétendait que lorsqu'il allait la visiter, il attendait que la voie fût libre en se dissimulant dans le local aux poubelles.

Après trente années passées à n'évoquer devant moi que sa beauté, sa carrière artistique et ses dons picturaux, elle me gratifia d'une première marque d'intérêt :

— Et si l'on parlait de toi ?

J'opinai, surpris et ravi. Alors, elle enchaîna :

— Quand viens-tu voir mon exposition ?

Troyat (Henri)

Je dois le privilège d'avoir rencontré le romancier le plus fécond du XXe siècle à Jean Dutourd, son camarade des séances consacrées au Dictionnaire le jeudi après-midi. Il ouvrait lui-même la porte de son entresol de la rue Bonaparte. Bien qu'ayant déjà largement dépassé 80 ans, il écrivait six heures par jour debout derrière un pupitre, tel un magister dictant un texte à des milliers d'élèves invisibles. Né russe, il n'écrivait plus qu'en français mais ne laissait jamais passer une occasion de consacrer un livre à l'une des gloires de son pays natal.

Utrillo (Maurice)

Je ne l'ai jamais approché car autour de lui son galeriste, un ancien petit tailleur grec, et sa dernière épouse, qui s'était intitulée elle-même « La bonne Lucie », montaient une garde vigilante. Je savais que l'artiste, fils de Suzanne Valadon, vivait reclus sous la coupe de ses deux anges gardiens. Le premier échangeait des bouteilles de rouge contre des toiles aux tons pastel, la seconde exigeait que, chaque fois qu'on achetait un tableau de son mari, on fît de surcroît emplette d'un de ses barbouillages.

Villiers (Gérard de)

Avant d'être l'auteur des SAS (à gauche sur la caisse dans les librairies), il avait officié comme grand reporter à *France Dimanche*. Je me souviens de notre attente commune à Téhéran avant le remariage du Shah. D'interminables soirées que nous meublions par des danses du ventre tandis qu'on apportait le caviar Belluga et le bœuf Strogonoff, les deux seuls mets comestibles locaux. L'envoyé spécial de *Paris Match* tapait sur un tambourin, celui de *France-Soir* jouait de la flûte tandis que Gérard frappait dans ses mains en commentant l'arrivée de la boustifaille : « Tous les fastes de l'Orient. » Nous l'enviions beaucoup car il était très proche de la sœur du Shah qui lui confiait – sur l'oreiller imaginait-on – des informations exclusives mais pas toujours appréciées de sa rédaction. Un jour où il s'en était allé téléphoner à son journal un long article, il revint découragé : « Ils m'ont dit que je ne me fatigue pas, que j'étais trop influencé par ce que je voyais ici et qu'ils feraient le papier eux-mêmes à Paris. »

Reconverti dans l'édition – à raison de quatre volumes par an –, il aura donné non seulement un petit frère à James Bond et à OSS 117 mais aura inventé (après Balsa) la publicité littéraire en glissant au fil de ses chapitres des marques de spiritueux ou de produits de luxe qui le rémunèrent par contrat. Avec une conscience professionnelle inconnue dans l'univers du polar où dans le meilleur des cas les auteurs vont visiter les pays après les avoir décrits, Gérard de Villiers, lui, met un point d'honneur à écumer tous les endroits chauds de la planète où il situe des aventures variées mais aux repères aussi intangibles que la première fellation qui doit intervenir avant la vingtième page. Après un accident qui a atteint sa motricité, il a repris le cours de ses voyages. On l'a vu poussant son déambulateur en Libye.

Yanne (Jean)

Nous avons répété tous les deux durant un demi-siècle que nous nous étions connus au Centre de formation des journalistes. En fait, je l'avais précédé de quelques années et la vie nous avait rapprochés alors qu'il faisait ses débuts dans les petits cabarets de la rive gauche. De ses courtes études journalistiques, il avait tiré l'habitude d'évoquer l'actualité. À la télé, à la radio et sur scène. Mais à sa manière qui était la plus originale car la moins attendue. Il suffisait de lui jeter un mot ou une phrase et aussitôt il s'envolait. Mais ainsi que les avions gros porteurs, il lui fallait rouler un certain temps au sol avant de prendre de l'altitude. À partir de quoi, il atteignait des sommets inaccessibles aux autres. Toujours fidèle en amitié et souvent déçu en amour, il devait éprouver une certaine dilection pour les chieuses auxquelles durant la lune de miel qui précédait le cassage de vaisselle, il décochait son plus beau compliment : « Je suis aussi heureux avec toi que si j'étais seul. » Redevenu célibataire, il redéfinissait sa notion du bonheur : « C'est de pouvoir manger du céleri rémoulade dans sa barquette de carton. » Doué d'un système pileux luxuriant, quasi simiesque qui, prétendait son complice Jacques Martin, lui avait valu de décrocher un été sur une plage de Saint-Tropez le titre de « Monsieur Angora », il était bougon, rouspéteur, franchouillard et macho. Récompensé au festival de Cannes par une statuette de meilleur interprète qu'il ne s'était pas donné la peine d'aller chercher, il refusait de se considérer comme un acteur. En revanche, il revendiquait une qualité de metteur en scène qui de *Deux heures moins le quart avant Jésus-Christ* au *Chinois* et en passant par *Liberté, Égalité, Choucroute* lui avait permis de diriger tel Cecil B. DeMille, des milliers de figurants. Aux « Grosses Têtes » où il fut longtemps notre génial compagnon, il est le plus vivant de nos morts. Il ne se passe guère de semaine sans que nous réentendions ses plus brillantes improvisations. Parce qu'il savait jouer avec les idées en même temps qu'avec les mots, il bénéficie (« ça me fait une belle jambe » doit-il penser) du même succès posthume que Coluche ou Desproges.

Zitrone (Laura)

Première dame du gros Léon, elle avait un appendice nasal qui l'avait fait surnommer « Pic à glace ». *France Dimanche* obtint l'exclusivité des photos après opération en organisant, parmi ses lecteurs, une souscription destinée à honorer le chirurgien.

341 PAGES ET PUIS S'EN VA…

Le livre se referme dont le temps qui passe a définitivement tourné les pages. J'aurai eu droit à une existence privilégiée à laquelle ni la naissance, ni la réussite scolaire, ni les relations, ni l'intelligence, ni le physique ne me prédisposaient. J'aurai fréquenté les contemporains les plus passionnants, voyagé dans les meilleures conditions et réalisé mes rêves d'enfance. J'aurai bien gagné ma vie professionnelle en perdant une bonne part de ma vie privée et bénéficié dans mes activités télévisuelles d'une notoriété née d'une énorme confusion : celle engendrée par la présence du maître d'hôtel à la table de l'invité, interdisant au public de distinguer entre les convives et les passe-plats.

Bien sûr, ayant écrit plus haut que ma plume et parlé de tout ce que je ne connaissais pas avec des gens plus instruits, j'ai eu longtemps très peur d'être remis à ma place. Et puis, peu à peu, comme tous mes contradicteurs potentiels disparaissaient, j'ai pris cette assurance des gens de média qu'on nomme le culot. Comme Napoléon à Notre-Dame – et toutes proportions gardées –, je me suis posé la couronne journalistique sur la tête en disant : « Je vais informer le monde, c'est la volonté du Tout-puissant. »

Je crois me souvenir...

Qu'on me pardonne mon omniprésence mais, après tout, ce sont mes souvenirs et je ne peux les authentifier qu'en rappelant des rencontres dont j'ai été l'instigateur ou le témoin. À la relecture et bien qu'éprouvant une certaine indulgence pour le polygraphe qui me nourrit (trop bien, dit mon entourage) depuis si longtemps, je me suis trouvé encombrant. Mais c'était le seul gage de conscience professionnelle et d'honnêteté intellectuelle que je pouvais offrir.

Le bilan que je dépose aujourd'hui entre vos mains est aussi simple que subjectif : j'ai exercé – et je continue – le plus beau métier du monde. C'est tout le bonheur que je souhaite à ceux qui auront la même vocation que moi.

Ph. B.

Table

Mise en page par Meta-systems
59100 Roubaix

CET OUVRAGE
A ÉTÉ ACHEVÉ D'IMPRIMER
SUR ROTO-PAGE
PAR L'IMPRIMERIE FLOCH
À MAYENNE EN FÉVRIER 2013

N° d'édition : L.01ELKN000423.A006. N° d'impression : 84397
Dépôt légal : janvier 2013
Imprimé en France